数学教学技能系列丛书
丛书主编/冯伟贞　何

中学数学教学设计
案例精选

何小亚　主编

科学出版社
北京

内 容 简 介

本书是《中学数学教学设计》(何小亚，科学出版社，2008)的配套教材，提供了类型丰富的教学设计案例，力求使读者通过对案例的学习、比较、研究提高数学教学设计能力. 本书共分 4 个部分，包括数学教学设计基本案例、数学探究与数学建模设计案例、数学说课案例和教学录像. 每一案例均包括教案写真(或说课稿写真)、闪光之点、完善之处. 对案例的解读、点评及修改指引有效融合了大量的数学学科知识、思想方法及数学教育教学理论的解读及运用指引.

本书适合高等师范院校数学教育专业大学生、数学教育研究生、数学教育硕士作为教材使用，也可作为中学数学教师培训用书.

图书在版编目(CIP)数据

中学数学教学设计案例精选 / 何小亚主编. —北京：科学出版社，2011

(数学教学技能系列丛书 / 冯伟贞，何小亚主编)

ISBN 978-7-03-032176-3

Ⅰ.中… Ⅱ. 何… Ⅲ. ①中学数学课-教学设计-高等学校-教材 Ⅳ. ①G633.602

中国版本图书馆 CIP 数据核字（2011）第 172793 号

责任编辑：姚莉丽 房 阳 / 责任校对：张怡君
责任印制：赵 博 / 封面设计：陈 敬

科学出版社 出版
北京东黄城根北街 16 号
邮政编码：100717
http://www.sciencep.com

天津市新科印刷有限公司印刷

科学出版社发行 各地新华书店经销

*

2011 年 8 月第 一 版 开本：720×1000 1/16
2025 年 1 月第十五次印刷 印张：19 1/2
字数：390 000

定价：59.00 元

(如有印装质量问题，我社负责调换)

《数学教学技能系列丛书》编委会

《中学数学教学设计案例精选》编写组

主　编　何小亚

编　委（按姓氏笔画排序）：

方良秋　王宽明　卢建川　邬振明　何小亚

严运华　张映姜　李丽洁　李善佳　李燕芬

陈星荣　林全文　罗　静　郑喜中　姚　静

赵小云　徐章韬　袁智斌　常进荣　曹　新

曾超益　谢明初　廖运章　蔡华仙　薛志坚

《数学教学技能系列丛书》序言

应对新时代、新的教育理念和新课程改革的挑战，促进教师的专业发展是根本策略，而数学教师专业素质的培养和提升是其中的核心问题.

数学教师专业素质是在一般素质基础上形成和发展起来的数学教师职业基础性和通识性素养和品质，包括数学素养和品质、数学教育教学理论素养和品质及数学教学技能. 对于数学素养、数学教育教学理论素养的内涵及其作为数学教师专业素质结构组成部分的重要性已经成为人们的共识. 在数学师范生的培养方案中，一般通过数学学科基础课群、数学专业课群、教育学及心理学基础课群和数学教育课群的设置来实现培养目标.

数学教学技能是数学教师在数学教学过程中，运用数学专业知识和教学理论及教学经验，使学生掌握学科基础知识、基本技能并受到思想教育等所采用的一系列教学行为方式，也是以教学操作知识为基础的心智技能与动作技能的统一. 动作技能包括一系列外部可见的机体动作，如语音、语调、语速、板书、绘图等, 包括口语表达技能、书面表达技能、仪器操作技能在内的部分. 心智技能则主要指教师基于自身的数学素养及数学教学素养完成的心智活动方式，包括讲解、提问、抽象概括、对教学对象各种数学素质和知识能力水平的诊断等. 在实际教学过程中，动作技能与心智技能是交叉在一起，不可分割的. 但从对数学教学技能结构的解剖不难发现，教师的数学教学技能首先是教师基于个人数学素养、数学教育教学素养的外显行为方式，是教师实现个人相关素养的有效外显、有效传递及有效迁移的工具.

目前在师范生教学技能的培养中，“重视动作技能，轻视数学思想内化，轻视数学教育教学理论内化”的现象是普遍存在的，学生的“心智技能”的形成相对滞后. 这与目前数学师范生培养的课程设置及课程内容中，数学学科知识学习、数学教育教学理论学习与教学技能培养三方面被割裂有重要关系，而学生本人也往往缺少打通三方关联的意识及能力.

本丛书的编著选取“中学数学教学设计”、“中学数学解题研究”、“中学数学现代教学技术”为立足点，着力于建立数学学科知识与思想方法、数学教育教学理论和数学教学技能三方融合的平台，为学生“心智技能”的养成提供支持.

教学技能的生成遵循“初步感知→机械模仿→灵活运用→拓展创新”这一发展历程. 本丛书的编写力求体现教学技能的这一发展过程，为读者提供丰富的案例，以促进数学教学技能素养的形成、强化和提高.

本丛书以科学出版社 2008 年“普通高等教育‘十一五’规划教材 · 高等师范院校数学教育系列丛书”为基础修订、扩充而成. 具体工作包括:

(1) 新增编著《中学数学教学设计案例精选》作为《中学数学教学设计》一书的配套用书.《中学数学教学案例精选》为读者提供类型丰富的教学设计案例，力求使读者通过对案例的学习、比较、研究提高数学教学设计能力. 对案例的解读、点评及修改指引有效融合了大量的数学学科知识、思想方法及数学教育教学理论的解读及运用指引.

(2) 修订完善《中学数学教学设计》一书，使其更简洁、更实用.

(3) 对《中学数学解题研究》一书以“简洁思路及表述，强化解题方法与技巧，丰富案例”为原则进行修订.

(4) 对《中学数学现代教学技术》一书，从原来侧重数学定量分析与信息技术相结合的定位，向全面解决数学教学中定性分析、定量分析与信息技术相结合转移，力求使读者更全面把握信息技术在解决数学教学过程中问题情境设置、图形定性及定量分析、数值分析与计算、数学探究等方面的辅助功能.

(5) 新增编著《中学数学课件制作案例精选》(电子读物). 这一电子读物收录了华南师范大学数学科学学院历届本科学生的优秀作品，其中包括多件在全国、广东省多媒体课件制作竞赛中的获奖作品. 电子读物对相关课件的教学设计、技术设计及制作技巧作了详细的剖析.

藉此机会感谢华南师范大学数学科学学院对本丛书的编写所给予的精神上及经费上的大力支持，感谢兄弟院校对本丛书的热情支持、积极推介和广泛使用. 对科学出版社的领导对本丛书的大力支持，对编辑们的辛勤劳动表示由衷的敬意和诚挚的谢意.

希望数学家、数学教育家以及使用这套丛书的各兄弟院校师生，对本丛书的使用提出宝贵意见和建议，使它们在实践中不断完善，为我国的数学教师专业发展发挥更好的作用.

冯伟贞

2011 年 7 月 1 日于广州华南师范大学

前　言

《中学数学教学设计》一书于 2008 年 6 月由科学出版社出版，因其理念特色(体现时代性和先进性、突出应用性和拓展性、具有实践性和可操作性)、结构特色和内容特色而受到了读者的肯定，至 2010 年 12 月已重印了四次. 根据使用该书作为教材的各个院校师生的反映，尽管该书已提供了不少典型的教学案例，但大家还是希望增加一些教学案例，以供师生拓展学习讨论. 为此，我们编写了《中学数学教学设计案例精选》这本书.

作为《中学数学教学设计》一书的配套教材，本书在编写时主要考虑以下三点：

(1) 通过一些典型的教学案例的学习研讨，提高读者的数学教学设计能力，以促进其教师专业成长；

(2) 案例的选择要突出典型性，既要有较多非常出色的案例，也要有一些平凡的甚至是比较差的设计案例. 既有来自一线教师的经验设计，也有出自数学师范生之手的朴素设计. 总而言之，我们要为读者提供类型丰富的教学设计案例，通过学习、比较、研究，知道什么是好的设计，什么是一般的设计，什么是差的设计.

(3) 每一年级的案例，要求是该年级较重要且具有代表性的一节课.

在第一篇，我们提供了 10 个初中数学案例和 10 个高中数学案例，其中案例 20——平方差公式的教学设计是教育部首届“东芝杯 · 中国师范大学师范专业理科大学生教学技能创新实践大赛”数学组的冠军教案. 最后是两位一线教师对这一设计的点评.

在第二篇，我们提供了 8 个数学探究、数学建模的案例，其中案例 28——走进数学建模世界的教学设计是教育部第二届“东芝杯 · 中国师范大学师范专业理科大学生教学技能创新实践大赛”数学组的冠军教案.

在第三篇，我们提供了 6 个说课案例.

在第四篇我们提供两个教学录像，分别是教育部首届和第二届“东芝杯 · 中国师范大学师范专业理科大学生教学技能创新实践大赛”数学组的冠军教学录像.

每一案例均按照教案写真(或说课稿写真)、闪光之点、完善之处这一框架设计. 其中，教案写真(或说课稿写真)部分提供一份点评者选择的教案(或说课稿)；闪光之点部分是点评者对教案(或说课稿)的赏识；完善之处则是点评者的改善建议. 需要特别强调的是，如何评价数学教学设计的优与劣，没有绝对的统一标准，因为每一教学设计均有其特定的教育功能，反映着某种教育价值取向. 例如，如果以注重过程，注重理解为价值取向，那么案例 1 的设计是优秀的. 但如果以熟练的技能操作为价值取向，那么案例 1 的设计则是一个累赘的、费时且费神的设计.

最后，需要特别说明的是，每一案例的点评仅仅代表点评者自己的观点，我们欢迎读者反思、批判点评者的观点.

何小亚

2011 年 7 月 1 日于华南师范大学

目　　录

第一篇　数学教学设计基本案例

第二篇　数学探究与数学建模设计案例

第三篇　数学说课案例

第四篇　教学录像

第一篇
数学教学设计基本案例

案例 1　有理数乘法法则的教学设计

教案写真

由于引进了负数，七年级对数系的认识范围扩大到了有理数.有理数乘法法则的教学难点，就是运算的因式含有负数，如何自然地由原来正数的乘法过渡到带有“负数”的乘法，如何体现这些运算法则的合理性和必要性，是困扰很多教师的问题.特别地，对“负负得正”的理解，是关键所在.下面提供一个教学设计，并作简要的评析，来探讨这一问题.

一、教学内容

有理数的乘法法则(华东师大版《数学》七年级上册).

二、教学目标

1. 知识与技能

掌握有理数的乘法法则.

2. 过程与方法

经历有理数乘法法则的探索概括过程，学习观察、归纳、类比、概括的解决问题方法.

3. 情感与态度

体验有理数乘法法则源于实际的需要，初步理解法则的实际意义.

三、教学重点与难点

1. 教学重点

有理数乘法法则的掌握.

2. 教学难点

规则“两数相乘，若把一个因数换成它的相反数，则所得的积是原来的积的相反数”的概括，以及“负负得正”的实际意义的理解.

四、教学过程

(一) 情境导入

一只小虫沿一条东西向的路线，以每分钟 3 米的速度向东爬行 2 分钟，那么它现在位于原来位置的哪个方向，相距多少米？若小虫向西以每分钟 3 米的速度爬行 2 分钟，那么结果有何变化？

(二) 探索规则

两数相乘，若把一个因数换成它的相反数，则所得的积是原来的积的相反数．

如果我们规定向东为正，向西为负，那么：

(1) 对于第一个问题，我们可以列出式子：$3+3=6$．根据乘法是加法的简便运算，同样可以得到：$3\times2=6$，即小虫位于原来位置的东方 6 米处．

设小虫原来在原点位置，用数轴表示这个过程，如图 1.1 所示．

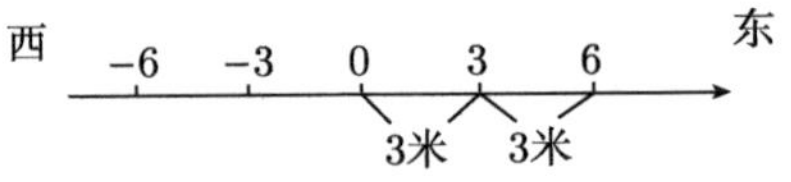

图 1.1

(2) 对于第二个问题，根据有理数相加的法则，可以列出算式为

$$(-3)+(-3)=-6.$$

和(1)比较，同样可以得到另一算式：$(-3)\times2$，那么怎样求它的结果？

【分小组讨论】　求出算式$(-3)\times2$的积．

3×2是 2 个 3 相加，结果为 6．通过类比，很容易得到，$(-3)\times2$的意义是 2 个-3相加，其结果为-6．这是用两种不同的运算来求解的过程．我们就此求得小虫位于原来位置的西方 6 米处．

设小虫原来在原点位置，用数轴表示这个过程，如图 1.2 所示．

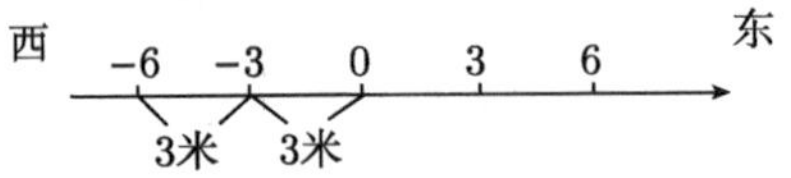

图 1.2

【试一试】　求下列算式的积：

(1) 3×3，3×4，5×7；

(2) $(-3)\times3$，$(-3)\times4$，$(-5)\times7$；

(3) $3\times(-3)$，$3\times(-4)$，$5\times(-7)$．

分析　对于(1)和(2)，通过以上的学习过程很容易得出结果.而对于(3)这类算式，可以通过乘法交换律的推广转化为(2)进行处理.

我们知道 3×2 与 2×3 的结果相等，3×4 与 4×3 的结果也相等.根据是正数相乘的乘法交换律. 其实，这条规律对于含有负数的乘法也成立.也就是说，$3\times(-2)=(-2)\times3=-6$，$3\times(-4)=(-4)\times3=-12$.

这样，就得到了上述三类问题的答案：

(1) $3\times3=9$, $3\times4=12$, $5\times7=35$;

(2) $(-3)\times3=-9$, $(-3)\times4=-12$, $(-5)\times7=-35$;

(3) $3\times(-3)=-9$, $3\times(-4)=-12$, $5\times(-7)=-35$.

【比较】　请同学对比观察上面三组算式，有什么发现?

提示　分别从因数和结果的异同的角度去思考.

【归纳】　请和小组成员交流，写出发现的结论：

两数相乘，若把一个因数换成它的相反数，则所得的积是原来的积的相反数.

(三) 有理数乘法法则的概括与应用

【想一想】　求下列算式的积：

$$(-3)\times(-2),\ (-3)\times(-4),$$
$$(-3)\times(-5),\ (-5)\times(-7).$$

提示　运用发现的规律，对比前面的(2)、(3)组算式来思考.

分析　这里引导学生进行纵向思考，$(-3)\times(-2)$可以看成是$(-3)\times2$或$3\times(-2)$改变一个因式的符号得到，进而可看成是 3×2 先后两次改变一个因式的符号得到，根据归纳的运算律，就可得出结果.

再试一试计算：3×0, $(-3)\times0$, $0\times(-5)$.

【概括】　综合以上各种情况，我们得出有理数乘法法则：

两数相乘，同号得正，异号得负，并把绝对值相乘；任何数与零相乘，都得零.

【巩固提高】

例　计算：

(1) $0\times\left(-2\frac{1}{5}\right)$;　　(2) $\frac{1}{12}\times(-0.8)$;

(3) $\left(-1\frac{1}{4}\right)\times\left(-\frac{4}{5}\right)$;　　(4) $(-3)\times\left(-\frac{1}{3}\right)\times0\times0.7$;

(5) $(-1)\times\frac{1}{4}$;　　(6) $(-6)\times1$.

注意突出的要点：按乘法法则先确定积的符号，再确定积的绝对值；

分数与分数相乘，带分数应先化为假分数，小数应化为分数；

在连乘运算中“有零快写零，无零先定号”；

一个数与(−1)相乘，积与这个数互为相反数，一个数与 1 相乘，积与这个数相同.

练习　判断题(对的在括号内写 T，错的写 F)：

(1) 同号两数相乘，符号不变.　(　)

(2) 异号两数相乘，取绝对值较大的因数的符号.　(　)

(3) 两数相乘，如果积为正数，那么这两个因数都为正数.　(　)

(4) 两数相乘，如果积为负数，那么这两个因数异号.　(　)

(5) 两数相乘，如果积为 0，那么这两个数全为 0.　(　)

(6) 两个数相乘，积比每一个因数都大.　(　)

(7) 若 $ab>0$，且 $a+b<0$，则 $a<0$，$b<0$.　(　)

(8) 若 $ab<0$，则 $a>0$，$b<0$.　(　)

(9) 若 $ab=0$，则 a，b 中至少有一个为 0.　(　)

(四)“负负得正”的现实意义

对于两个负数相乘的意义的理解，可以通过实际背景，如路程、温度、水位等帮助理解，还可以运用数轴进行操作帮助理解. 例如，水池的水位每小时下降 2 米，已知现在的水位是 0，问：

(1) 2 小时后，3 小时后的水位分别是多少？

(2) 2 小时前，3 小时前的水位分别是多少？

分析　我们把水位上升记为正，下降记为负，那么下降 2 米的水位就为−2 米，所以对问题(1)，2 小时后的水位容易计算，$(-2)\times2=-4$(米)，同样 3 小时后的水位为 $(-2)\times3=-6$(米).在掌握了负数的基础上，这是容易理解的. 对于(2)，我们记现在以后为正，现在以前为负，那么自然地，2 小时前，3 小时前的水位就分别为 $(-2)\times(-2)=4$(米)，$(-2)\times(-3)=6$(米). 现在的水位，也就是 0 时刻的水位可以计算为 $(-2)\times0=0$ (米). 通过类似这样的客观模型，可以帮助说明含负数相乘法则的现实意义.

从上面还可以得到这样的一个事实，要求几小时后的水位，就用“几”乘以−2，而每增加 1 小时，水位就随着减少 2 米，那么，每减少 1 小时，水位就随着增加了 2 米.所以，符号“−”的实质可以看成是相反的量或相反的操作.两个负数相乘可以通过这种方法来理解. 例如 $(-2)\times(-3)$ 就是把(−2)相反的操作 3 次，(−2)相反就是(+2)，操作 3 次就是把(+2)连加 3 次，得(+6). 从而也可以得出乘法的符号法则.

(五) 小结

引导学生进行知识总结，回顾法则的发现过程，熟记法则. 有理数的乘法法则实质上是符号法则，符号确定后，其余的绝对值相乘与小学乘法运算完全相同.

五、几点思考

(1) 前面的部分，从正整数的乘法过渡到“正负相乘”. 正整数相乘是相同加数相加的简便运算，从这一基本定义出发，通过类比，在问题设计中，自然得出了“正负相乘”的相似定义，并且通过不完全归纳，得出一个重要事实——两数相乘，若把一个因数换成它的相反数，则所得的积是原来的积的相反数.

(2) 后面的部分，由“正负相乘”过渡到“负负相乘”，这对于教学进程又是一个飞跃，通过上面得到的改变一个因式的符号就改变结果的事实，得到了两个负数运算的计算法则，这是在原来的抽象基础上再一次抽象提高，再经过不完全的归纳，就得出有理数相乘的一般法则.

(3) 在扩展部分，通过水位现实的模型说明“负负得正”的现实意义，这是非常必要的. 负数的学习中，是通过方向问题，上下问题，盈亏问题等单一的实际模型引入的，而这里同时涉及了水位变化，时间进程的一个“二维”变量问题，这既有和前面的对比，又是前面的再度提高.通过现实模型来说明学习对象，是将抽象和具体结合的过程，通过这一过程，加深学生对学习对象理解的深刻度，也培养了学生结合具体抽象的思维能力.

(4) 整个教学过程，主要涉及了类比和不完全归纳两种重要的思想方法. 利用类比，将具有相同特征的事物进行比较，对学习和研究新事物具有积极的作用，也可以将两个毫不相关的事物进行类比，通过旧事物的某一特征来研究新问题，达到触类旁通的效果. 另外，通过不完全归纳，可以得出一些容易得到而缺乏证明的事实. 如“负负得正”，这在形式上是不能够证明的，这样，用不完全归纳去发现这一结果就非常的有意义了.

最后，需要指出的是，本教学设计是以实现后两个教学目标为价值取向的. 如果只是以知识技能目标为价值取向，那么只要让学生记住符号法则，会操作即可.

致谢　感谢何小亚教授对本文的指导！

参考文献

[1] 王建磐. 数学·初中一年级(七年级)(上). 上海：华东师范大学出版社，2003.
[2] 孙彦. 素质教育新教案·数学(七年级)(上). 北京：西苑出版社，2004.

(易倩善，罗　静. 中学数学研究(广州)，2008 年第 1 期)

闪光之点

(1)“只关注结果，不注重过程”是数学旧课程的特征之一．数学旧课程比较缺乏激发孩子探究发现的课程内容.曾在 2001 年获得国家科技最高奖的“杂交稻之父”袁隆平院士说过：“我最喜欢外语、地理、化学，最不喜欢数学，因为在学正负数的时候，我搞不清为什么负负相乘得正，就去问老师，老师说你记得就是；学几何时，对一个定理有疑义，去问，还是一样回答，我由此得出结论，数学不讲道理，于是不再理会，对数学兴趣不大，成绩不好.”数学原本是最讲道理的，但由于数学教师教学的原因，给袁隆平院士幼时的心灵留下了“数学不讲道理”的烙印．如果袁隆平院士的数学老师在讲“有理数的乘法法则”这一课题时,能按照案例 1 的教学设计来进行教学，那么袁隆平院士是否还认为“数学不讲道理”呢？

(2) 数学教学不仅仅是教学生计算、解题操作，还要教学生理解数学、掌握数学的思想方法．通过“负负得正”这一操作最简单的数学运算法则的教学，可以让学生学习类比和不完全归纳这两种重要的数学思想方法，体现了注重过程，注重理解的现代数学教育价值取向.

(3) 此案例是《中学数学教学设计》(何小亚、姚静，科学出版社, 2008)第 1 章案例 1 的修改版，其教学目标和重难点的设计问题已得到修正.

完善之处

(1) 如何评价数学教学设计的优与劣，没有绝对的统一标准，因为每一教学设计均有其特定的教育功能，反映着某种教育价值取向．如果以注重过程、注重理解为价值取向，本案例的设计是优秀的．但如果以熟练的技能操作为价值取向，那么本案例的设计是一个累赘的、费时且费神的设计.

(2)“负负得正”可以证明吗？从数学的角度看，尽管有理数的运算律、运算法则是可以证明的．但数学中的证明具有相对性，因为数学中的任何证明都是以一定的公理、原始概念作为基础的，而公理、原始概念实为一些合理的规定.

例如，如果承认 0 由 $a+?=a$ 得到定义；0 乘以任何数得 0，1 乘以 a 得 a；负数由 $a+?=0$ 定义……那么由于 $a+(-a)=0$，于是 $-(-a)=a$.

当负数参与运算时，需要保持原来的运算律：加法结合律、交换律，乘法结合律、交换律，加乘分配律．于是 $(-1)a+a=(-1)a+1a=[(-1)+1]a=0$，所以 $(-1)a=-a$．因此，我们可以“证明”负负得正的法则 $(-a)(-b)=ab$ 如下：

$$(-a)(-b)=[(-1)a][(-1)b]=[(-1)(-1)]\ ab=[-(-1)]\ ab=1ab=ab.$$

从教学的角度看，上述抽象的证明在中学阶段显然不适合教给学生．但也不要对学生说是规定，而要说，数学上可以证明．你只要一说规定，学生就会不接受，不信服了．

因此，教学处理应该是让学生信服即可．为此需要联系实际例子进行解释，以达到“讲道理”的目的．具体做法参看下面的文章．

（华南师范大学数学科学学院　何小亚　提供并点评）

附录

摆脱法则的枷锁
——“负负得正”的新教法及三种证明

摘　要　以崭新的厨师烹饪模型，帮助学生理解经典数学法则——“负负得正”，体现了构建数学模型，解决数学问题的新课标思想．灵活运用群、环等高等数学知识给出法则的三种证明，体现了运用高等数学指导的中学数学教学的思想．

关键词　数学；负负得正；教法；模型

一、问题提出

笔者对有理数的乘法法则的教法有新的理解．课本(华东师范大学出版社初中一年级上第二章第九节)采用直接给出法则的做法，意在要求学生能运用法则准确熟练地进行运算.但这可能使学生只停留在记住符号法则的层面，而非能达到理解知识的层面.当我们试图回忆当时我们是如何学习“负负得正”时，相信大多数读者都无法想起它的现实意义，只是对“负负得正”这个法则牢记在心．针对这个问题，笔者大胆采用了一个全新的案例，完全摆脱法则的枷锁，力求使学生通过情景来建构模型，理解“负负得正”．此案例非真实情景，但对求知欲和创造欲极强的初中生是十分适合的．一方面，它可激发学生寻求合理严谨证明的求知欲．另一方面，这使学生明白数学是有意义的，而不至于扼杀学生对数学创造和发明的欲望．

二、新教法探讨

(一) 第一步，故事导入

1. 教学过程

教师给学生讲述神话故事：在一个非常偏远的地方，曾有过一群令人惊奇的厨师，他们能够烹饪出令人难以想象的美味食物. 他们在一个巨大的锅里烹饪食物, 工作极为细致和复杂. 烹饪中, 他们频繁地改变锅里的温度来对食物调味, 从而做出味道完美的食物. 改变温度的方法是向锅里添加(取出)热(冷)方块.冷方块类似冰块, 只是它们并不融化, 而热方块类似烧红的炭块, 只是它们并不失去热量. 每投入(取出)一块冷方块, 锅里的温度下降(上升)1°C. 教师接着提问学生: 烹饪工序如此精细, 那他们是如何做到准确无误的呢? 其中又有什么秘诀呢?

2. 点评

以神话故事作为课程导入旨在吸引学生的注意力, 增强学生的探究兴趣, 并使学生处于对知识的饥渴状态. 教师作为“导游”, 应循循善诱, 引导我们的“小游客们”逐步解开“神奇的烹饪之谜. 但教师不能为了引入课题而引入, 应是为更好地教学而引入. 另外, 该题材是学生不太熟悉的素材, 教师应作适当的讲解, 使之简化并更容易为学生接受, 这是上好本课的前提.

(二) 第二步, 秘诀揭晓

1. 教学过程

(1) 教师揭示厨师的烹饪秘诀: 原来他们是用我们这节课的知识——有理数的乘法来记录他们的烹饪工序的. 那么他们是怎样记录繁杂的工序呢? 下面我们通过以下几道例题一起来了解他们的记录方法吧!

(2) 教师讲授例题:

例 1　厨师们想把锅中的温度降低 100°C, 他们就可以投入五组, 每组 20 块的冷方块. 他们用

$$(+5)\times(-20)=-100 \tag{1.1}$$

表示他们的做法和最终结果.

教师分析式(1.1): +5 表示投入 5 组方块, −20 表示每组为 20 块的冷方块. 5×20=100, 即共投入 100 块冷方块, 锅里的温度应下降 100°C, 用 −100 表示. 故式(1.1)的记录是合理的.

例 2(续例 1)　厨师想把锅中的温度升高 100°C, 但又没有热方块, 只有锅里的 5 组(每组 20 个)冷方块, 厨师该怎么办呢? 他们可以取出 5 组每组 20 个的冷方块, 用

$$(-5)\times(-20)=+100 \tag{1.2}$$

表示他们的做法和最终结果.

教师分析式(1.2): −5 表示取出 5 组方块, −20 表示每组为 20 块的冷方块. 由例 1

可知：投入 100 块冷方块可使温度下降 100°C. 那么，取出 100 块冷方块可使温度升高 100°C. 故式(1.2)的记录是合理的.

特别地，他们用 $0\times a=0$ (a 代表锅中的方块数，是任意数)表示不改变锅中的冷冰块.

2. 点评

(1) 教师应在学生能完全理解例 1 及式(1.1)的基础上讲解例 2. 教学重点应放在强化“烹饪模型”与“负负得正”的联系上，而不要求学生强记法则.

(2) 教师应注意概念的同化. 即有理数的乘法仅是比整数的乘法多了确定积的符号这一步. 而积的符号则可根据最终温度的升降来确定. 至于积的绝对值和整数乘法一样，只要把因数的绝对值乘积即可.

(三) 第三步，小试牛刀

1. 教学过程

练习 1　计算每一种情况下温度变化的最终结果，并用等式表示每一次做法和最终结果. (模型—算式)

(1) 投入 4 组每组 7 个的冷方块；(2) 取出 6 组每组 9 个的冷方块.

分析　(1) 因为共投入 $4\times7=28$ 块冷方块，故温度下降 28°C，即用$(+4)\times(-7)=-28$ 表示.

(2) 因为共取出 $6\times9=54$ 块冷方块，故温度升高 54°C，即用$(-6)\times(-9)=+54$ 表示.

练习 2　把下面所列各小题用冷热方块语言加以解析. (算式—模型)

(1) $(-3)\times(+4)$；(2) $(-3)\times(-4)$.

分析　(1) 因为取出 3 组，每组 4 块的热方块，共取出 $3\times4=12$ 块，故温度下降 12°C，即$(-3)\times(+4)=-12$.

(2) 因为取出 3 组，每组 4 块的冷方块，共取出 $3\times4=12$ 块，故温度升高 12°C，即$(-3)\times(-4)=+12$.

2. 点评

(1) 这两组的练习能从模型到算式和从算式到模型双向地评价学生接受知识的程度，从而强化了学生脑海中法则与模型的联系，强调学生是通过模型来理解法则. 这是本案例的一大特色.

(2) 教师在讲解练习 1 时，应重在培养学生从积的绝对值及符号来理解有理数的运算. 练习 2 之目的在于使学生思考解释模型.这可能会对个别学生有点难度，教师可视学生的接受情况，适当使用附加练习题.

(四) 第四步，课后作业

1. 教学过程

你享誉“世界第一厨师”美名很长一段时间后，决定隐退，最后使命就是培训一位助理好让他接替你的位置. 这位助理厨师，对如何改变锅中的温度知之甚少，但他知道如何对整数进行算术运算.

为你的助理准备一份手册，其中一定要包括各种升高和降低温度的不同方法的特殊例子.

2. 点评

此作业设计具有开放性，答案丰富多彩，为学生留有思维发展的余地，旨在培养学生创造性思维，与独立自主学习的能力. 这也许是初中课堂中较为缺少的元素. 教师可视学生的接受程度对作业进行适当的说明，并耐心指导学生开展开放性学习，使之得以循序渐进地进行.

三、三种证明方法：

(一) 证明 1(由相反数的意义)

由抽象代数知识：$\mathbf{Z}$是整环，$\mathbf{Q}$ 是 $\mathbf{Z}$ 的分式域，故($\mathbf{Q}$, +, ·)构成环(其中 $\mathbf{Q}$ 为所有有理数构成的集合，$\mathbf{Z}$ 是所有整数构成的集合). 对任意的 $a,c\in\mathbf{Q}$，且 $a,c>0$. 因为($\mathbf{Q}$,+)构成群，故存在 $b\in\mathbf{Q}$，使得 $a+b=0$ (0 为 $\mathbf{Q}$ 中的零元). 又因为

$$bc=(0-a)c=[0+(-a)]c=0\cdot c+(-a)c=(-a)c,$$

即

$$bc=(-a)c,\tag{1.3}$$

两边同时加上 ac，得

$$ac+bc=ac+(-a)c,$$

因为($\mathbf{Q}$, +, ·)构成环，由乘法对加法的右分配律：

$$(-a)c+ac=[(-a)+a]c=0\cdot c=0,$$

即 $ac+bc=0$，也即 $bc=-ac$，联合式(1.3)得

$$bc=(-a)c=-ac\,.$$

故 $(-a)c=-ac$.

结论 1　两个有理数a,c相乘，把a换成$-a$后，即$(-a)$与c相乘为原来积ac的相反数$-ac$. 对a与$(-c)$相乘，可由结论 1 得

结论 2　两个有理数a，$(-c)$相乘，把a换成$-a$后，即$-a$与$-c$相乘为原来积$(-ac)$的相反数ac.

(二) 证明 2(由单位元及其负元的概念)

(1) 先证一个数乘以-1等于这个数的相反数.

$(\mathbf{Q},+,\ \cdot)$构成有单位元的环，且单位元唯一，记为e. e的负元记为h，则$e+h=0$，即$h=-e$. 所以$ha=(-e)a$. 由证明 1，得$(-e)a=-(ea)=-a$，即$ha=-a$. 又因为h在$\mathbf{Q}$中为-1，所以有$(-1)a=-a$. 即一个数乘以-1等于这个数的相反数.

(2) 再证$(-a)(-b)=ab$.

由证明 1，得$a(-b)=-ab$. 又因为$(-a)(-b)=[(-1)a](-b)$，由(1)得$(-1)a=-a$，所以

$$(-a)(-b)=[(-1)a](-b)=-a(-b)=-(-ab)=ab,$$

即$(-a)(-b)=ab$.

(三) 证明 3(由整数环的知识)

“三谈负负得正”的证明 2 仅证明了在$\mathbf{Z}$中“负负得正”是成立的，但尚未在有理数中证明该结论. 笔者补充后得到以下证明 3(由分式域的相关知识).

由抽象代数知识：整数环$\mathbf{Z}$是有理数域$\mathbf{Q}$的子环.

不妨设$F=\left\{\dfrac{a}{b}\mid a,b\in\mathbf{Z},b\neq 0\right\}$，且$\mathbf{Q}^*=\left\{\left[\dfrac{a}{b}\right]\middle|\dfrac{a}{b}\in F\right\}$，且在$\mathbf{Q}^*$中规定：$\left[\dfrac{a}{b}\right]+\left[\dfrac{c}{d}\right]=\left[\dfrac{ad+bc}{bd}\right]$，$\left[\dfrac{a}{b}\right]\cdot\left[\dfrac{c}{d}\right]=\left[\dfrac{ac}{bd}\right]$，经检验，“+”，“·”是$\mathbf{Z}$上定义合理的代数运算. 不妨设$\dfrac{a}{b}>0$，$\dfrac{c}{d}>0$，则

$$\left[-\frac{a}{b}\right]\cdot\left[-\frac{c}{d}\right]=\left[\frac{-a}{b}\right]\cdot\left[\frac{-c}{d}\right]=\left[\frac{(-a)(-c)}{bd}\right],$$

由原文得$(-a)(-c)=ac$，所以

$$\left[-\frac{a}{b}\right]\cdot\left[-\frac{c}{d}\right]=\left[\frac{(-a)(-c)}{bd}\right]=\left[\frac{ac}{bd}\right]. \tag{1.4}$$

令$g:\mathbf{Q}^*\to\mathbf{Q}$，即$\left[-\dfrac{a}{b}\right]\to-\dfrac{a}{b}\left(a,b\text{互素},b\neq 0,\dfrac{a}{b}\right)$，显然可得：$g$是一个环同构(读者可验

证环同构的三个条件)，对式(1.4)作用 g，得

$$g\left(\left[-\frac{a}{b}\right]\right)\cdot g\left(\left[-\frac{c}{d}\right]\right)=g\left(\left[\frac{ac}{bd}\right]\right),$$

即 $\left(-\frac{a}{b}\right)\cdot\left(-\frac{c}{d}\right)=\frac{ac}{bd}$. 故“负负得正”在有理数域 $\mathbf{Q}$ 是成立的.

参考文献

[1] 罗增儒. “负负得正”难点的突破. 湖南教育, 1999, (14).
[2] 王建磐. 数学·初中一年级(七年级)(上). 上海：华东师范大学出版社, 2003.
[3] Dan Fendel, Diane Resek, Lynne Alper, et al. Interactive Mathematics Program. 北京：高等教育出版社, 2003.

(陈绮云, 何小亚. 数学教学通讯. 2010 年第 30 期)

案例 2　多边形的内角和的教学设计

教案写真

一、教学内容

多边形的内角和(义务教育课程标准实验教科书人教社七年级下册)

二、教学目标

1. 知识与技能

掌握多边形的内角和公式及其获取思路; 能应用公式进行有关计算.

2. 过程与方法

通过公式推导的过程教学, 使学生经历观察、操作、想象、交流等活动, 发展推理能力.

3. 情感与态度

使学生体会从特殊到一般的思想方法.

三、教学重点与难点

1. 教学重点

多边形的内角和公式的推导.

2. 教学难点

探究多边形的内角和公式时, 如何利用三角形内角和公式.

四、教学过程

(一) 创设情境

所有的三角形内角和大小都是一样的, 都是 180°; 是不是所有的四边形内角和大小都是一样的呢? 任意 n 边形呢?

如图 2.1 所示, 出示三角形纸片 ABC, 沿虚线裁剪, 得到四边形 $ABCD$, 其内角和是多少? 再沿虚线裁剪, 得到五边形 $ABCDE$, 其内角和是多少? ……如此下去, 得到 n 边形, 其内角和又是多少?

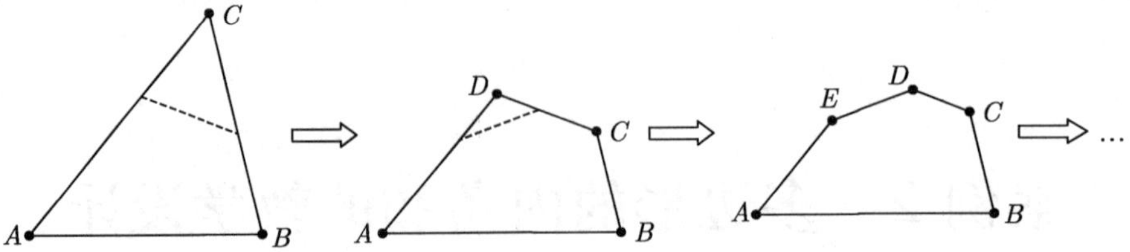

图 2.1

(二) 探究过程

问题：从三角形裁剪变成四边形后，内角和发生了什么变化？

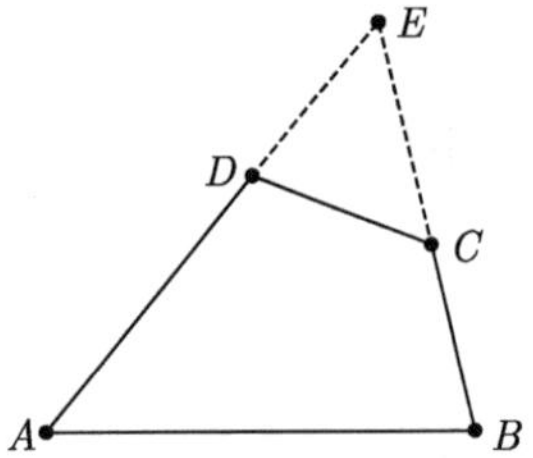

图 2.2

裁剪前：三角形 ABC 内角和为 180°.

裁剪后：四边形 $ABCD$ 内角和是多少？

如图 2.2 所示，四边形 $ABCD$ 可看成是三角形 ABE 裁剪得到的.

由三角形外角性质知

$$\angle BCD = \angle E + \angle CDE, \quad \angle CDA = \angle E + \angle DCE .$$

所以四边形 $ABCD$ 内角和

$$\begin{aligned}\angle A + \angle B + \angle BCD + \angle CDA &= (\angle A + \angle B + \angle E) + (\angle CDE + \angle E + \angle DCE)\\ &= 180^\circ + 180^\circ = 360^\circ.\end{aligned}$$

可见，经过裁剪后，四边形内角和比三角形内角和多了 180°；那么五边形的内角和呢？n 边形的内角和呢？大家思考，并填写表 2.1.

表 2.1

多边形	内角和
三角形	180°
四边形	180°+180°
五边形	
六边形	
……	
n 边形	

结论　n 边形的内角和等于 $(n-2)\cdot 180^\circ$.

(三) 例题讲解

例 1　如果一个四边形的一组对角互补，那么另一组对角有什么关系？

已知：如图 2.3 所示，四边形 $ABCD$ 的 $\angle A + \angle C = 180^\circ$.

求：$\angle B$ 与 $\angle D$ 的关系.

解　因为四边形 $ABCD$ 的内角和为 360°，即 $\angle A+\angle B+\angle C+\angle D=360^\circ$.

所以 $\angle B+\angle D=360^\circ-(\angle A+\angle C)=180^\circ$.

这就是说，如果四边形一组对角互补，那么另一组对角也互补.

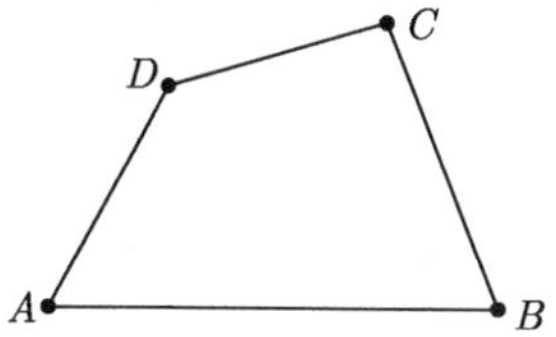

图 2.3

例 2　在六边形的每个顶点处各取一个外角，这些外角的和叫做六边形的外角和. 六边形的外角和等于多少？

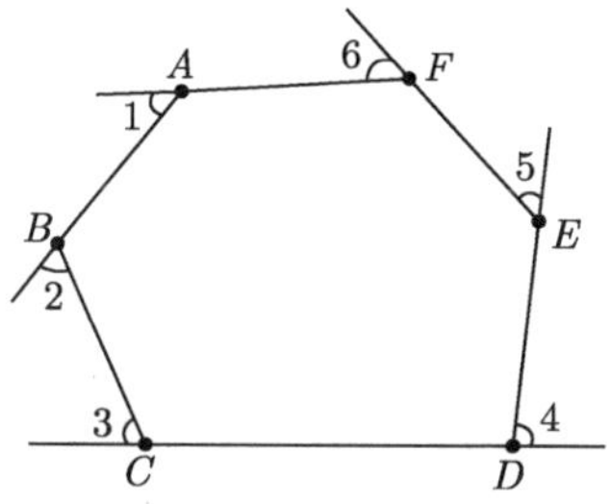

图 2.4

已知：如图 2.4 所示，$\angle 1,\angle 2,\angle 3,\angle 4,\angle 5,\angle 6$ 分别为六边形 $ABCDEF$ 的外角.

求：$\angle 1+\angle 2+\angle 3+\angle 4+\angle 5+\angle 6$ 的值.

解　因为六边形的任何一个外角加上它相邻的内角和为 180°.

所以六边形的六个外角加上各自相邻内角的总和为 $6\times 180^\circ$.

由于六边形的内角和为 $(6-2)\times 180^\circ=720^\circ$，所以它的外角和为 $6\times 180^\circ-720^\circ=360^\circ$.

（四）课堂小结

本节课学习了如何推导多边形内角和公式，它是建立在三角形内角和公式基础之上的.

（五）作业布置

课本 90~91 页习题 2~10.

闪光之点

(1) 剪纸的情境设置能抓住学生的眼球，贴近学生的数学现实，从学生思维的最近发展区切入.

(2) 导入直截了当，不拖泥带水，提高了课堂教学效率.

完善之处

(1) 应启发学生从多角度、多渠道探究多边形的内角和公式，以培养学生发散思维能力(这也应成为教学目标之一)，如：通过多边形一个顶点出发引对角线，把 n 边形分割为 $n-2$ 个三角形；取多边形内任一点，再与多边形各顶点相连，得到为 n 个三角形……

(2) 在推导四边形内角和公式前，可引导学生从特殊的四边形(正方形、矩形等)出发猜想四边形内角和，再严格论证，以培养学生类比、猜想能力.

(3) 教学目标仍可改进.

(韶关学院　李善佳　提供并点评)

案例 3　统计调查的教学设计

教案写真

一、教学内容

统计调查(人教版七年级数学下册第 151 页至 153 页)(1 课时).

二、教学目标

1. 知识与技能

(1) 了解通过全面调查收集数据的方法.

(2) 会设计简单的调查问卷，收集数据.

(3) 掌握划记法，会用表格整理数据；体会表格在整理数据中的作用.

2. 过程与方法

(1) 使学生经历收集数据的过程.

(2) 培养学生用表格整理数据的能力.

(3) 体验统计与生活的联系,感受统计在生活和生产中的作用，养成用数说话的习惯和实事求是的科学态度.

3. 情感态度价值观

通过实际参与收集、整理、描述和分析数据的活动，感受统计在生产和生活中的作用，增强学习统计的兴趣，初步建立统计的观念，培养重视调查研究的良好习惯和科学态度.

三、教学重点与难点

1. 教学重点

对数据的收集、整理及描述.

2. 教学难点

绘制扇形统计图和条形统计图.

四、教学方法与手段

1. 教学方法

讲练结合、讨论交流.

2. 教学手段

计算机、PPT 辅助.

五、教学过程设计

教学环节	教学内容	教师活动	学生活动	设计意图
(一)问题导入(约2分钟)	在日常生活中，我们可能遇到下面一些问题： [投影 1](1)中央电视台“青年歌手大奖赛”的收视情况怎样？ [投影 2](2)班级里同学出生主要集中在哪一年？ [投影 3](3)本年度最受欢迎的影片是哪几部？ 要解决这些问题，需要进行统计调查.	教师投影，激发学生学习欲望.	学生看投影，思考.	从日常生活问题创设情境，引发学生学习的兴趣，同时激发学生的好奇心和求知欲，顺利引入新课.
(二)数据的收集(约7分钟)	[投影 4]问题 1：现在我们如果要了解全班同学对新闻、体育、动画、娱乐、戏曲五类电视节目的喜爱情况，你怎样才能知道结果？ 举手表决？问卷调查？…… 问卷调查是一种比较常用的调查方式，采用这种方式要设计好调查问卷. 你认为设计调查问卷应包括哪些内容？ 问卷设计的内容应包	教师引导学生分析调查方式，设计调查问卷.	学生思考调查方式，动手设计调查问卷.	从现实出发让学生感受到数据在现实生活中的作用，认识到通过调查可以获得数据，激发学生的好奇心和收集数据好处的愿望.

	括调查中所提的问题、答案选项以及要求等. 就上面的问题我们可以设计如下的调查问卷 [投影 5] **调查问卷** 年　月 在下面五类电视节目中，你最喜爱的是[　](单选) A. 新闻　B. 体育 C. 动画　D. 娱乐 E. 戏曲 填完后，请将问卷交数学课代表.			
(三)数据的整理(约 9 分钟)	从上面的数据中你容易看出全班同学喜爱各类节目的情况吗？为什么？ 不容易. 因为这些数据杂乱无章，不容易发现其中的规律. 为了更清楚地了解数据所蕴涵的规律，需要对数据进行整理. 你认为应该怎样整理我们收集到的数据？ 划“正”字. 这就是所谓的划记法. 下面我们利用下表整理数据： 全班同学最喜爱节目的人数统计表	教师引导学生需要对数据进行整理.	学生用划记法整理收集到的数据.	引导学生讨论对于收集到的数据只有进行整理才能看出数据的分布情况,说明整理数据的整理方法，与学生一起整理收集到的数据，得到表格，感受表格的作用.

<table>
<tr>
<td></td>
<td>
<table>
<tr><td>节目类型</td><td>划记</td><td>人数</td><td>百分比</td></tr>
<tr><td>A. 新闻</td><td>止</td><td></td><td>8%</td></tr>
<tr><td>B. 体育</td><td>正正</td><td>10</td><td>20%</td></tr>
<tr><td>C. 动画</td><td>正正正</td><td>15</td><td>30%</td></tr>
<tr><td>D. 娱乐</td><td>正正正下</td><td>18</td><td>36%</td></tr>
<tr><td>E. 戏曲</td><td>下</td><td>3</td><td>6%</td></tr>
</table>
上表可以清楚地反映全班同学喜爱各类节目的情况.
</td>
<td></td>
<td></td>
<td></td>
</tr>
<tr>
<td>(四)数据的描述(约13分钟)</td>
<td>为了更直观地看出上表中的信息，我们还可以用条形统计图和扇形统计图来描述数据.
绘制条形统计图[投影7]
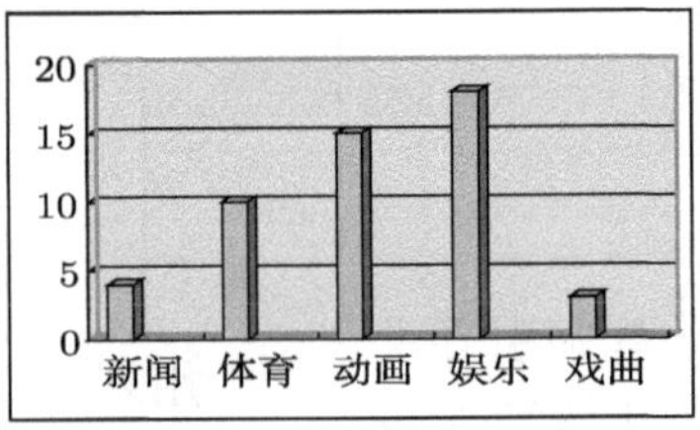

绘制扇形统计图
我们知道，扇形图用圆代表总体，每一个扇形代表总体的一部分. 扇形图通过扇形的大小来反映各个部分占总体的百分比. 扇形的大小是由圆心角的大小决定的，所以，我们只要知道圆心角的度数就可以画出</td>
<td>教师引导学生进行分析讲解.</td>
<td>学生思考并用条形统计图和扇形统计图来描述数据.</td>
<td>利用计算机制作条形图、扇形图，体会用统计图表示的数据的有效性.</td>
</tr>
</table>

	代表某一部分的扇形. 因为组成扇形图的各扇形圆心角的和是360°，所以只需根据各类节目所占的百分比就可以算出对应扇形圆心角的度数. 体育：$360°\times20\%=72°$， 动画：$360°\times30\%=108°$， 在一个圆中，根据算得的圆心角的度数画出各个扇形，并注明各类节日的名称及相应的百分比. [投影 8] 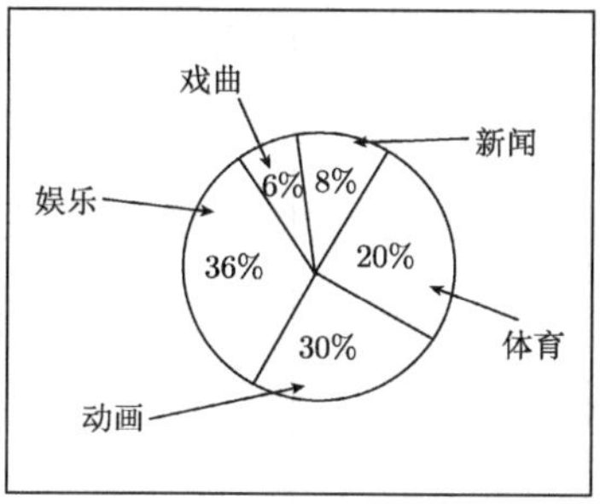 你能根据上面的条形统计图和扇形统计图直接说出全班同学喜爱各类电视节目的情况吗? 在上面的调查中，我们利用调查问卷得到全班同学喜爱电视节目的数据，利用表格整理数据，并用统计图进行直观形象的描述. 通			

	过分析表和图，了解到了全班同学喜爱电视节目的情况．在这个调查中，全班同学是要考察的全体对象，我们对全体对象都进行了调查，像这样考察全体对象的调查叫做全面调查．例如，2000 年我国进行的第五人口普查，就是一次全面调查． 请你举出一些生活中运用全面调查的例子．			
(五)沙场练兵(约10分钟)	课堂练习：153 页练习第 1、2 题．		学生自己思考做题．	根据强化原理设计该练习，以巩固所学．
(六)画龙点睛(约3分钟)	1．本节课我们经历了全面调查的一般过程，知道了利用问卷调查来收集数据，利用表格来整理数据，利用条形统计图和扇形统计图来描述数据． 2．学会了设计调查问卷和扇形统计图的画法．	教师引导总结．	学生思考体会．	强调统计调查中如何收集、整理、描述和分析数据；指出制作条形统计图或扇形统计图来对数据进行直观形象的描述．

(七) 布置家庭作业 (约1分钟)	作业： 课本 159 页第 2、5 题，160 页第 7 题.	教师布置作业.	学生认真记录.	由浅入深的练习和灵活的变式练习，能够强化本节课所学知识.

五、板书设计

统计调查		
一、引入 二、数据的收集 三、数据的整理	四、条形统计图或扇形统计图	五、练习 六、小结与作业

(广东省惠州市汝湖中学 潘相群 供稿)

闪光之点

(1) 根据新课程标准对教学目标的三维目标要求，把情感、态度、价值观的目标定得准确、有针对性.

(2) 从日常生活问题创设情境，联系实际引入新课，较好地调动学生的数学学习热情.

(3) 设计了通过实际参与收集、整理、描述和分析数据的活动，感受统计在生产和生活中的作用，增强学习统计的兴趣，初步建立统计观念.

(4) 注重培养学生重视调查研究的良好习惯和科学态度. 体现了现代数学教育的价值取向.

完善之处

建议对第一稿在如下几方面给予修改或补充:

(1) 过程目标可以根据新课程标准理念定得更具体, 更明确.

(2) 教学重点适当调整, 教学难点根据对学生程度的摸底适当估计.

(3) 教学各个环节的修改:

(i) 在第一环节“问题导入”后, 插入一个环节“提出问题”环节, 这一环节的设计意图为, 给学生一个自由发言的空间, 充分调动学生的积极性和主动性, 培养学生的数学表达能力, 启发(有预见性)学生的各种可能的表达, 老师做好点拨;

(ii) 在“数据的收集”环节中, 要预计学生可能会把问卷设计成“将对5种节目的喜欢程度用分值5、4、3、2、1表示”, 这可是学生思考问题的闪光点, 需作指引;

(iii) 在“数据的处理”环节中, 注意交代任务或提问题清楚明确;

(iv) 在“沙场练兵”环节, 注意问题的灵活性、变通性及趣味性;

(v) 在“画龙点睛”环节中, 增加生产、生活与统计及统计方法的关联度的小结, 让学生了解收集数据和统计分析的意义.

对上述教案第一稿作了修改, 重新写出第二稿如下.

统计调查的教学设计(修改稿)

教案写真

一、教学内容

统计调查(人教版七年级数学下册第151页至153页)(1课时).

二、教学目标

1. 知识与技能

(同第一稿)

2. 过程与方法

(1) 经历统计活动的过程, 让学生在具体的统计活动中学习统计内容, 在活动的过程中,体验统计与生活的联系，感受统计在生活和生产中的作用，学会“运用数据说理”的方法.

(2) 经历数据处理的全过程，培养学生运用表格整理数据的能力和运用数据解决一些实际问题的能力.

(3) 经历全面调查的过程.

3. 情感态度价值观

通过学生实际参与收集、整理、描述和分析数据的活动的过程，感受统计在生产和生活中的作用，增强学习统计的兴趣，初步建立统计的观念，培养重视调查研究的良好习惯和科学态度.

三、教学重点与难点

1. 教学重点

(1) 会设计简单的调查问卷，收集数据;

(2) 会用表格整理数据;

(3) 绘制扇形统计图和条形统计图，能熟练地从图中获取信息.

2. 教学难点

(1) 根据具体情况，设计调查问卷;

(2) 绘制扇形统计图和条形统计图.

四、教学关键

得出全面调查的基本过程.

五、教学方法与手段

1. 教学方法

讲练结合、讨论交流.

2. 教学手段

计算机、PPT 辅助.

六、教学过程

按照“问题导入”—“提出问题”—“收集数据”—“整理数据”—“描述、分析数据”—“沙场练兵”—“画龙点睛”—“布置作业”的流程展开.

七、教学流程设计

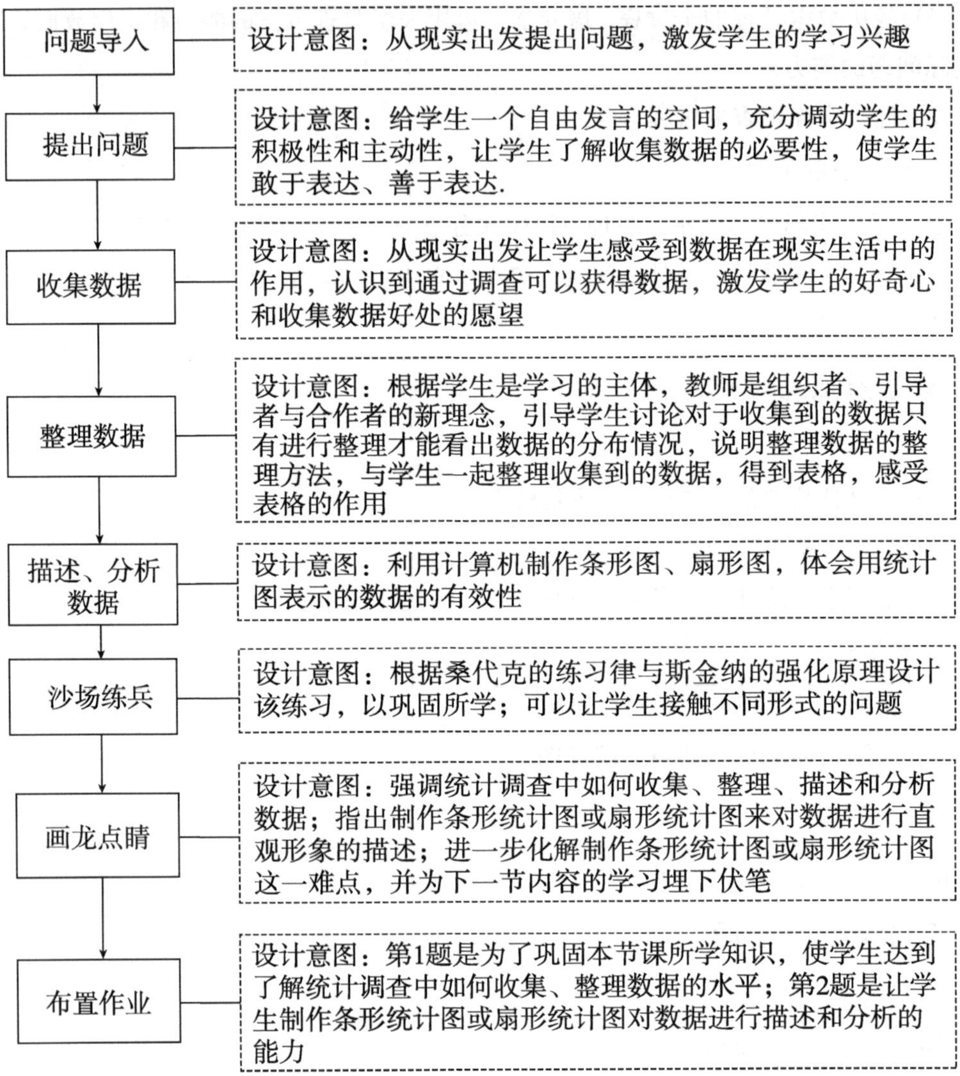

八、教学过程设计

教学环节	教学内容	教师活动	学生活动	设计意图
(一)问题导入(约2分钟)	在日常生活中，我们可能遇到下面一些问题： [投影 1](1)中央电视台“青年歌手大奖赛”的	教师投影，激发学生学习欲望.	学生看投影、思考.	从日常生活问题创设情境，引发学生学习的兴趣，

	收视情况怎样？ [投影 2](2)班级里同学出生主要集中在哪一年？ [投影 3](3)本年度最受欢迎的影片是哪几部？ 引出课题.			同时激发了学生的好奇心和求知欲，顺利引入新课.
(二)提出问题(约 2 分钟)	[投影 4]问题 1：现在我们如果要了解全班同学对新闻、体育、动画、娱乐、戏曲五类电视节目的喜爱情况，你怎样才能知道结果？ 1. 提出问题： (1) 这些节目中，你最喜爱哪个节目？ (2) 我们班，喜爱哪类节目的同学最多？ 2. 想一想： 你有什么办法，来调查全班喜爱哪类节目的同学最多？	教师投影，激发学生思考.	学生交流讨论.	给学生一个自由发言的空间，充分调动学生的积极性和主动性，预计学生可能会想到举手的方式. 调动学生敢于表达、善于表达，让学生了解收集数据的必要性.
(三)数据的收集(约 7 分钟)	1. 收集数据： 设计调查问卷，对全班同学进行问卷调查来收集数据. 2. 议一议： 你认为设计调查问卷应包括哪些内容？请设计一张调查问卷，用它可以调查全班同学喜爱哪类电视节目的同学最多？ 3. 教师展示学生设计	教师引导学生分析调查方式，设计调查问卷.	学生思考调查方式，动手设计调查问卷.	使学生从事收集数据的活动，培养学生用数据说话的意识. 让学生积极合作动手设计问卷，学会设计简单的调查问卷. 让学生体会成功

	的调查问卷. 4. 教师给出一种调查问卷的样式，并作出说明. 如果把这些节目编号，统计起来会方便些. 就上面的问题我们可以设计如下的调查问卷： [投影 5] **调查问卷** 年　月 在下面五类电视节目中，你最喜爱的是[　　](单选) A. 新闻　　B. 体育 C. 动画　　D.娱乐 E. 戏曲 填完后，请将问卷交数学课代表.			的喜悦，积极参与到课堂活动中来. 让全班学生都会设计调查问卷. 给节目编号只是为了统计方便，编号本身没有数量意义. 从现实出发让学生感受到数据在现实生活中的作用，认识到通过调查可以获得数据，激发学生的好奇心和收集数据好处的愿望.
(四)数据的整理(约 7 分钟)	问题：从上面的数据中你容易看出全班同学喜爱各类节目的情况吗？为什么？ 你认为应该怎样整理我们收集到的数据？ 1. 整理数据 为了更清楚地了解调查结果，需要对数据进行整理，一般可用表格整理数据：	教师引导学生，需要对数据进行整理.	学生思考调查方式，动手设计调查问卷.	引导学生讨论对于收集到的数据只有进行整理才能看出数据的分布情况说明整理数据的整理

<table>
<tr>
<td></td>
<td>下面我们利用下表整理数据.
全班同学最喜爱节目的人数统计表
<table><tr><td>节目类型</td><td>划记</td><td>人数</td><td>百分比</td></tr><tr><td>A. 新闻</td><td>止</td><td>4</td><td>8%</td></tr><tr><td>B. 体育</td><td>正正</td><td>10</td><td>20%</td></tr><tr><td>C. 动画</td><td>正正正</td><td>15</td><td>30%</td></tr><tr><td>D. 娱乐</td><td>正正正下</td><td>18</td><td>36%</td></tr><tr><td>E. 戏曲</td><td>下</td><td>3</td><td>6%</td></tr></table>
表格通常由行和列组成. 表格上方一般要有表头.
划记：用“正”字的每一划(笔画)代表一个数据，该数据每出现一次记一划.</td>
<td></td>
<td></td>
<td>方法，与学生一起整理收集到的数据. 让学生从事整理数据的活动，感受表格的作用.
让学生掌握统计表的结构.</td>
</tr>
<tr>
<td>(五)数据的描述(约 13 分钟)</td>
<td>1. 描述数据
为了直观地看出表中的信息，还可以用条形图和扇形图来描述数据. (教师根据上表，利用计算机制成条形图、扇形图)
绘制条形统计图[投影 7]</td>
<td>教师引导学生进行分析讲解.</td>
<td>学生思考，并用条形统计图和扇形统计图来描述数据.</td>
<td>体会统计图表示数据的有效性，感受信息技术与数学整合的优越性.</td>
</tr>
</table>

	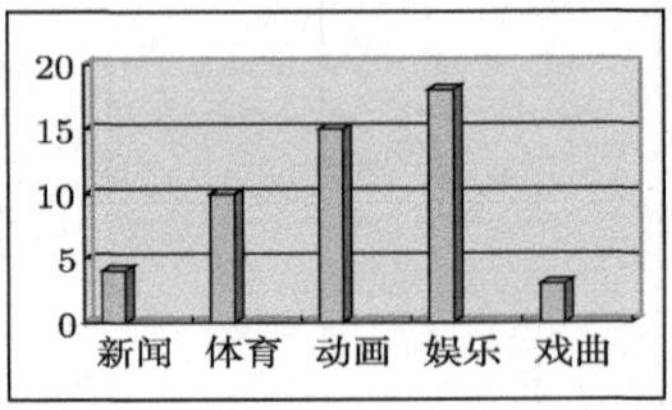 绘制扇形统计图 我们知道，扇形图用圆代表总体，每一个扇形代表总体的一部分．扇形图通过扇形的大小来反映各个部分占总体的百分比．扇形的大小是由圆心角的大小决定的，所以，我们只要知道圆心角的度数就可以画出代表某一部分的扇形．[投影 8] 因为组成扇形图的各扇形圆心角的和是 $360°$，所以只需根据各类节目所占的百分比就可以算出对应扇形圆心角的度数． 体育：$360°\times20\%=72°$， 动画：$360°\times30\%=108°$， 在一个圆中，根据算得的圆心角的度数画出各个扇形，并注明各类节目的名称及相应的百分比． [投影 8]			利用计算机制作条形图、扇形图，体会用统计图表示的数据的有效性，让学生学会分析数据． 掌握全面调查的概念，了解处理数据的四个环节．

	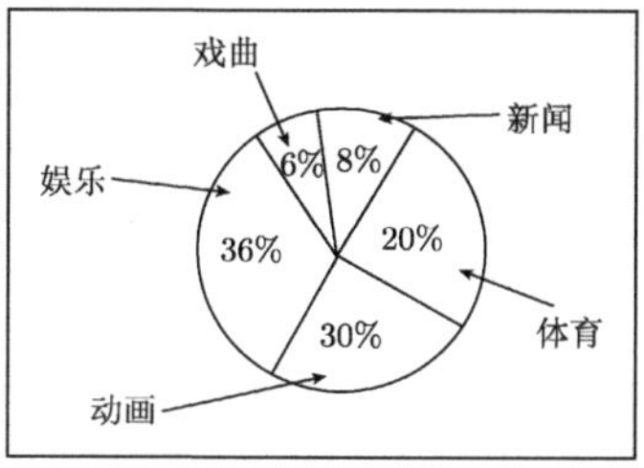 2. 读图 根据统计表、条形图、扇形图，你能说出全班同学喜爱各类电视节目的情况吗？ 3. 全面调查 通过收集数据、整理数据、描述数据、读图，我们可以清楚地知道全班同学喜爱电视节目的情况．在这个调查中，全班同学是要考察的全体对象，我们对全体对象都进行了调查，像这样考察全体对象的调查叫做全面调查. 例如，2000 年我国进行的第五人口普查，就是一次全面调查. 请你举出一些生活中运用全面调查的例子.			
(六)沙场练兵(约 10 分钟)	随堂练习 ① 展示麦当劳、肯德基的商标. ② 提问：你喜爱“洋快餐”的情况是(　)		学生自己思考做题.	根据强化原理设计该练习，以巩固所学. 调查学

	1. 不喜欢吃　2. 一般　3. 喜欢吃 ③ 收集全班同学喜爱洋快餐的情况编号. ④ 让学生利用表格整理收集的数据. ⑤ 播放录像——《洋快餐之忧》中的片断. P153 练习第 1、2 题.			生身边的事，让学生感受统计与生活的密切联系. 让学生学会用表格整理数据.让学生深思熟虑感受洋快餐的危害，培养学生科学健康的饮食观念.
(七)画龙点睛(约 3 分钟)	(1) 本节课我们经历了全面调查的一般过程，知道了利用问卷调查来收集数据，利用表格来整理数据，利用条形统计图和扇形统计图来描述数据. (2) 学会了设计调查问卷和扇形统计图的画法. (3) 通过这节课，我们再次感受到了统计与现实生活是紧密联系的，感受到用数据说理的好处.	教师引导总结.	学生思考体会.	从教学目标的三个方面进行简练的小结，帮助学生养成用数据说理的好习惯. 强调统计调查中如何收集、整理、描述和分析数据；指出制作条形统计图或扇形统计图来对数据进行直观形象的描述.

(八) 布置作业 (约 1 分钟)	作业:课本 159 页第 2、5 题, 160 页第 7 题. 补充作业：利用本节的调查问卷收集数据，用表格整理数据，说明自己班中男生、女生喜爱这些电视节目的情况.	教师布置作业.	学生认真记录.	由浅入深的练习和灵活的变式练习，能够强化本节课所学知识.

九、板书设计

(略)

闪光之点

(1) 本节课的教学设计体现“以学生的发展为本”的基本理念，体现了现代数学教育的价值取向. 在不改变教材教学内容的前提下，通过搭设台阶、设计提问来降低学习的难度，符合学生认知规律中的“最近发展区”原理. 设计目的：一是以现实问题出发，让学生感受到统计调查在现实生活中的应用和作用. 二是“以学生为主体，以教师为主导”. 通过学生感兴趣的情境提出问题，体现生活中需要统计，以此激发学生的求知欲；让学生自己主动参与，并通过亲自实践，经历和体验整理简单数据的过程，初步认识统计的思想和方法.

(2) 关于教学方法，为充分调动学生的学习积极性，使学生能够主动愉快地学习，课堂教学过程设计始终贯彻“教师为主导、学生为主体”的数学教学思想，通过引导学生亲身经历统计活动的过程，让学生主动参与到教学全过程中来.

(3) 在教学手段方面，利用多媒体辅助教学，一方面能够生动、直观地制成条形图和扇形图；另一方面让学生感受信息技术与数学整合的优越性，现代教育技术与课堂教学的有机整合，又使得学生在轻松愉快的氛围中学习，从而大大提高了课堂教学效率.

(4) 关于教学设计过程，按照“问题导入，引入新课”—“提出问题，引发思考”—“设计问卷，收集数据”—“利用表格，整理数据”—“描述数据，分析数据”—“沙场练兵，及时巩固”—“画龙点睛，归纳小结”—“布置作业，应用深化”的流程展开. 给学生搭建了一个自由展示的平台，提供了自主探索、积极思考、合作交流的时间和空间，激发学生学习积极性，主动性，进而水到渠成地得出数据处理的四个环节，让学生在轻松愉快的环境中学习到新知识. 以“吃‘洋快餐’的情况”作为调查对象, 以教材中案例为素材, 要求学生了解本班学生中男生、女生喜爱这些电视节目的情况, 作为课堂练习和补充作业. 让学生体验到所学的数学统计知识, 可以应用到实际生活中. 培养学生的数学应用意识.

(惠州学院　邬振明　提供并点评)

案例 4　确定一次函数表达式的教学设计

教案写真

一、教学内容

确定一次函数表达式(1 课时).

二、教学目标

1. 知识目标

(1) 了解两个条件确定一个一次函数，一个条件确定一个正比例函数.

(2) 能由两个条件求出一次函数的表达式，一个条件求出正比例函数的表达式，并解决有关现实问题.

2. 能力目标

能根据函数的图像确定一次函数的表达式，进一步主动自觉运用数形结合的思想.

3. 情感目标

通过把实际问题抽象为数学问题，再将所学知识运用于实践，认识数学与人类生活的密切联系及对人类历史发展的作用.

三、教学重难点

(1) 根据所给信息确定一次函数的表达式.

(2) 用一次函数的知识解决有关现实问题.

四、教学过程

(一) 情境导入

问题情境 1　某物体沿一个斜坡下滑，它的速度 v (米/秒)与其下滑时间 t (秒)的关系如图 4.1 所示.

(1) 写出 v 与 t 之间的关系式.

(2) 下滑 3 秒时物体的速度是多少？

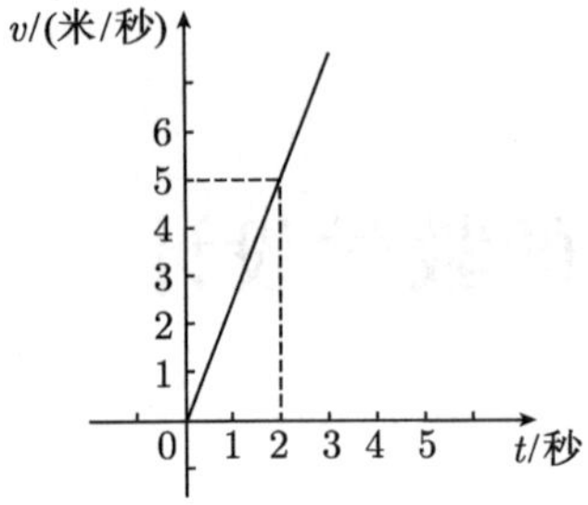

图 4.1

问题情境 2　在弹性限度内，弹簧的长度 y (厘米)是所挂物体的质量 x (千克)的一次函数、当所挂物体的质量为 1 千克时，弹簧长 15 厘米；当所挂物体的质量为 3 千克时，弹簧长 16 厘米．写出 y 与 x 之间的关系式，并求出所挂物体的质量为 4 千克时的弹簧的长度.

(二) 探索思考

想一想　求函数表达式的一般步骤是什么?

(1) 设函数表达式;

(2) 根据已知条件列出有关方程;

(3) 解方程;

(4) 把求出的 k, b 的值代回表达式中即可.

(三) 课堂练习

1. 若一次函数 $y=2x+b$ 的图像经过点(−1, 1)，则 $b=$______，该函数图像经过点 B (1, _____)和点 C (_____, 0).

2. 如图 4.2 所示．图中直线是一次函数 $y=kx+b$ 的图像，填空：

(1) $b=$________，$k=$_______;

(2) 当 $x=30$ 时，$y=$_______;

(3) 当 $y=30$ 时，$x=$_______.

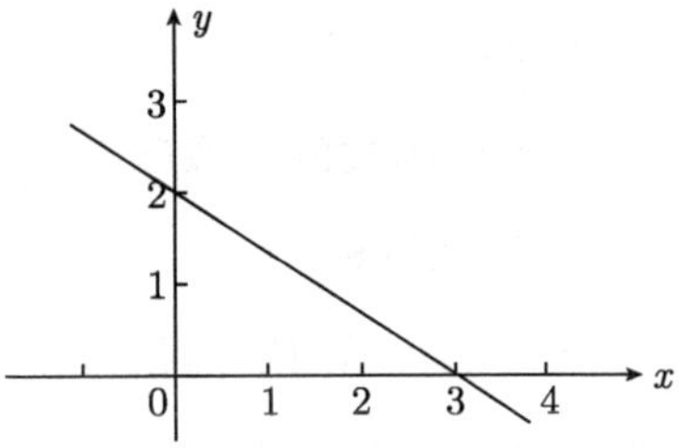

图 4.2

3. 根据条件，确定函数的表达式：y 与 x 成正比例，当 $x=5$ 时，$y=7$.

解　设 $y=kx$，当 $x=5$ 时，$y=7$．所以 $7=5k$，$k=\frac{7}{5}$．所以 $y=\frac{7}{5}x$.

4. 若函数的 $y=kx+b$ 的图像经过点(−3, −2)和(1, 6)，求 k，b 及表达式.

解　根据题意，得

$$-3k+b=-2, \tag{4.1}$$

$$kx+b=6. \tag{4.2}$$

由(4.1)得 $b=3k-2$，由(4.2)得 $b=6-k$．所以 $3k-2=6-k$，即 $k=2$，把 $k=2$ 代入(4.2)得 $b=4$，所以 $y=2x+4$.

(四) 问题拓展

某地长途汽车客运公司规定旅客可随身携带一定质量的行李，如果超过规定，则需要购买行李票，行李票费用 y 元是行李质量 x (千克)的一次函数，其图像如图 4.3 所示.

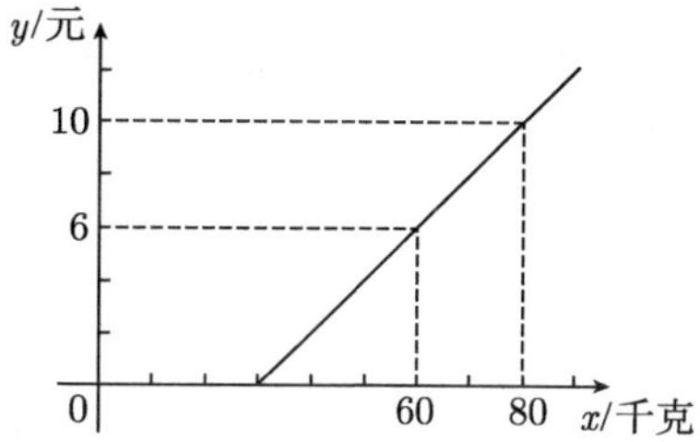

图 4.3

(1) 写出 y 与 x 的函数关系；

(2) 旅客最多可免费携带多少行李？

解　(1) 由图像可知此函数是一次函数，设 $y=kx+b$，根据题意，得

$$60k+b=6, \tag{4.3}$$

$$80k+b=10. \tag{4.4}$$

由(4.3)得 $b=6-60k$，由(4.4)得 $b=10-80k$. 所以 $6-60k=10-80k$，即 $k=0.2$，把 $k=0.2$ 代入(4.3)得 $b=-6$，所以 $y=0.2x-6$.

(2) 当 $y=0$ 时，$x=30$，即旅客最多可免费携带 30 千克行李.

(五) 小结

本节课我们主要学习了根据已知条件，如何求函数的表达式. 其具体步骤如下：

(1) 设函数表达式；

(2) 根据已知条件列出有关方程；

(3) 解方程；

(4) 把求出的 k, b 值代回表达式中即可.

(六) 课后作业

169 页习题 6.5 的 1, 2, 3.

(云南省昆明市实验中学　王永琼)

闪光之点

(1) 本节课的教学目标设计准确，对教学内容的重、难点划分准确. 教师对教材的分析很透彻. 教材中的情境一方面说明本节课的教学内容：用所给信息(图像、文字)确定一次函数的表达式. 该情境更深的教学内涵是：函数的三种表示方法——公式法、图

像法、表格法之间的关系和转换，教材编者希望借助列方程(组)的方法达到转换的目的，以说明数形结合的运用. 教师增加了第二个情境，以更好地体现情境的作用.

(2) 教师采用了“情境—问题”教学法.

学生学习：质疑提问、自主合作探索.

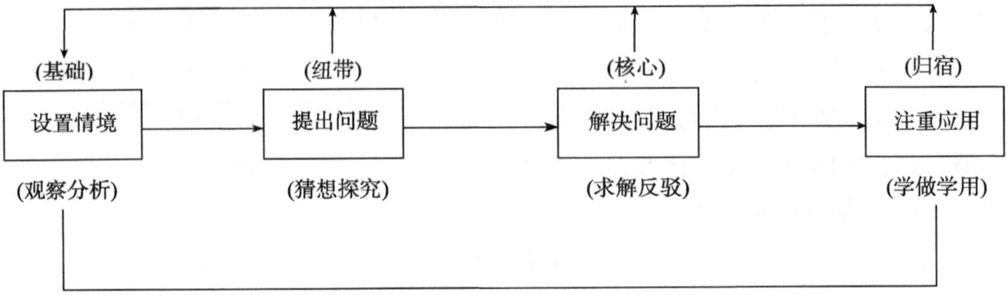

教师导学：启发诱导、矫正解惑讲授.

该教学法把“质疑提问”，培养学生的问题意识，提高学生提出问题与解决问题的能力贯穿于教学的全过程.

(3) 本节课教学设计流畅，教学各环节衔接自然，教学过程完整，练习设计和问题发展的设计有特色.

教师在教学中很好地体现了新课程的教学理念：教师是教学活动的组织者、促进者、参与者.

完善之处

创设情境是教学的起点和基础. 提出问题是教学的纽带，教师以问题去衔接教学各环节；学生以问题为平台，通过问题参与数学活动. 解决问题是教学的关键，通过解决问题使学生主动感悟数学思想方法、建构数学知识. 教师采取以启发式为核心的灵活多样的教学方法；学生采取以探究式为中心的自主合作的学习方法(即以问题驱动教学). 但有两点还可进一步完善：

(1) 最好用学生更熟悉的一些问题为情景，让学生真正感到数学就在他们的生活中.

(2) 本节课中的问题是教师事先设计好的，若能有机会让学生自己提出一些问题(当然这对教师怎样有效地利用课堂临时性生成资源，及时进行课堂调控会有更高的要求)，对于培养学生的问题意识，提高学生提出问题的能力将会更有帮助，这样真正将提出问题与解决问题的能力贯穿于教学的全过程，做到提出问题和解决问题携手并进.

(云南省昆明学院　常进荣　提供并点评)

案例 5　菱形的教学设计

教案写真

一、教学内容

菱形(1 课时).

二、教学目标

1. 知识目标

了解和掌握菱形的有关性质和判定.

2. 能力目标

(1) 经历探索菱形的性质和判别条件的过程，在操作、观察、分析过程中发展主动探究的习惯，进一步了解和体会说理的基本方法.

(2) 了解菱形的现实应用和常用判别条件.

3. 情感目标

在探索活动中，培养初步的审美意识，体验菱形的图形美和在现实生活中的广泛应用.

三、学法引导

通过生活中的菱形实例，引导学生观察菱形与平行四边形的关系，从而得到菱形的概念和性质，探索菱形的判别条件.

四、教学重点与难点

1. 教学重点

菱形的性质和判别方法.

2. 教学难点

菱形的判别条件的理解.

五、媒体平台

教具学具准备：平行四边形纸片、长方形纸片、剪刀.

多媒体课件准备：自制课件.

六、教学过程

（一）巧设情景问题．引入课题

(1) 复习平行四边形性质;

(2) 让学生动手操作:通过把平行四边形纸片剪成菱形的过程，探索菱形的定义;

(3) 实物演示，出示衣帽架，并进行拉伸和压缩，让学生观察衣帽架中四边形的变化.

（二）讲授新课

1. 通过动手操作得出菱形的定义

一组邻边相等的平行四边形叫做菱形.

2. 探索菱形的性质

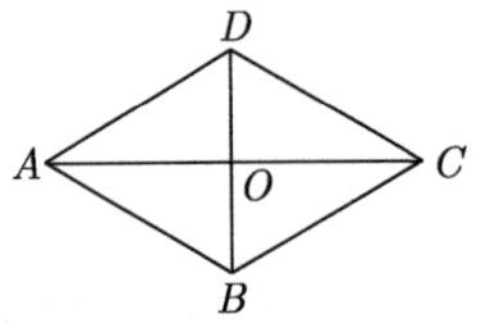

图 5.1

问题 1　如图 5.1 所示，在菱形 $ABCD$ 中，对角线 AC，BD 相交于点 O.

(1) 图中有哪些线段是相等的？哪些角是相等的？

(2) 图中有哪些等腰三角形、直角三角形？

(3) 两条对角线 AC，BD 有什么特定的位置关系？

能否从中归纳出菱形的性质呢？

因为菱形是特殊的平行四边形，所以它除具有平行四边形的所有性质外，还有平行四边形所没有的特殊性质：

菱形的四条边都相等.

菱形的两条对角线互相垂直平分，每一条对角线平分一组对角.

问题 2　想一想：菱形是轴对称图形吗？如果是，那么它有几条对称轴？对称轴之间有什么位置关系？

3. 探索菱形的判别条件

我们知道了菱形的性质，现在想一想如何利用折纸、剪切的方法既快又准确地剪出一个菱形的纸片？

方法　将一张正方形的纸横对折，再竖对折，然后沿对角线剪下，打开即是菱形纸片.

你能说一说按这种方法的理由吗？大家讨论一下.

刚才通过折纸、剪切，得到了菱形，你能因此归纳一下菱形的判别方法吗？

经讨论得到了菱形的判别方法：

一组邻边相等的平行四边形是菱形;

对角线互相垂直的平行四边形是菱形;

四条边都相等的四边形是菱形.

4. 菱形的判别方法的应用

我们通过例题来熟悉和应用菱形的判别条件.

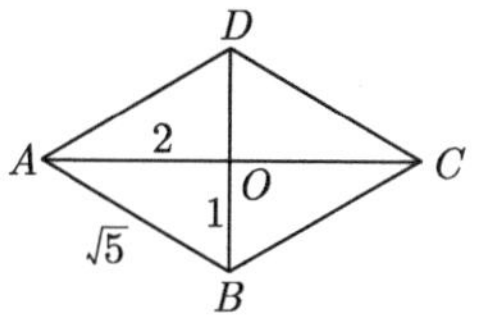

图 5.2

如图 5.2 所示，$ABCD$ 的两条对角线 AC，BD 相交于 O 点，$AB=\sqrt{5}$，$AO=2$，$OB=1$，

(1) AC，BD 互相垂直吗？为什么？

(2) 四边形 $ABCD$ 是菱形吗？为什么？

解　从图中知道 AC 与 BD 相交，从已知条件 $AB=\sqrt{5}$，$AO=2$，$OB=1$. 结合图形知道：这三条线段正好构成三角形. 又由于 $AB^2=OA^2+OB^2$，所以可以知道$\triangle AOB$ 是直角三角形，因此可以得出：AC 与 BD 互相垂直.

由于四边形 $ABCD$ 是平行四边形，它的对角线互相垂直，所以由此可知：平行四边形 $ABCD$ 是菱形.

(三) 学习小结

1. 内容总结

通过本节课的学习，你知道菱形有哪些特殊的性质？菱形的判别条件是什么？

2. 方法归纳

在探索菱形的性质和判别条件的过程中，你用了哪些方法？

(四) 课后作业

课本 95 页习题 4.5 的 1, 2.

七、板书设计

菱形 菱形的定义 菱形的性质	菱形的判别条件	例题(多媒体展示)

八、备用资源

方法二：如图 5.3 所示，两张等宽的纸条交叉重叠在一起，重叠的部分 $ABCD$ 就是菱形.

方法三：将一张长方形纸对折，再在折痕上取任意长为底边，剪一个等腰三角形，然后打开即菱形(图 5.4).

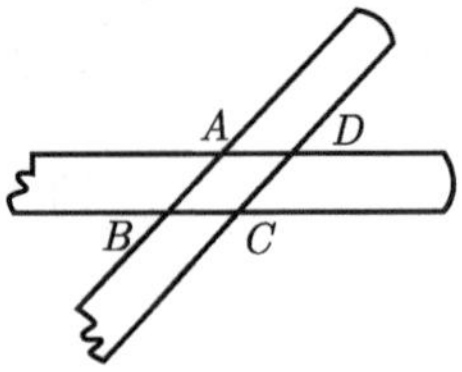

图 5.3

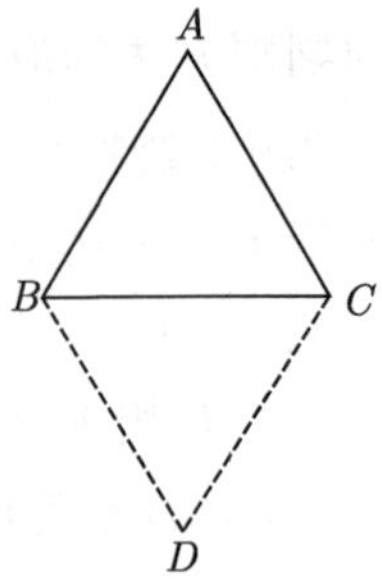

图 5.4

(云南省昆明市第二中学　石　涛)

闪光之点

此节课是作者参加云南省昆明市五华区“学科带头人和骨干教师”评选活动的考核课. 在备课过程中，作者产生了两种完全不同的思路，第一种思路是由教师引导学生去发现菱形的定义、性质和判定，这种思路的优点是课堂条理清楚、结构严谨、节约时间，一切全在教师的调控之下，缺点是缺乏师生互动，学生的主动性很难被调动起来；第二种思路是放开学生，使学生自己去发现菱形的定义、性质和判定，这种思路的优点在于学生能主动参与到教学中，而教师的作用就是调动一些积极因素为学生创造发现和探究的渠道，缺点在于结果难于调控，时间不好把握，对于重难点的突破和学生学习的效果，没有十分的把握. 针对备课中出现的两种思路以及困惑，教师在征求其他同行和自己所任教班级学生意见的基础上，经反复思考，决定采取以学生探究为主，教师调控为辅的教学方法来设计这堂公开课. 课后总结有以下两点较好.

(1) 教学目标的实施和重难点的突破：由于本节课采取了以学生经历发现菱形的性质和判别条件的过程的主动探究习惯为主要教学思想，在教学过程中，由学生动手操作，观察、分析后得出菱形的一切性质和判别方法，达到了预期的目的，同时也使学生对菱形的性质和判别方法有了深刻的认识，突破了本节课的重难点.

(2) 学生的学习：在课堂教学实施中，学生先以动手操作得出菱形定义的方式融入课堂，又以小组讨论、积极发言等方式搞活课堂，最后又以折纸实验得出判别方法升华了本节课的教学效果，看到全班同学积极地参与，教师及时调整了自己的教案，起到了更好的引导效果，实现学生为主体，教师为主导的教学理念，在教师精心设计的问题引导下，学生的思想清晰了，基本达到了课前预期的目的.

完善之处

(1) 菱形的性质与判别方法的区分：性质和判别方法的区分是很多学生和老师都头痛的一个教学难题，虽然在此之前学生已经有一定的基础(平行线判定和性质、等腰三角形判定和性质、平行四边形判定和性质)，但一部分学生仍分不清菱形的性质和判别方法，这在例 1 的讲解中就可以看出，因此这是教学中的一个不足之处，后继教师在此基础上还应加强性质与判别方法应用的练习，使多数同学能正确区分菱形的性质和判别方法.

(2) 再教时应改进的方面：如果再上本节课，用这个设计思路是可取的，这样可以启发学生的探求欲望，但同时应考虑适当延长教学课时(两课时较好)，使学生在菱形的性质和判别方法的衔接上有一定的缓冲，让他们能更好的区分性质与判别方法，同时有充分的时间可让他们能有更多的练习机会，使其会应用性质和判别方法解决问题.

本案例让我们再次认识到，处理好教学中知识传授与能力培养的关系，巧妙的设计能引导学生主动参与活动，让学生在实践中学习，才能不断地激发学生的学习积极性和主动性，既培养学生的学习兴趣，又培养学生的思维能力、想象力和创新精神，使每个学生的身心都能得到充分的发展.

(云南省昆明学院　常进荣　提供并点评)

案例 6　众数、中位数的教学设计

教案写真

一、教学内容

众数、中位数(人教社九年义务教育三年制初级中学《代数》第三册 162 ~ 166 页).

众数、中位数是描述一组数据的集中趋势的两个统计特征量，是帮助学生学会用数据说话的基本概念，本节课的教学内容和现实生活密切相关，是培养学生应用数学意识和创新能力的最好素材.

二、教学目标

1. 认知目标

(1) 使学生理解众数和中位数的意义；

(2) 会求一组数据的众数和中位数.

2. 能力目标

(1) 让学生接触并解决一些社会生活中的问题，为学生创设学数学、用数学的情境，培养学生的数学应用意识和创新意识；

(2) 在问题解决过程中，培养学生的自主学习能力.

3. 情感目标

(1) 提供适当的问题情境，激发学生的学习热情，培养学生学习数学的兴趣；

(2) 在合作学习中，学会交流，相互评价，提高学生的合作意识与能力.

掌握基本知识的同时，还要培养学生的应用能力和学习情感，这是数学课程标准所提出的基本要求，数学教学应从学生实际出发，创设有助于学生自主学习的问题情境，引导学生通过实践、思考、探索、交流，获得知识，形成技能，发展思维，学会学习.

三、教学重点与难点

本节课的重点是众数和中位数两概念的形成过程及两概念的运用. 本节课的难点是对统计数据从多角度进行全面地分析. 因为利用数据进行分析，对刚刚接触统计的学生来说，他们原有的认知结构中缺乏这方面的知识经验，所以，我们可以借助一些生活中的事例帮助学生突破这一难点.

四、教学过程

(一) 创设情境，提出问题

教师：首先，我们一起看生活中的一个故事(多媒体演示)：

李小姐有一个小工厂，管理人员有李小姐、6 个亲戚；工作人员有 5 个领工、10 个工人和 1 名学徒. 现在需要增加一个新的工人.

小张应征而来，与李小姐交谈. 李小姐说："我们这里的报酬不错，平均工资是每周 300 元." 小张工作几天后，找到李小姐说："你欺骗了我，我已经问过其他工人，没有哪个工人的工资超过每周 200 元，平均工资怎么可能是一周 300 元呢？" 李小姐说："小张，平均工资是 300 元，不信，你看这张工资表(表 6.1)".

表 6.1

人员	李小姐	亲戚	领工	工人	学徒	合计
工资 X/元	2200	250	220	200	100	—
人数 f/人	1	6	5	10	1	23
$f\cdot X$/元	2200	1500	1100	2000	100	6900

问题 1(投影)　请大家仔细观察表中的数据，讨论回答下面的问题.

(1) 李小姐说每周平均工资 300 元是否欺骗了小张？

(2) 平均工资 300 元能否客观地反映工人的平均收入？

(3) 若不能，你认为应该用什么工资反映比较合适？

新课伊始，力求创设一种教学情境，提出一个真实的问题. 因为疑问是建构教学的起点，它可以揭示学生认识上的矛盾，可以对学生的心理智力产生刺激. 问题是知识递进的需要，也是学生在先前的探索活动中产生的疑点. 在问题的情境中发现，有利于建立新的认知结构.

(二) 合作讨论，探索新知

(上述问题一投影出，同学们兴奋异常，思维活跃，算的算，议的议，几乎所有的同学都参加了讨论.)

学生 1：老师，平均工资 300 元，李小姐没有欺骗小张.

学生 2：不对，我认为欺骗了，因为 300 元根本不能客观地反映工人的平均收入.

教师：为什么？说说你的理由.

学生 2:因为李小姐每周就有 2200 元，而剩下的 22 人的工资之和也只有 4700 元，这样放在一起计算平均数，就把整个平均工资提高了. 所以 300 元根本不能客观地反映工人的平均工资.

教师：分析正确，有理有据，那么你认为应该用什么工资反映比较合理呢?

学生 2：去掉李小姐和学徒的工资，用剩下的 21 个人的平均工资——219 元表示比较合理.

教师：去掉最高和最低工资，再求平均数，这种做法我们在电视大奖赛中见过.

学生 3：我认为用领工的工资——220 元反映比较合理. 220 元比李小姐的亲戚的工资——250 元低，比工人的工资——200 元高，处于中等水平；另外，220 元也接近 219 元，所以用此工资反映比较合理.

学生 4:我觉得还是不合理，因为小张是当工人的，应该用工人的工资——200 元来反映才合理. 小张找工作时，首先应该了解大多数工人的工资水平，而不应该首先关心工厂的平均工资是多少.

教师：大家分析得不错，尤其是学生 4、学生 3 的分析很有见解……用“大多数工人的工资”以及用“中等水平的工资”(确切地说处于中间位置的数据)来反映是比较合理的. 这就是我们今天所要学习的内容——众数与中位数. (投影出课题)

学生之间各自发表自己的见解，相互评价，相互完善，在自主探索中发现概念的形成过程，在合作学习中提高学生的整体认识水平同时，教师作为参与者，应主动地加入到学生的讨论中，对学生的认识不断地起促进和调节作用. 在共享集体思维成果的基础上达到对学生所学的知识比较全面、正确的理解.

(三) 理性概括，纳入系统

(教师让学生自学教材，然后讨论下面的问题.)

问题 2　结合上面的故事讨论下面的问题.

(1) 用自己的语言阐述众数与中位数的概念.

(几分钟后，纷纷有同学举手.)

学生 5：在一组数据中，出现次数最多的数据叫做这组数据的众数. 将一组数据按大小依次排列，把处在最中间位置的一个数据(或最中间两个数的平均数)叫做这组数据的中位数.

教师：定义中位数时，为什么要补充中间两个数的平均数?

学生 5：当数据的个数为偶数时，最中间有两个数，所以要求平均数.

教师：这个同学说得非常不错，并且注意到定义中位数时，数据的个数为偶数时，取最中间两个数的平均数.

教师：好，我们现在做两个练习. (投影)

① 在一次英语考试中，20 名学生的得分如下：

70, 80, 100, 60, 80, 70, 90, 50, 80, 70,

80, 70, 90, 80, 90, 80, 70, 90, 60, 80.

求这次英语考试中学生得分的众数.

② 10 名工人某天生产同一零件，生产的件数如下：

15, 17, 14, 10, 15, 19, 17, 16, 14, 12.

求这一天 10 名工人生产的零件的中位数.

学生 6：找出每个数据出现的次数，发现 80 这个数出现了 7 次，并且次数是最多的. 所以该组数据的众数是 80.

(一些同学在动笔)

学生 7：第二组数据从小到大排列，最中间的两数是两个 15，所以中位数是 15.

(2) 指出两个概念的区别和共同优点.

(3) 在一组数据中，平均数、众数、中位数都是唯一的吗？

(4) 在一组数据中，平均数、众数、中位数可不可能为同一个数？试举例说明.

学生 8：众数是一组数据中出现最多的数据，中位数是一组数据中最中间的数(或平均数)，两个概念都反映一组数据集中的趋势.

学生 9：平均数是唯一的，中位数也是唯一的，众数不唯一.

教师：能不能说一下你的理由.

学生 9：平均数的唯一性由求平均数的公式可以推出，中位数是唯一的，也可以由定义得到众数不唯一，是因为在一组数据中，可能有几个数出现的次数是一样的.

教师：对于众数不唯一，你能不能举例说明？

学生 9：一组数为 1, 1, 2, 2.

教师：大家说他说得好不好？

学生：好！不但能解释问题，而且数字简单.

……

学生 10：平均数、众数、中位数可能为同一个数. 比如一组数据中的数都是一样的.

教师：能不能具体点？

学生 10：1, 1, 1, 1, 1, 1, 1 这组数据中的平均数、众数、中位数都为 1.

教师：刚才大家对上面的问题讨论得非常好，使我们对所学的两个概念理解得更深刻了. 我们可以得到下面的规律：

(板书)两点说明：① 在一组数据中中位数是唯一的(例如，求数组 100, 80, 75, 73, 70, 50 的中位数)；

② 在一组数据中众数并不唯一，众数是出现次数最多的数据，而不是次数(例如，求数组 1, 2, 2, 3, 3, 4 的众数).

通过自学的形式，学生自己对两个概念进行归纳、整理，通过比较概念之间的区别和联系，揭示概念的实质，形成新的知识结构. 并且学生之间在讨论中相互补充，使学生的知识和能力得到不断的完善和提高，也培养了小组协作精神.

(四) 指导应用，鼓励创新

讨论如下几道题：

1. 某工厂生产销售了一批女鞋 30 双，其中各种尺码的销售量如表 6.2 所示.

表 6.2

鞋的尺寸/cm	22	22.5	23	23.5	24	24.5	25
销售量/双	1	2	5	11	7	3	1

(1) 计算 30 双女鞋尺寸的平均数、中位数、众数；

(2) 从实际出发，请回答(1)中三种统计特征量对指导生产是否有实际意义？

(3) 试举例说明众数在生活中的应用.

学生 11：30 双女鞋尺寸的平均数、中位数、众数都是 23.5.

学生 12：我认为众数有实际意义，它说明尺寸为 23.5 的鞋的销量最好，这对厂家来说，就可以多生产该尺寸的鞋，以满足市场的需求.

教师：回答得非常精彩，大家能不能举例说明众数在日常生活中的运用.

学生 12：比如，某个体户卖布，他关心哪种颜色的布卖得最多.

学生 13：不对，我们学的统计是研究数据的，不是研究颜色的.

教师：大家说，学生 13 对不对？如果对，又该如何把学生 12 的例子修改一下呢？

学生 14：学生 13 是对的，我们可以研究布的尺寸或价格.

教师：对，我们学的统计是研究数据的，要学会用数据说话.

问题(1)在同一个具体问题中分别求平均数、中位数、众数，这是为了比较三个量在描述一组数据集中趋势时的不同角度，从而有助于了解三个概念之间的联系与区别问题. 问题(2)带有很强的生活色彩，体现了众数在日常生产上的应用. 问题(3)是培养学生对所学知识的迁移能力.

2. 甲、乙两班举行电脑汉字输入速度比赛，参赛学生每分钟输入的个数经统计计算后得到表 6.3.

表 6.3

班级	参加人数	中位数	平均字数
甲	55	149	135
乙	55	151	135

比较两班的学生成绩的平均水平，优秀率(每分钟输入汉字数≥150 个为优秀)的高低.

学生 15：平均数肯定是一样的. 优秀率是乙比甲高.

教师：理由呢？

学生 15：由中位数的定义可以知道在甲班 55 个数据中从小到大排列，中间的数(也就是第 28 位)是 149. 而乙班中间的数是 151，它后面的数都超过 150，这就说明乙班优秀的人数比甲班多，那么乙班的优秀率就比甲班高.

教师：分析得很清楚，该问题主要是利用中位数的定义“估计”中间数的位置.

其实是中位数定义的一个变式问题，由已知中位数估计“中间”位置，对培养学生的逆向思维有一定的作用.

3. (关于标准日产量的定额)某车间为了改变管理松散的状况，准备采取每天任务定额，超产有奖的措施，提高工作效率. 下面是该车间 15 名工人过去一天中各自装备机器的数量(单位：台)：6, 7, 7, 8, 8, 8, 8, 9, 10, 10, 13, 14, 16, 16, 17. 管理者应确定每人标准日产量为多少台最好？

(学生分组，积极讨论)

学生 16：我觉得用平均数来确定.

教师：你计算的平均数是多少？

学生 16：10.5.

学生 16：用 10.5 确定的话，可以使工人生产更多的产品，管理者就可以赚更多的钱.

教师：如果大家是工人的话，你们愿意干吗？

学生 17：不愿意，因为用 10.5 作标准，那么只有 5 个工人能够完成任务，绝大多数是不能完成的，势必影响大多数人的积极性. 我认为应该用众数 8 来制订标准，这样，尽管只有 3 个工人不能完成任务，但他们只要努力一点还是可以完成的.

学生 18：不好，这样的话，作为管理者肯定是不高兴的. 制订的标准太低，效率就提不上去.

教师：用平均数，工人不高兴；用众数，管理者不高兴，怎样做到两全其美呢？

学生 19：用中位数 9 比较好，这个标准不高不低，既能促进生产，又能保护大多数工人的积极性.

教师：通过分析大家认为用什么表示比较好呢?

学生：中位数.

教师：我们用数据说话时，要结合具体的实际问题进行全面地分析，制定出科学的决策.

这是一个开放性的问题，要求学生会用数据从多角度进行全面的分析，制定科学决策，在用数学中学会创新.

以上组织分水平的变式题、实际问题、开放性的问题，循序渐进，强化学生对知识的理解，促进知识的迁移、深化、巩固，完善知识结构鼓励学生用数学的眼光分析实际问题，增强用数学意识，在问题解决中发展创新.

(五) 归纳小结，反思提高

教师：快下课了，能不能说一说你们这节课学到了什么?

主要让学生总结本节课中两个概念的发现过程、运用概念分析问题的过程. 唯有反思，才能控制思维操作，才能促进理解，提高自己的元认知水平，从而促进数学观点的形成和发展，更好地进行建构活动，实现良好的循环.

学生 20：我们这节课学习了众数与中位数的概念，还有利用两个定义如何求一组数据的众数和中位数.

教师：有没有补充的?

学生 21：还学了众数、中位数与平均数在我们生活中的应用，在利用数据说话时，要注意结合具体的问题多角度地进行分析，选择合适的统计特征量.

教师：刚才两个同学小结比较全面. 其实，通过这节课的学习，发现我们生活在一个神奇的数学世界里，你若用心地以数学的眼光观察它，便会发现数学规律巧妙地安排了我们的生活，生活中到处充满了数学原理，我们不但要学好数学，而且要会用好数学.

教师：最后我们做两个课后作业. (投影)

(1) 如果是你找工作，你会怎样去了解工作报酬?

(2) 课外大家到市场或父母的单位对一些产品的有关数据进行统计，然后利用我们所学的知识进行分析，能不能制定出一个合理决策.

设计两个开放性的问题，可以强化教学内容，也体现了对学生未来生存能力和研究性学习能力的培养.

五、课后分析

(一) 教法与学法

根据本节课的教学内容，主要采用了讨论发现法. 即课堂上，教师(或学生)提出适当的数学问题，通过学生与学生(或教师)之间相互讨论，相互学习，在问题的解决过程中发现概念的产生过程，思想方法的概括过程，体现“数学教学是数学思维活动的过程的教学”. 在教学活动中，通过学生的自主学习来体现他们的主体地位，而教师是通过对学生参与学习的启发、调整、激励来体现自己的主导作用，另外，在学生合作学习的同时，始终坚持对学生进行“学疑结合”、“学思结合”、“学用结合”的学法指导，这对学生的主体意识和创新能力的培养有着积极的意义.

(二) 教学模式说明

本节课运用“以问题为中心”的讨论式创新教学模式，具体地说是由“问题情境、合作讨论、理性概括、应用创新、反思提高”等五个环节组成的一种讨论式学习的教学模式，该模式是建立在建构主义理论基础上的一种开放性的教学模式.

(1) 教学内容的开放性. 用生活中的问题创设情境，激发学生的学习动机，用生活事例来加强概念的理解，培养学生学习数学的兴趣. 在轻松愉快的教学情境中，学生学习“有用的数学”，应用数学解决问题.

(2) 教学方法的开放性. 运用讨论发现法，让学生积极参与课堂讨论，自主探索，在知识的学习中，重视知识的形成过程和概括过程；在解决问题中，引导学生从多角度进行全面分析，注重优化学生的思维品质.

(3) 教学手段的开放性. 多媒体教学的利用，不但可以给学生创设一种活生生的生活情境，而且可以增大信息提供量，提高课堂效率.

(三) 课堂教学设计中体现的几个原则

1. 问题性原则

整节课把问题作为教学的出发点，精心设计问题情境，“让问题处于学生思维水平的最近发展区”，充分激发学生的好奇心和求知欲. 首先用生活中的问题引入新课，又在概念的应用中设计了三个密切联系生活的问题，并且注意问题的发散和解决，最后又用两个开放性问题作为结尾真正体现了“问题是数学的心脏”，数学教学就是“问题教学”.

2. 再创性原则

数学教学的核心是学生的“再创造”. 在数学学习过程中，引导学生根据自己的体验，并用自己的思维方式重新创造出有关的数学知识，在教学中，可以看出许多学生迸发出的创造性的火花. 比如①用平时看电视的经验“创造”出用去掉最高和最低工资后的平均数的方法来反映数据的集中趋势；②回答问题“在一组数据中，平均数、众数、中位数可不可能为同一个数？试举例说明”. 学生 10 用一组数据“1, 1, 1, 1, 1, 1, 1”来说明，他回答得是多么简单和经典啊！③学生 12、13、14 对众数的运用的回答和理解同样具有很强的创造性.

3. 过程性原则

数学教学是数学思维活动过程的教学，“要重视学生在获取和运用知识的过程中发展思维能力”,“让学生主动参与知识的发现过程”，本节课对众数和中位数两个概念不是直接提出来的，而是通过一个问题情境，先让学生在已有的认知结构上产生一种冲突(原有的“平均数”的经验有点行不通了)，很自然地使学生积极地思考、去发现新的知识. 在发现的过程中，可以体会到数学概念、公式、定理、法则的提出过程，知识的形成过程、发展过程，使学生在这些过程中展开思维，从而发展学生的能力.

4. 主体主导原则

在课堂上，可以看到教师的作用只是一个问题的提供者、讨论学习的组织者，立足于学生发展的角度，立足于社会要求的角度，还课堂给学生，还问题的探索、发现权给学生，学生是问题的探索者和发现者. 整节课的教学任务可以说是在学生自主学习中完成的，比如，在课堂上，自学教材，学习概念；学生自己进行课堂小结这些都体现了学生的主体地位.

5. 民主讨论原则

主要表现在教师发挥“集思广益，智力互激”的优势，积极组织学生开展平等、宽松、民主的讨沦. 通过讨论互相启发，取长补短，激发灵感，合作创新. 培养了学生的集体主义思想和团队精神. 比如，在讨论中，学生发现了“众数、中位数”的概念的规律和实质；在讨论中，学生探求出“关于标准日产量定额”问题最佳答案.

(桂文通. 中学数学教学参考. 2003(1, 2), 23–26)

闪光之点

(1) 整个教学过程完全是在教师富有启发、激励的语言引导下逐层展开，波澜起伏，向纵深发展.

(2) 学生参与程度高，所有的结论或发现，本案例都能体现学生全员参与，热烈讨论，相互评价，思考探索获得.

(3) 主导作用十分突出，有效地体现了教师是课程实施的组织者、引导者、合作者、促进者等课程改革的新思想、新理念.

完善之处

(1) 引入概念时创设的问题最好给出确定的答案.

(2) 对教材中的例 3 弃之可惜.

(茂名学院　林全文　提供并点评)

案例 7　二次函数的教学设计

教案写真

一、教学内容

二次函数(新人教版九年级下册).

二、教学目标

1. 知识技能

通过对多个实际问题的分析，让学生感受二次函数作为刻画现实世界有效模型的意义；通过观察和分析，学生归纳出二次函数的概念并能够根据函数特征识别二次函数.

2. 教学思考

学生能对具体情境中的数学信息作出合理的解释，能用二次函数来描述和刻画现实事物间的函数关系.

3. 解决问题

体验数学与日常生活密切相关，让学生认识到许多问题可以用数学方法解决，体验实际问题“数学化”的过程.

4. 情感态度

通过观察、归纳、猜想、验证等教学活动，给学生创造成功机会，使他们爱学、乐学、学会，同时培养学生勇于探索，积极合作精神以及公平竞争的意识.

三、教学重点与难点

1. 教学重点

认识二次函数，经历探索函数关系、归纳二次函数概念的过程.

2. 教学难点

根据函数解析式的结构特征，归纳出二次函数的概念.

四、教学流程安排

教学活动流程	活动内容和目的
活动 1：温故知新，揭示课题	由回顾所学过的函数入手，引入函数大家庭中还会认识哪一种函数呢？再由打篮球的例子引入二次函数
活动 2：合作探究，获得新知	通过学生自己独立解决运用函数知识表述变量间关系，合作探究环节学生互动，来自主探究新知，从而通过观察，归纳得到二次函数的解析式，获取新知
活动 3：小试身手，循序渐进	本组题目是对新学知识的直接应用，目的在于使学生能辨认二次函数，循序渐进这一环节主要帮助学生处理解决问题，深化对二次函数的理解
活动 4：课堂回眸，归纳巩固	小结从内容、应用、数学思想方法，获取知识的途径等几个方面展开，既有知识的总结，又有方法的提炼，这样对于学生学知识，用知识是有很大的促进的．方法以学生畅谈收获为主
活动 5：课堂检测，测评反馈	以测试的形式检测本节课内容，检查学生的掌握程度，同时加深学生对知识的理解

五、教学过程设计

问题与情景	师生行为	设计意图
【活动 1】 1. 知识回顾：以问答式引起学生对知识的回忆.	【温故知新】 教师提问： (1) 一元二次方程的一般形式是什么？ (发挥学生积极性，请学生回答.) (2) 回忆学过的正比例函数、一次函数、反比例函数的一般形式又是怎样的？ (引导学生得出正确答案.)	以复习的方式把学生的思路引到函数大家庭中，暗示寻找新的家庭成员，培养学生的求知欲.

2. 揭示课题：以篮球运动例子引出课题——二次函数.	【揭示课题】 通过幻灯片展示收集的图片，让学生体会蕴涵其中的数学，同时以学生最感兴趣的运动——篮球，引出课题. 教师提问： (1) 你们喜欢打篮球吗？ (2) 你们知道：投篮时，篮球运动的路线是什么曲线？怎样计算篮球达到最高点时的高度？	以学生感兴趣的问题留下悬念，激发学生学习新知识的动机，使之成为主动、积极的探索者，并在解决实际问题的过程中体验成功的快乐，同时为新课的引出和学习奠定基础.
【活动 2】 问题：请用适当的函数解析式表示下列问题情境中的两个变量 y 与 x 之间的关系： (1) 圆的面积 y (cm^2) 与圆的半径 x (cm). (2) 某商店 1 月份的利润是 2 万元，2、3 月份利润逐月增长，这两个月利润的月平均增长率为 x, 3 月份的利润为 y. (3) 矩形的	【合作探究】 学生根据题目列出关系式： (1) $y=\pi x^2$； (2) $y=2(1+x)^2$； (3) $y=(4+x)(3+2x)$. 教师顺势提问： 观察以上三个问题所写出来的三个函数关系式有什么特点？ 你能用一个一般形式来表示这三个函数关系式吗？ (让学生充分发表意见，提出各自看法.) 教师归纳总结： 经化简后都具有 $y=ax^2+bx+c$ 的形式 (a, b, c 是常数, $a\neq 0$). 【获得新知】 板书：我们把形如 $y=ax^2+bx+c$ (a, b, c 是常数, $a\neq 0$)的函数叫做二次函数.	通过三个实例的分析，让学生通过自己列解析式，来思考所列解析式的结构特征，为概括二次函数的定义打下基础. 充分肯定学生的探究结果，使其树立“我也能发现数学”的信心.

<table>
<tr><td>长是 4cm，宽是 3cm，如果将其长增加 $x$cm，宽增加 $2x$cm,则面积增加到 $y\text{cm}^2$，试写出 y 与 x 的关系式</td><td>称 a 为二次项系数，ax^2 为二次项；b 为一次项系数，bx 为一次项；c 为常数项.
又如，$y=x^2+2x-3$.</td><td></td></tr>
<tr><td>【活动 3】
1. 小试身手

2. 循序渐进</td><td>【小试身手】
1. 下面各函数中，哪些是二次函数？
(1) $y=x^2$；(2) $y=-\frac{1}{x^2}$；(3) $y=x(1-x)$；
(4) $y=(x-1)^2-x^2$.
((1), (3)是二次函数)
2. 请写出这些二次函数中 a, b, c 的值.

二次函数 | a | b | c
$y=2x^2$ | 2 | 0 | 0
$y=x^2+3$ | 1 | 0 | 3
$y=(x+1)^2+2$ | 1 | 2 | 3
$y=3x^2-2x-5$ | 3 | −2 | −5

特别强调：只有把解析式整理成一般形式，才能正确判断解析式中的 a, b, c.

【循序渐进】
例 1 一块矩形草地，它的长比宽多 2m，设它的长为 xm，面积为 $y\text{m}^2$，请写出用 x 表示 y 的函数表达式. y 是 x 的二次函数吗？</td><td>这是一道概念辨析题，目的是让学生正确识别二次函数.

这是一道认识二次函数解析式中 a, b, c 的题，为往后的学习做好铺垫.

让学生体会到了二次函数应用的广泛性. 同时，学生在列解析式的过程中，再次熟练判定二次函数的方法.

这是一道理解二次函数的题，通过做这题，加深</td></tr>
</table>

	例 2　关于 x 的函数 $y=(m+1)x^{m^2-m}$ 是二次函数，求 m 的值. **例 3**　已知二次函数 $y=x^2+2x-3$. (1) 当 $x=1$ 时，求它所对应的函数值 y; (2) 当 $y=0$ 时，求它所对应的自变量 x 的值. **例 4**　已知二次函数 $y=x^2+px+q$，当 $x=1$ 时，函数值为 4，当 $x=2$ 时，函数值为 -5，求这个二次函数的解析式.(待定系数法)	对二次函数一般形式的掌握，为往后的学习做好铺垫. 这是一道函数变量取值对应题，目的是让学生正确理解函数概念，熟练掌握自变量与函数值的关系. 利用待定系数法求二次函数解析式，体会函数系数的意义.
【活动 4】 1. 课堂回眸 2. 知识巩固	【课堂回眸】 (学生发言)我们把形如 $y=ax^2+bx+c$ (a, b, c 是常数，$a\neq 0$)的函数叫做二次函数. 结合学生所述，教师给予指导： (1) 正确理解“二次函数”定义，关注和定义有关的注意问题. (2) 生活中处处有数学的影子，只要留心观察身边的事物，开动脑筋，就能用数学知识解决许多的生活实际问题. 【知识巩固】 1. 下列函数中,哪些是二次函数? (1) $y=3x-1$；　(2) $y=3x^2+2$； (3) $y=3x^3+2x^2$；(4) $y=2x^2-2x+1$.	课堂回眸以教师提问、学生自由讨论的形式进行，借此促进师生心灵的交流，学生对自己清醒的认识和总结，必然促进其自主学习，获得可持续发展的动力. 这是一道概念辨析题，目的是让学生正确识别二次函数.

	2. 你出题我来做	调动学生的积极性，活跃课堂气氛，在参与出题的同时巩固知识.
3. 布置作业	【布置作业】 同步练习：二次函数(1)必做题.	课后复习巩固本节课的基本知识.
【活动 5】 课堂检测	1. 下列函数中，哪些是二次函数？ (1) $y=3x-1$；　(2) $y=3x^2$； (3) $y=3x^3+2x^2$；　(4) $y=2x^2-2x+1$； (5) $y=x^{-2}+x$；　(6) $y=x^2-x(1+x)$.	这是一道概念辨析题，目的是检测学生能否正确识别二次函数.
	2. 已知关于 x 的函数 $y=(m-1)x^{m^2-1}$ 是二次函数，求 m 的值.	这是一道理解二次函数的题，通过做这题，加深对二次函数一般形式的掌握.
	3．已知二次函数 $y=2x^2+x-3$. (1) 当 x=1 时，求它所对应的函数值 y; (2) 当 y=0 时，求它所对应的自变量 x 的值.	熟练函数变量取值对应关系，正确理解函数概念.
	4. 已知二次函数 $y=ax^2+bx+1$，当 $x=1$ 时，$y=2$；当 $x=2$ 时，$y=9$，求这个二次函数的解析式.	熟练利用待定系数法求二次函数解析式.
	5. 已知菱形的一条对角线长为 a，另一条对角线为它的 $\sqrt{3}$ 倍，用表达式表示出菱形的面积 S	通过这道题的安排，让学生

	与对角线 a 的关系. 它们的关系式是二次函数吗?	体会到了二次函数应用的广泛性. 同时，学生在列解析式的过程中，从对比的角度全面了解判定二次函数的方法.

(汇侨中学初三级组　丁　胜)

闪光之点

(1) 现代的数学教育十分强调以问题解决教育为价值取向，因此数学教学设计必须以提高学生的问题解决能力为重要目标.《全日制义务教育数学课程标准(实验稿)》提出以“促进学生全面、持续、和谐地发展”为基本出发点，而学生的发展离不开丰富的问题及其解决. 以问题为中心组织课堂教学符合认知心理学的规律和初中学生的学习特点，既有利于改善教与学的方式，而且能使学生主动地学习. 所以，要以问题解决为基础来改革数学教学和课程，为学生提供既能够反映所要学的知识又能够与学生现有知识经验相关联的问题. 例如，本节课设置了篮球运动这种令学生感兴趣的情境，“篮球运动的路线是什么曲线”，“怎样计算篮球达到最高点的高度”等问题大大激发了学生学习的动机. 同时学生体会到学习二次函数的必要性，并不是为学习而学习. 活动 2 中提供了三个问题情境，让学生感觉生活中处处有数学，数学真有用. 以问题为中心组织教学，强调把学习内容设置到有意义的问题情境中，通过学生的独立思考或小组合作，来学习隐含于问题背后的数学知识，形成解决问题的技能，并形成自主学习的能力. 这种教学方式注重知识的发生、发展过程，学生思考和解决问题的过程，学生在亲历“数学化”“再创造”的过程中，就必然会加深数学概念的本质理解，改进学习方法，改善学习方式，从而在思维能力、情感态度与价值观等多方面得到进步和发展. 在本节课，通过三个问题情境学习二次函数概念，学生能初步体会到二次函数的意义，知道二次函数的由来，而不会在遇到新的问题情境时犹豫不决：建立一次函数模型还是二次函数模型.

(2) 该教学设计是以数学概念形成方式的教学模式设计的. 先为学生提供熟悉的三个具体问题情境(例证)，引导学生分析出每个例证的结构特征，再抽象概括出共同本质特征，形成二次函数概念，然后通过活动 3 中的例题深化概念和运用概念. 为帮助学生透彻理解并掌握所学的数学概念，要利用变式，突出概念的本质属性．通过概念例证非本质属性的变化来突出本质属性，使学生获得的概念更精确和稳定．例如，本节课在活动 3 中给出一道判断所给函数是否为二次函数的辨析题．

完善之处

(1)《全日制义务教育数学课程标准(实验稿)》指出，义务教育阶段的数学课程“强调从学生已有的生活经验出发，让学生亲身经历将实际问题抽象成数学模型并进行解释与应用的过程，进而使学生获得对数学理解的同时，在思维能力、情感态度与价值观等多方面得到进步和发展”．这就要求数学教学中的问题“应当是现实的、有意义的、富有挑战性的”．因此，活动 3 中的例 1、3、4 的设置值得商榷：用待定系数法求二次函数的解析式是教材中的选学内容．例 3 及例 4 虽然只需使用待定系数法解二元一次方程组就可获得解答，但还是湮没了本节课的重点，也缺少现实性，因此可舍掉．例 1 显得过于简单．因此，可把例 2 前移至例 1，原例 1 更改为更贴近生活的稍有难度的题目．例如，某小区要修建一块矩形绿地，设矩形的长为 x 米，宽为 y 米，面积为 S 平方米 $(x>y)$．问：① 如果用 18 米的建筑材料来修建绿地的边框(即周长)，求 S 与 x 的函数关系，并求出 x 的取值范围；② 现根据小区的规划要求，所修建的绿地面积必须是 20 平方米，在满足 ① 的条件下，矩形的长和宽各为多少米？

(2) 概念教学的本质是要使学生在脑中形成概念表象，帮助学生在脑中建构起良好的概念图式．因此，为抽象出共同本质属性所列举的具体例证必须具有典型性．教材所列举的三个例证就是如此：包含了二次函数解析式的三种典型形式．该设计使用了不同于教材的例证，但后两个解析式形式上是一样的，未能完全涵盖上述的形式．

(3) 在数学概念教学中，不仅要使学生掌握所学的概念，还要使学生掌握概念体系，建构良好的数学认知结构．活动 3 中，讲完 $y=ax^2+bx+c$ 中系数的取值情况后，应引导学生弄清二次函数与前面所学的正比例函数、一次函数、反比例函数的关系．这样学生才能联点成线，建立函数概念网络体系．学生形成概念体系后，不仅有利于概念的储存和检索，也有助于理解和吸收新概念．

(湛江师范学院　薛志坚　提供并点评)

案例 8　弧长和扇形面积的教学设计

教案写真

一、教学内容

弧长和扇形面积(华东师大版《数学》九年级上册§23.3.1).

二、教学目标

(1) 了解弧长及扇形面积计算公式，并会应用公式解决问题.

(2) 经历探索弧长及扇形面积计算公式，让学生体验教学活动充满着探索与创造，感受数学的严谨性以及数学结论的确定性.

(3) 通过用弧长及扇形面积公式解决实际问题，让学生体验数学与人类生活的密切联系，激发学生学习数学的兴趣，提高他们的学习积极性，同时提高大家的运用能力.

三、教学重点与难点

1. 教学重点

了解弧长及扇形面积计算公式，会用公式解决问题.

2. 教学难点

探索弧长及扇形面积计算公式，用公式解决实际问题.

3. 教具准备

投影片.

四、教学过程

在小学我们已经学习过有关圆的周长和面积公式，弧是圆周的一部分，扇形是圆的一部分，那么弧长与扇形面积应怎样计算？它们与圆的周长、圆的面积之间有怎样的关系呢？本节课我们将进行探索.

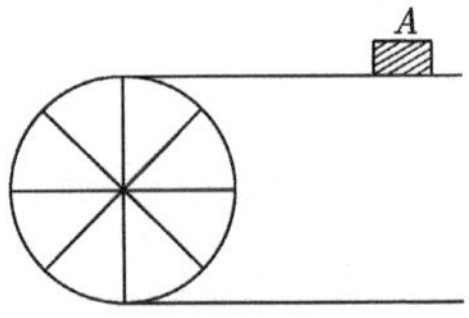

图 8.1

(一) 探索弧长的计算公式(打出投影片 1)

如图 8.1 所示，某传送带的一个转动轮的半径为 10cm.

(1) 转动轮转一周，传送带上的物品 A 被传送多少厘米？

(2) 转动轮转 $1°$，传送带上的物品 A 被传送多少厘米？

(3) 转动轮转 $n°$，传送带上的物品 A 被传送多少厘米？

师：转动轮转一周，传送带上的物品应被传送一个圆的周长；因为圆的周长对应 $360°$的圆心角，所以转动轮转 $1°$，传送带上的物品 A 被传送圆周长的 $\frac{1}{360}$；转动轮转 $n°$，传送带上的物品 A 被传送转 $1°$时传送距离的 n 倍.

(学生根据分析解题.)

师：根据上面的计算，你能猜想出在半径为 R 的圆中，$n°$的圆心角所对的弧长的计算公式吗？请大家互相交流.

(学生得出结论)

在半径为 R 的圆中，$n°$的圆心角所对的弧长的计算公式为：$l=\frac{n\pi R}{180}$.

下面我们看弧长公式的运用.

(二) 例题讲解

打出投影片 2.

如图 8.2 所示制作弯形管道时，需要先按中心线计算“展直长度”再下料，试计算图中管道的展直长度，即 $\overset{\frown}{AB}$ 的长(结果精确到 0.1mm).

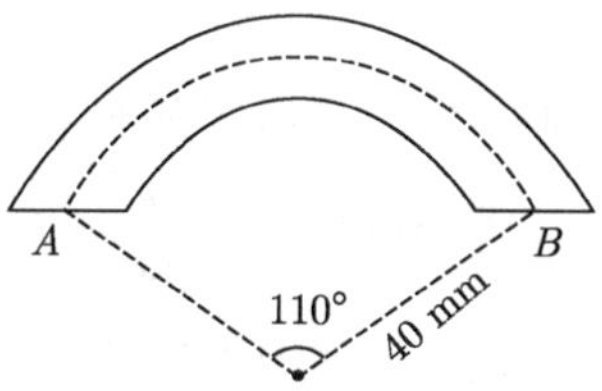

图 8.2

分析　要求管道的展直长度，即求 $\overset{\frown}{AB}$ 的长，根据弧长公式 $l=\frac{n\pi R}{180}$ 可求得 $\overset{\frown}{AB}$ 的长，其中 n 为圆心角，R 为半径.

解　$R=40\text{mm}$，$n=110$. 所以

$$\overset{\frown}{AB}\text{的长}=\frac{n}{180}\pi R=\frac{110}{180}\times 40\pi\approx 76.8\text{mm}.$$

因此，管道的展直长度约为 76.8mm.

(三) 想一想

投影片 3.

在一块空旷的草地上有一根柱子，柱子上拴着一条长 3m 的绳子，绳子的另一端拴着一匹马.

(1) 这匹马的最大活动区域有多大？

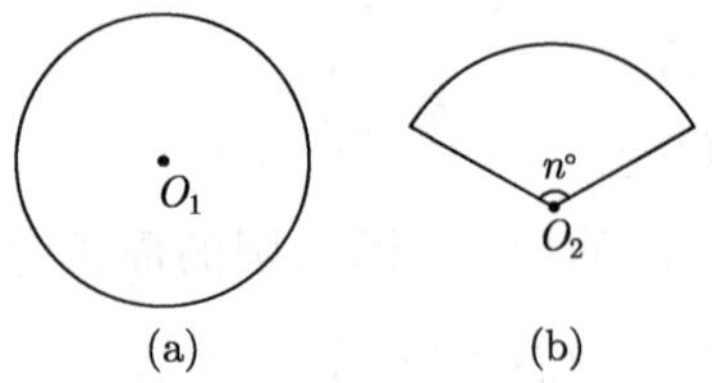

图 8.3

(2) 如果这匹马只能绕柱子转过 $n°$ 角，那么它的最大活动区域有多大？

师：请大家互相交流.

(学生讨论并解题)如图 8.3(a)所示，这匹马的最大活动区域是圆的面积，即 9π.

(3) 如图 8.3(b)所示，马的活动区域是扇形，扇形是圆的一部分，360°的圆心角对应的圆面积，1°的圆心角对应圆面积的 $\frac{1}{360}$，即 $\frac{1}{360}\times 9\pi=\frac{\pi}{40}$，$n°$的圆心角对应的圆面积为 $n\times\frac{\pi}{40}=\frac{n\pi}{40}$.

师：请大家根据刚才的例题归纳总结扇形的面积公式.

生：如果圆的半径为 R，则圆的面积为 πR^2，1°的圆心角对应的扇形面积为 $\frac{\pi R^2}{360}$，$n°$ 的圆心角对应的扇形面积为 $n\cdot\frac{\pi R^2}{360}=\frac{n\pi R^2}{360}$．因此扇形面积的计算公式为 $S_{扇形}=\frac{n}{360}\pi R^2$，其中 R 为扇形的半径，n 为圆心角的度数.

(四) 弧长与扇形面积的关系

师：我们探讨了弧长和扇形面积的公式，在半径为 R 的圆中，$n°$ 的圆心角所对的弧长的计算公式为 $l=\frac{n}{180}\pi R$，$n°$ 的圆心角的扇形面积公式为 $S_{扇形}=\frac{n}{360}\pi R^2$，在这两个公式中，弧长和扇形面积都和圆心角 n、半径 R 有关系，因此 l 和 S 之间也有一定的关系，你能猜得出吗？请大家互相交流.

生：因为 $l=\frac{n}{180}\pi R$，$S_{扇形}=\frac{n}{360}\pi R^2$，所以 $\frac{n}{360}\pi R^2=\frac{1}{2}R\cdot\frac{n}{180}\pi R$. 所以 $S_{扇形}=\frac{1}{2}lR$.

(五) 小　结

(1) 弧长的计算公式 $l=\frac{n}{180}\pi R$，扇形的面积公式 $S=\frac{n}{360}\pi R^2$.

(2) 弧长 l 及扇形的面积 S 之间的关系：$S_{扇形}=\frac{1}{2}lR$.

(六) 课后作业

习题 1、2.

五、板书设计

弧长和扇形的面积	
一、探索弧长的计算公式	三、探索扇形面积的计算公式
二、弧长公式的应用	四、弧长和扇形面积的关系

(韶关学院 07 数学教育专科 1 班)

闪光之点

(1) 通过实际问题引导学生计算探讨公式, 达到"让学生体验数学与人类生活的密切联系"的教学目标.

(2) 采用讲练结合与学生交流探讨的教学模式, 有利于提高学习的积极性.

完善之处

(1) 过分注重实际问题, 忽略了数学最本质的特征——符号化. 案例中为学生提供了三个实际问题, 反而限制了学生思考的时间和深度. 这是一节新授课, 对于大部分九年级的学生达到教学目标"会计算弧长和扇形面积"是没有难度的. 因此, 建议只选一个实际问题, 给予学生充分的时间完成"实际问题—抽象出数学问题—应用数学知识—解决实际问题", 让学生体验从具体到抽象再到具体的过程. 若学生能得出弧长公式, 写出扇形面积公式是水到渠成的事, 可以让学生直接猜想扇形面积公式, 无须再一次讨论交流.

(2) 探讨弧长公式时选用的实际问题, 涉及货物传送的距离(直线)和滑轮转动的弧长(曲线)之间的转换, 可能会导致一些学生难以理解, 建议采用"例题讲解"中求弯曲管道的问题作为引入问题, 这样可以更好的突出"弧长是圆周的一部分", 进而得出弧长公式. 在"例题引入"部分, 则可以考虑让学生求弓形的周长.

(韶关学院 罗 静 提供并点评)

案例 9　随机事件的教学设计

教案写真

一、教学内容

随机事件(1 课时).

二、教学目标

随机事件概念是以后学习概率知识的基础. 学生在日常生活中接触过一些随机现象, 但他们对这些随机现象的观察往往是表面的, 而没有涉及其数学本质特征. 本节课是在小学阶段已学过有关事件可能性的基础上, 进一步使学生通过实例体会到随机事件的特点, 为以后学好有关概率的知识做准备. 根据课标要求, 以及概率知识在教材中呈现的逻辑顺序, 这节课的教学要达到以下目标:

1. 知识与技能

(1) 通过分析正确认识必然事件、不可能事件、随机事件;

(2) 通过观察理解三种事件的异同;

(3) 能够利用可能性大小解决一些简单地问题, 形成技能.

2. 过程与方法

通过课堂活动, 认识各种确定性事件和不确定性事件背后的数学规律, 以及在此基础上向学生渗透概率思想.

3. 情感与态度

通过情境化的师生活动, 以及生生之间的活动, 培养学生严谨的数学推理能力, 帮助学生形成“数学来源于生活并且能够反映生活”的观点.

三、教学重点与难点

1. 教学重点

(1) 正确理解随机事件的概念;

(2) 通过探究活动初步了解随机事件发生可能性的变化规律.

2. 教学难点

(1) 判断现实生活中哪些事件是随机事件;

(2) 探究随机事件发生可能性的变化规律.

四、教学过程

(一) 创设情境

现有两个赌徒梅尔和保罗，分别赌上 6 枚金币，分别抛掷硬币，先抛到三次正面者获胜，获得全部金币. 梅尔已掷到 2 次正面，保罗掷到 1 次正面，比赛因故停止，二人因赌金如何分配产生分歧. 赌金该如何合理分配?

想一想:是不是把钱分成 3 份，赢了 2 局的就拿 2 份，赢了 1 局的就拿 1 份呢?或者，因为最早说的是满 3 局，而谁也没达到，所以就一人分一半呢?让学生凭借自己的经验谈谈想法，教师引导学生学完本节课内容后用严谨的数学知识可以解答.

(二) 活动探索

活动 1　猜牌游戏.

(1) 展示四张黑桃 K，然后洗牌抽出一张，让学生猜这张是什么 K? 问可能是红桃 K 吗? 可能是黑桃 A 吗?

(2) 展示红桃 K、黑桃 K、方块 K、梅花 K 各一张，然后洗牌抽出一张，猜是什么 K?

活动 2　投掷一个质地均匀的正方体骰子，骰子六个面上分别刻有 1 到 6 的点数，每位学生掷 10 次并记录每次向上一面骰子的点数.

想一想:

(1) 通过实验推断老师任意的投掷一次骰子而向上一面可能出现哪些点数?

(2) 出现的点数大于 0;

(3) 出现的点数会是 7;

(4) 出现的点数会是 4;

在(2)(3)(4)三种结果中哪些是必然(一定)发生的，哪些是不可能发生的，哪些是可能发生，也有可能不发生的?

活动 3　在一个袋中有 5 个黑球，3 个白球.

想一想:

(1) 任意摸出一个球是白球，它是随机事件吗? 任意摸出一个球是黑球呢?

(2) 分别统计一下全班同学摸到的黑球和白球数目，并且计算一下数目比. 重复几次，你会有什么发现？

(3) 如何改变条件，使得摸出白球是必然事件、不可能事件？

(三) 练习

1. 说一说：下列事件哪些是必然事件，哪些是不可能事件，哪些是随机事件？

(1) 天上下的雨水落到地上.

(2) 测量三角形的外角和，得到的结果是 180°.

(3) 乘公交车到十字路口，遇到红灯.

(4) 例举生活中还有哪些事件是必然事件、不可能事件、随机事件.

2. 想一想：已知地球上陆地面积与海洋面积之比为 3:7，如果宇宙中飞来一块陨石落在地球上，可能性大的是“落在海洋里”还是“落在陆地上”？

3. 议一议：(回到创设情境中)为了使赌金分配公平，你能提出好的方法吗？

(四) 课堂小结

事件划分的依据.
事件的分类：
(1) 确定事件：必然事件；不可能事件.
(2) 随机事件.
随机事件发生的频率可以用数值来衡量.

(五) 课后作业

122 页练习.

(安徽省全椒县古河中学　王成勇)

闪光之点

(1) 本节课主要是让学生在实际情景中感受必然事件、不可能事件、确定事件与随机事件的意义，以及了解概率与现实生活的联系，通过对生活现象的探索抽象出其数学本质. 本节课紧紧地抓住了教学目标，并且围绕教学目标组织教学.

(2) 本节课寓教于乐，采用问题链的方式，使学生在不断深化中掌握和巩固新知识，同时促使学生思维的深刻参与.

(3) 本节课以历史故事作为问题情境引入新课，易激发学生的学习兴趣，学生对该问题的思考，发散思维得到发展. 同时也培养了学生的创新精神和实践能力. 另外，本节课的课堂气氛活跃，整个教学活动得到人人参与，让学生在合作交流中掌握新知.

(4) 在板书方面，注重不同颜色粉笔的使用，让本节内容的重点和难点能在黑板上直观体现出来，便于学生更好地掌握知识.

完善之处

(1) 作为本节课的引入——创设的情境，超出了本节课教学要求，可以用更恰当的事例替换. 另外，作为一个有趣的历史故事引入新课，除了在知识衔接上略有不合理外，也没有向学生传递正确的价值观.

(2) 必然事件与不可能事件、确定事件与随机事件都是在一定条件下可以转换的，本节课不足之处是没有深刻地解释二者之间的辩证关系.

(贵州师范大学 王宽明 提供并点评)

案例 10　函数性质的应用的教学设计

教案写真

课题	函数性质的应用	课型	新授课	教师	大连市第 24 中学数学组张军
教学目标	1. 知识目标 (1) 会用函数性质解决与抽象函数有关的不等式问题; (2) 会根据题意自己设计条件并解决问题; (3) 能够比较熟练地综合运用函数性质解决相关问题. 2. 能力目标 (1) 着重培养学生自己获取知识的能力; (2) 培养学生思维的发散能力. 3. 情感目标 通过师生互动、师生互动的教学活动过程, 让学生体会成功的愉悦, 培养学生热爱数学的态度, 提高学习数学的兴趣, 树立学好数学的信心.				
教学重点	运用函数性质解与抽象函数有关的不等式问题.				
教学难点	如何化抽象为具体.				
教学关键	理解并运用函数的性质.				
教学过程	教学内容	师生活动	教学设计意图		
课题引入	实例引入: 将沙子匀速地注入一个S形的容器内, 随着时间 t 的变化, 容器内	教师演示: 学生通过观察→思考→得到大致的图像, 教师再利用多媒体演示.	**激趣—引题** 从多媒体展示的实际生活中的问题入手, 数学建模, 激发学生求知的欲望, 引入课题.		

	沙子的高度 h 在不断地上升，请思考这一关系的大致图像是怎样的呢？		通过实例：①认识生活中充满变量间的依赖关系；②函数性质的应用是非常广泛的；③激发学生学习兴趣，提高发散思维能力.
问题提出	【问题 1】设函数 $y=f(x)$在 **R** 上单调递减，解不等式：$f(2x)>f(-x)$，并说出你的解题依据.	教师首先提出问题，学生思考后回答，教师板书解答过程，师生共同分析解题思路，归纳解此类数学问题的方法.	**特殊— 一般** 这里，充分体现了教师的主导作用和学生的主体作用，因为问题的答案不难得出，但关键是如何想到的. 在以后，学生也能够借鉴老师分析问题的方法来分析代数式的特征，不仅授之以“鱼”，而且授之以“渔”．
问题推广	【推广】若 $f(x_1)<f(x_2)$，则怎样比较 x_1，x_2的大小呢？	学生经过思考、讨论后回答问题，着重在于条件的利用.	**反思—深化** 讨论式教学，运用群体的力量和团队精神解决问题，通过给学生思考、探索的空间，培养学生的合作学习观念.
问题演化	【知识迁移】函数$f(x)$是定义在区间$[-1，3]$上的单调递减函数，解不等式：$f(2-x)<f(2x-3)$.	学生思考后，到黑板板书解答过程，并对解题思路进行阐述，教师进行点评并引导学生规范解题过程.	变化问题情境，激发学生探索问题的欲望，体会解决数学问题的过程中的快乐.
问题再变化	【问题 2】设 $y=f(x)$是定义在 **R** 上的偶函数，且 $f(x)$在$(0,+\infty)$	学生运用不同解法解决此问题，教师针对不同方法进行特色点评.	**直观—迁移** 先从代数角度解决问题，再从几何角度，利

	上单调递增，又 $f(3)=0$，则 $f(x)<0$ 的解集是________.		用数形结合思想，借助图像，将抽象的符号语言转化为形象、直观的图形语言解决问题，使学生通过“角度”改变观念，针对“题型”选择方法.
问题反思	有关这类数学问题的解题思想、解题方法是什么呢？需要注意什么问题呢？	学生思考后作答，教师进行适当的引导、补充.	对于解题方法学生可能比较重视，但对于解题思想，学生也许并不在意，教师应进行适当的引导.
问题再升华	刚才解不等式的时候，都是把不等式转化为 $f(x_1)<(>)f(x_2)$ 来解，那么大家考虑如果遇到 $f(x_1)+f(x_2)>0$，怎样来解决呢？	学生思考后回答，每个学生都会有自己的想法，教师通过激励性的点评，促使更多的学生发表自己的见解.	通过再次情境的改变，促进学生围绕“奇偶性”和“合二为一”两个方向进行思考，同时也为后面自编题在此打下伏笔.
问题提出	**【问题 3】**奇函数 $f(x)$ 在定义域 $(-1,1)$ 内单调递减，解关于 a 的不等式：$f(1-a)+f(1-a^2)<0$.	学生思考后进行回答，教师利用多媒体演示答案，并进行适当的点评.	**发散—拓展** 教师根据对前一问题的分析，编出题目，由学生来完成，一方面激发学生学习的兴趣，同时通过对条件进行适当的分析，也为如何自编题对学生做出示例.
问题深化	请自己编加条件解不等式：$f(3x+1)+f(x-2)>0$.	学生根据刚才所学自己编加条件，并对自己所提出问题加以解决，验证条件正确与否. 教师巡视后，找两名有代表性的同学，将所编加条件	**互动—提高** 半命题教学，能使学生的思维再拓展，这种做法一方面完全符合学生的思维发展规律，另一方面更能把这样发展变成

		写在黑板上，分组解决.	学生自身自我的需求，而且这种需求变得越来越强烈.
问题再反思	当你自编了一道题并解出后，有何感受？	学生谈自己的感受，教师从高度上进行概括.	自编题能让大家在明确目标的前提下，通过所学的方方面面的知识，自己来设计解题的途径，发散思维能力能得到很好的训练,进一步明确题设条件的用法，进而在学习过程中发现学习数学的乐趣，体验数学的美.
课堂小结	这堂课都学习了哪些内容，你有什么收获或者提高呢？	学生进行思考后总结，教师进行概况.	**小结—提升** 这堂课里，用到了函数的定义域、值域、单调性和奇偶性等性质，涉及了分类讨论思想和数形结合思想，其实函数的很多知识都是贯穿在一起来应用的，希望大家能够综合利用函数知识解决生活和数学中的一些问题.
布置作业	《成才之路》51 页，应用练习.		
板书	函数性质的应用 问题：$\left.\begin{array}{l} f(x)\text{递增} \\ f(x_1)<f(x_2) \end{array}\right\} \Rightarrow x_1<x_2$ $\left.\begin{array}{l} f(x)\text{递减} \\ f(x_1)<f(x_2) \end{array}\right\} \Rightarrow x_1>x_2$　　教师(学生)板演		

设 计	思想：转化思想. 方法：利用函数性质. 注意：定义域优先. 多角度思考问题. 尝试自编题.

(第四届全国高中青年数学教师优秀课观摩与评选活动参评课教案)

闪光之点

(1) 新课标的指导思想之一：为使每个学生都受到良好的数学教育，数学教学不仅要使学生获得数学的知识技能，而且要把“知识技能”、“数学思考”、“问题解决”、“情感态度”四个方面目标有机结合，整体实现课程目标. 本教学设计较好地实施了这一教学理念. 在教学过程中，不仅重视学生获得知识技能，而且注重激发学生的学习兴趣，引导学生通过独立思考或者合作交流感悟数学的基本思想，引导学生在参与数学活动的过程中积累基本经验，帮助学生形成良好的学习习惯.

(2) 本节课在引入阶段一开始从将沙子匀速地注入一个 S 形的容器内入手，引发学生从生活中的实际问题入手，从具体到抽象，由观察实例上升为描述图像，再由教师进行阐述图像符合函数性质中的单调性的图像，从而在学生脑海中初步建立数学建模的思想. 创设实际生活的情境，能够让学生切实感受到数学是源于生活的，激发学生学习数学知识的兴趣，调动学生学习数学知识的欲望.

(3) 本节课是按照“问题提出→问题解决→问题反思→问题推广”这一程序循序渐进，反复完成的，在这一过程中，思维逐步深化、反思逐步提升、问题逐步推进为主线贯穿始终的. 通过对抽象函数的性质的研究，能够培养、训练、提高学生的逻辑思维能力和发散思维能力；渗透函数与方程、数学结合、化归与转化、分类讨论转化等数学思想方法，在学习过程中感悟数学思想方法的作用.

完善之处

数学教学就是让学生学习数学知识，并在学习数学知识的同时，让学生不断地体会和领悟其中的数学思想方法，从而潜移默化地提高自身的数学素养. 这当中教师不可能替代学生去接受数学知识，而只能起到一个主要引导者的作用. 教师不断创设数学问题，让学生自主地思考并回答教师所提出的问题是有效实施这种引导的最重要的途径. 其中问题的有效性是实施这一教学模式的关键. 一个好的“问题”，除了依照问题设计规律及教育教学目的、数学学科特点, 具有数学因素与必要的形式外, 至少应满足以下几个特征：

(1) 可及性：跳一跳, 够得到, 问题的设计要符合学生一般认知规律、身心发展规律, 包括学生的知识经验、能力水平、学习习惯、生活经历及环境, 个性、爱好及基本心理情况等;

(2) 启发性：问题应对所研究的课题具有提示作用, 符合数学学科特点, 使学生借助于这种启发, 领悟数学实质, 提炼数学思想方法, 灵活运用数学;

(3) 开放性：问题富有层次感, 入手较易, 开放性强, 解决方案多, 学生思维与创造的空间较大;

(4) 挑战性：“问题”能引起学生的认知冲突和学习心向, 能激发兴趣, 促进学生积极参与, 接受问题的挑战;

(5) 体验性：能给学生提供深刻体验, 人人有所得, 包括操作、探究的机会或替代性经验, 学生能够感受、体验数学, 并有助于学生发现问题、提出问题.

(6) 激励性：以学生为主体、教师为主导的教学, 应能充分调动学生的学习积极性, 必然要求教师所创设的问题要很好起到这种引导激励作用, 所以教师在提问时不仅要注意问题的知识性, 同时还应注意问题的艺术性, 尽可能多一点幽默感和趣味性.

以此对照分析, 在问题的设置上尚有一定的提升空间.

(嘉应学院　陈星荣　提供并点评)

案例 11　简单几何体的三视图的教学设计

教案写真

教学过程

（一）中心投影与平行投影的基本知识和定义

教学说明　这是比较简单的内容，结合图 11.1 可简单带过.

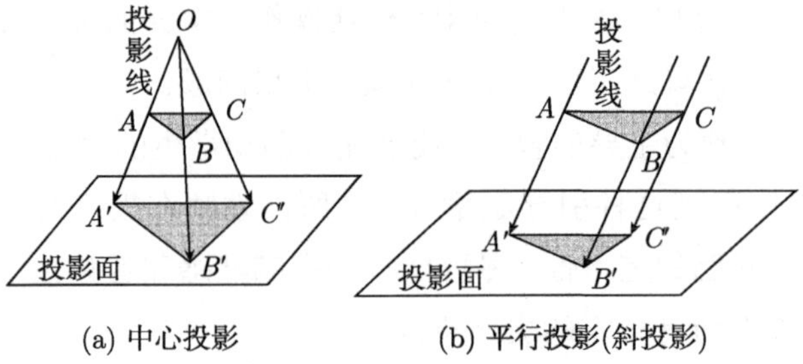

图 11.1

（二）点、线段、多边形的正投影视图

教学说明　这是课本上没有但不得不讲的简单内容，结合图 11.2 和教具作正投影演示.

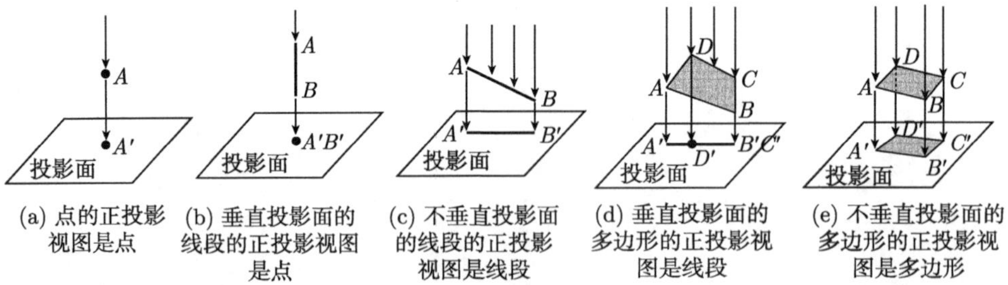

图 11.2

(三) 长方体的三视图

教学说明　这是本课教学重点，可用多媒体与模型认真演示，图 11.3 展示了三个视图的形成过程和位置摆放规范. 最后总结出作三视图口诀“长对正、宽相等、高平齐”， 图 11.3(c)中的宽转向线是直角平分线，是对“宽相等”的有效操作.

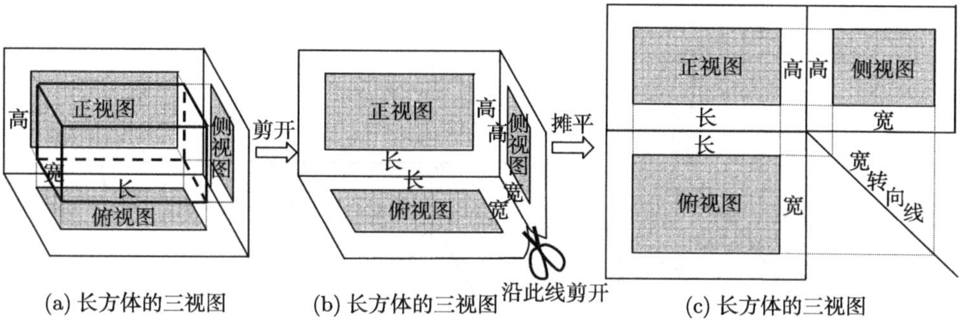

(a) 长方体的三视图　　(b) 长方体的三视图　　(c) 长方体的三视图

图 11.3

(四) 范例

1. 范例 1

求作如图 11.4 所示的正六棱柱(有模型)的三视图，其底面边长为 2，高为 2.8.

作图说明　本题是学生的入门范例，必须详细认真规范演示，按照先俯视图，再正视图，后侧视图的顺序，把“长对正，宽相等，高平齐”口诀讲解与演示到位，把各点的投影位置标出. 并把上下底各点分为上下层位置对应说明清楚. 最后把轮廓线加粗，见图 11.5.

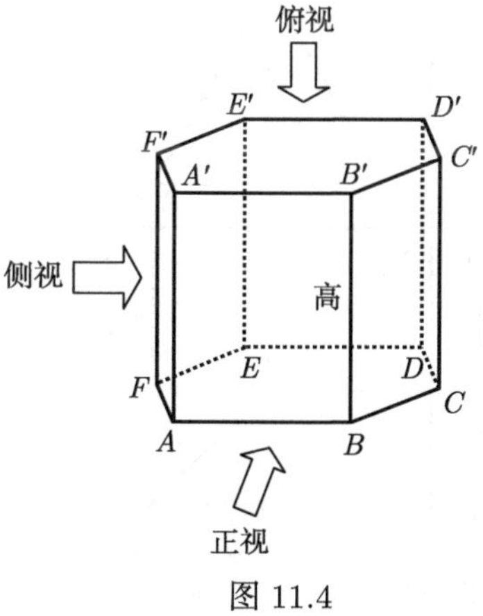

图 11.4

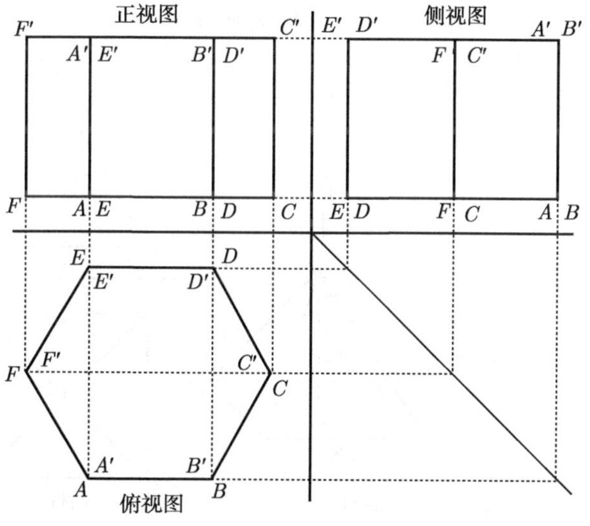

图 11.5

2. 范例 2

求作如图 11.6 所示的正三棱锥(有模型)的三视图, 其底面边长为 4, 高为 3.

作图说明　本题看似简单, 但能作准确的不多. 应分清 D 为上层的点对应于侧视图的上层相应位置. 并注意轮廓线要虚实分明. 见图 11.7.

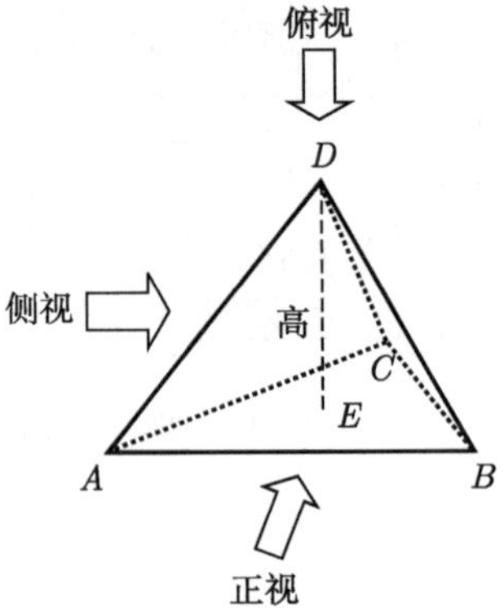

图 11.6

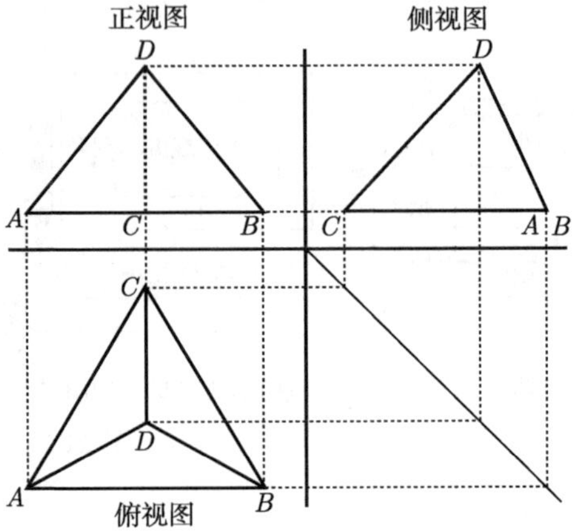

图 11.7

(五) 练习

1. 练习 1

求作如图 11.8 所示的正四棱锥(有模型)的三视图, 其底面边长为 4, 高为 3.5.

练习讲评　本题学生基本都能正确作出, 属于模仿识记熟练题. 最后给出标准三视图如图 11.9 所示. 要求暂不擦去辅助线.

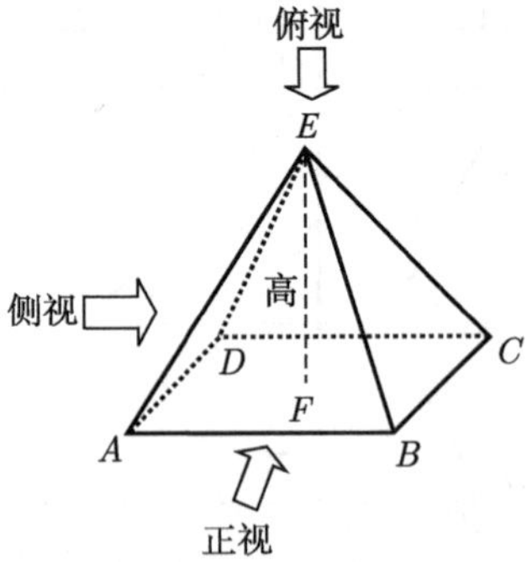

图 11.8

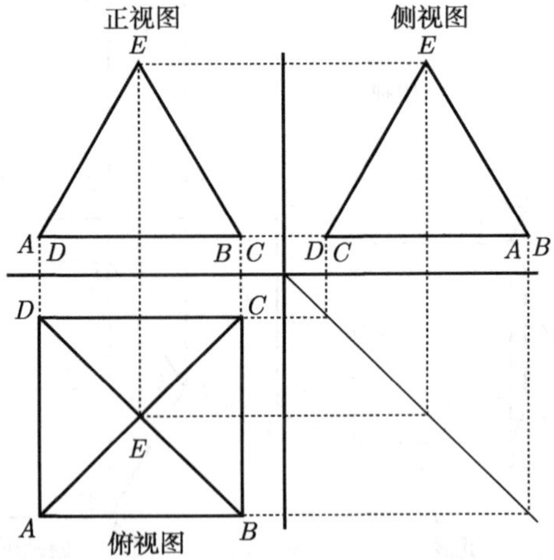

图 11.9

2. 练习 2

求作如图 11.10 所示的正三棱台(有模型)的三视图，其下底面边长和高都为 4，上底面边长为 2.

练习讲评　本题多数学生未掌握例 2 的原理. 可再次当成例题演示以巩固效果. 如图 11.11 所示.

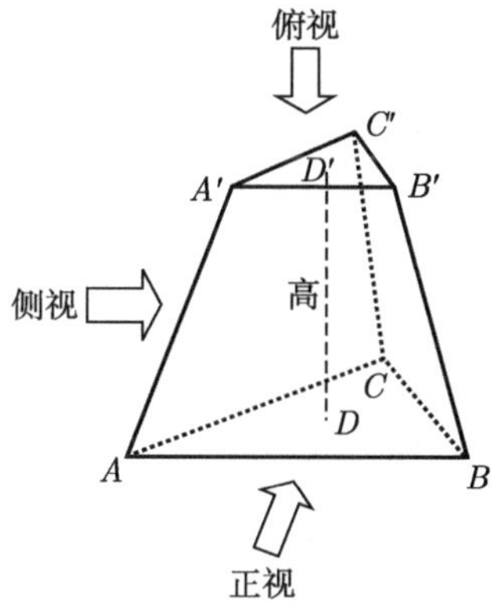

图 11.10

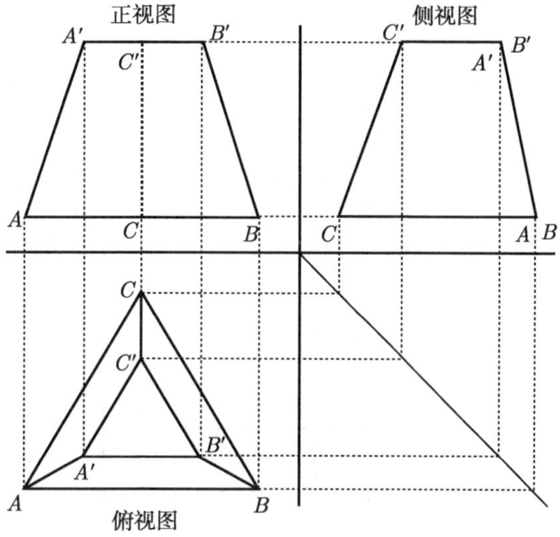

图 11.11

(六) 本课总结

(1) 本课要求了解中心投影，理解掌握平行正投影.

(2) 掌握三视图正确作法，理解"长对正、宽相等、高平齐"的含义与操作.

(3) 掌握三视图不同层面点的位置对应关系.

(4) 真正理解三视图中的点、线、面的投影作图过程实际上都归结为点的投影过程.

(5) 先俯视图，再正视图，后侧视图只是一般的作图顺序，若俯视图较难作出，可选择最容易作的视图为先. 顺序因题而定.

(七) 课外作业

(1) 求作如图 11.12 所示的正六棱台(有模型)的三视图，其下底面边长为 2，上底面边长为 1.2，高为 2.5.

(2) (探究题) 把范例 2 的俯视图旋转成图 11.13 的情况，然后再重新补充旋转后的正三棱锥的正视图和侧视图.

(所作三视图要求加粗轮廓线，并保留辅助线；答案附后：题(1)见图 11.14，题(2)见图 11.15.)

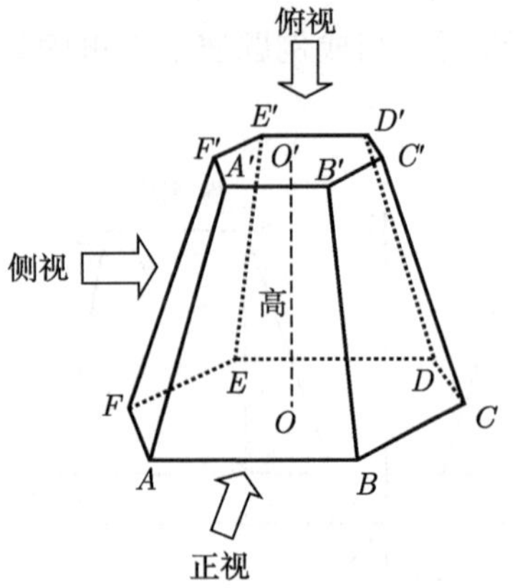

图 11.12

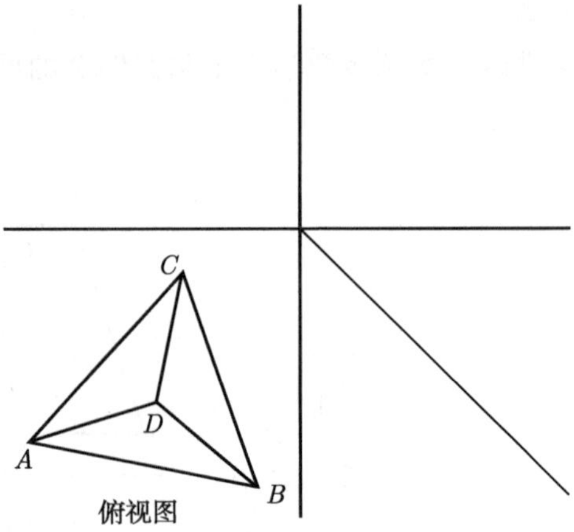

图 11.13

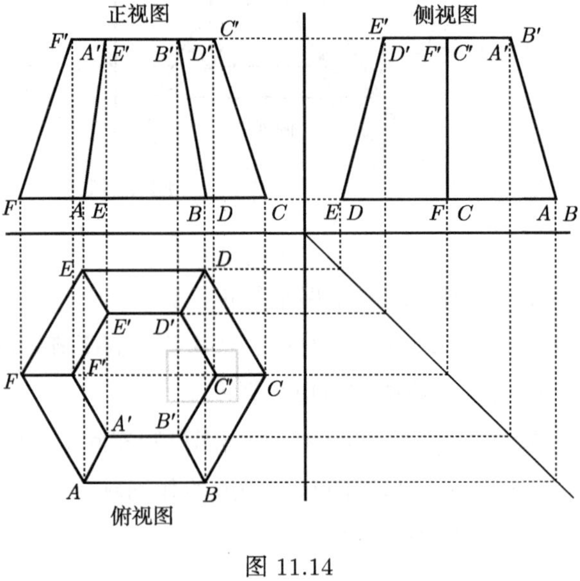

图 11.14

闪光之点

(1) 教案中增加了教材没有的三视图形成过程中的剪开和摊平两个细节，为学生理解三个视图的规范摆放形成好习惯. 这可不是小问题，在充斥市场的各种教学参考书中，几乎找不到三个视图摆放不出错的版本.

(2) 教案中增加了教材没有的宽转向线, 三视图的作图口诀“长对正、高平齐”都容易理解和操作, 但“宽相等”却常被忽略, 在各种教学参考书中, 这类错误比比皆是. 宽转向线的引入把这类错误消解于成图的过程中.

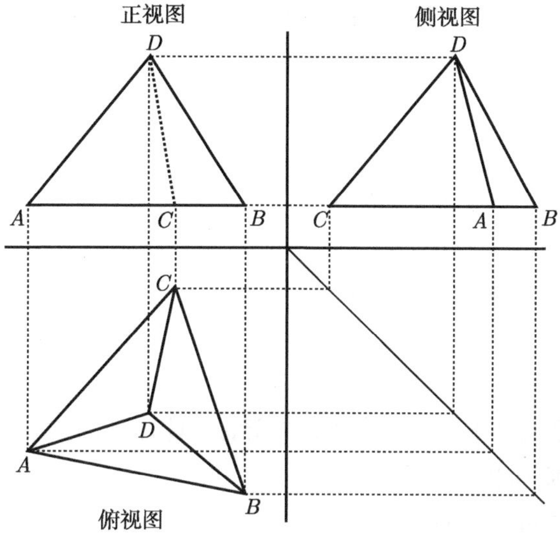

图 11.15

(3) 教案中增加了点的投影过程和投影位置的讲解, 加深了学生对点、线、面的投影视图的真正理解, 使他们更好掌握三视图的作图原理.

完善之处

(1) 本教案是三视图教学的最基本和重要的核心内容, 还应增加旧课的过渡和新课的引入相关内容, 使课更为顺畅和精彩.

(2) 还应交代与本课有关的总体教学安排, 使使用教案者心中有底. 事实上, 本课只是三视图的第一节, 还有组合体安排一节, 讲完直观图后又安排一节.

(3) 教学过程设计很好, 但缺少教学目标、重难点等内容的说明.

(佛山市南海区九江中学　方良秋　提供并点评)

案例 12　古典概型的特征和概率的计算公式的教学设计

教案写真

一、教学内容

古典概型的特征和概率的计算公式.

二、教学目标

1. 知识与技能

(1) 理解古典概型的基本特征：①试验中所有可能出现的基本事件只有有限个；②每个基本事件出现的可能性相等.

(2) 掌握古典概型的概率计算公式：

$$P(A)=\frac{A\text{包含的基本事件本数}(m)}{\text{总的基本事件个数}(n)}=\frac{m}{n}.$$

(3) 会用列举法计算一些随机事件的基本事件数及其发生的概率.

2. 过程与方法

(1) 通过对现实生活中具体的概率问题的探究，感知应用数学解决问题的方法，体会数学知识与现实世界的联系，培养逻辑推理能力.

(2) 通过模拟试验，感知应用数学解决问题的方法，自觉养成动手、动脑的良好习惯.

3. 情感态度与价值观

通过数学与探究活动，体会理论来源于实践并应用于实践的辩证唯物主义观点.

三、教学重点与难点

(1) 理解掌握古典概型及其特征.

(2) 掌握概率公式并会应用.

四、学法与教学用具

(1) 与学生共同探讨，应用数学解决现实问题.

(2) 通过模拟试验, 感知应用数学解决问题的方法, 自觉养成动手、动脑的良好习惯.

五、教学过程

(一) 创设情境

(1) 掷一枚质地均匀的硬币, 试验结果只有 2 个: “正面朝上”、“反面朝上”.

(2) 一个盒子中有 10 个完全相同的球, 分别标以号码 1, 2, 3, ⋯, 10, 从中任取一球, 试验结果只有 10 种不同的结果, 即标号为: 1, 2, 3, ⋯, 10 的球.

(3) 投一粒均匀的骰子, 出现 “向上点数为 2” 的概率是 $\frac{1}{6}$. 这是因为试验结果只有 6 个: “向上点数为 1”、“向上点数为 2”、“向上点数为 3”、“向上点数为 4”、“向上点数为 5”、“向上点数为 6”, 由于骰子是均匀的, 因此出现这 6 种结果的可能性是相等, 均为 $\frac{1}{6}$.

师生共同探讨: 概括上面三个随机试验, 它们有什么共同特点?

学生 A 回答: 试验中所有可能出现的基本事件只有有限个.

学生 B 回答: 每个基本事件出现的可能性相等.

学生 C 回答: ⋯⋯

(二) 概括概念特征

1. 古典概型

上面的三个试验都具有如下的两个特征:

(1) 试验中所有可能出现的基本事件只有有限个.

(2) 每个基本事件出现的可能性相等.

具有这样两个特征的随机试验的数学模型称为古典概型.

2. 古典概型的两个基本特征

(1) 试验中所有可能出现的基本事件只有有限个.

(2) 每个基本事件出现的可能性相等.

3. 概念辨析

(1) 向一个圆面内随机地投一点, 如果该点落在圆内任意一点是等可能的, 你认为这是古典概型吗? 为什么?

(2) 一运动员向一靶心射击, 这一试验结果有: 命中 10 环, 命中 9 环⋯命中 2 环, 命中 1 环, 命中 0 环, 你认为这是古典概型吗? 为什么?

分别请同学回答, 并进行评点.

4. 概念运用

问题　投一粒均匀的骰子，骰子落在地上时向上的点数为偶数的概率是多少？

分析　本试验的所有可能结果有 6 个，且每个结果是等可能的. 用 A 表示事件"向上的点数是偶数". 事件 A 由"向上点数为 2"、"向上点数为 4"、"向上点数为 6"这 3 种可能的结果组成，事件 A 发生是指向上点数为 2, 4, 6 这三种情形之一出现，所以事件 A 的概率：

$$P(A)=\frac{3}{6}=0.5\,.$$

5. 归纳古典概型的概率计算公式

如果试验的所有可能结果(基本事件)数为 n，若试验中的某一事件 A 是由 m 个基本事件组成，则事件 A 的概率：

$$P(A)=\frac{A\text{包含的基本事件个数}(m)}{\text{总的基本事件个数}(n)}=\frac{m}{n}.$$

(三) 古典概型计算公式的运用

例 1　掷一颗骰子，观察掷出的点数，求掷得奇数点的概率.

分析　掷骰子有 6 个基本事件，具有有限性和等可能性，因此是古典概型.

解　这个试验的基本事件共有 6 个，即{1 点, 2 点, …, 6 点}，所以基本事件数 $n=6$，事件 $A=\{$掷得奇数点$\}=\{1$ 点, 3 点, 5 点$\}$，其包含的基本事件数 $m=3$. 所以，

$$P(A)=\frac{m}{n}=\frac{3}{6}=\frac{1}{2}=0.5.$$

小结　利用古典概型的计算公式应注意两点：

(1) 所有的基本事件必须是互斥的；

(2) m 为事件 A 所包含的基本事件数，求 m 值时，要做到不重不漏.

例 2　从含有两件正品 a_1, a_2 和一件次品 b_1 的三件产品中，每次任取一件，每次取出后不放回，连续取两次，求取出的两件产品中恰有一件次品的概率.

解　每次取出一个，取后不放回地连续取两次，所有可能的结果组成的基本事件有 6 个，即 (a_1, a_2), (a_1, b_1), (a_2, a_1), (a_2, b_1), (b_1, a_1), (b_1, a_2). 其中小括号内左边的字母表示第 1 次取出的产品，右边的字母表示第 2 次取出的产品. 若用 A 表示"取出的两件中，恰好有一件次品"这一事件，则 $A=\{(a_1, b_1), (a_2, b_1), (b_1, a_1), (b_1, a_2)\}$，所以

$$P(A)=\frac{4}{6}=\frac{2}{3}.$$

例 3　现有一批产品共有 10 件，其中 8 件为正品，2 件为次品.

(1) 如果从中取出一件，然后放回，再取一件，求连续 3 次取出的都是正品的概率；

(2) 如果从中一次取 3 件，求 3 件都是正品的概率.

分析　(1) 为返回抽样；(2) 为不返回抽样.

解　(1) 有放回地抽取 3 次，按抽取顺序(x, y, z)记录结果，则 x, y, z 都有 10 种可能，所以试验结果有 $10\times10\times10=10^3$种；设事件 A 为“连续 3 次都取正品”，则包含的基本事件共有 $8\times8\times8=8^3$种，因此，$P(A)=\dfrac{8^3}{10^3}=0.512$.

(2) 可以看作不放回抽样 3 次，顺序不同，基本事件不同，按抽取顺序记录(x, y, z)，则 x有 10 种可能，y有 9 种可能，z有 8 种可能，所以试验的所有结果为 $10\times9\times8=720$ 种. 设事件 B 为“3 件都是正品”，则事件 B 包含的基本事件总数为 $8\times7\times6=336$，所以，

$$P(B)=\frac{336}{720}\approx0.467.$$

小结　关于不放回抽样，计算基本事件个数时，既可以看成是有顺序的，也可以看成是无顺序的，其结果是一样的，但不论选择哪一种方式，观察的角度必须一致，否则会导致错误.

(四) 课堂小结

本节主要研究了古典概型的概率求法，解题时要注意两点：

(1) 古典概型的特征：试验结果的有限性和所有结果的等可能性.

(2) 古典概型的解题步骤：

①求出总的基本事件数；②求出事件 A 所包含的基本事件数，然后利用公式：

$$P(A)=\frac{A\text{包含的基本事件个数}(m)}{\text{总的基本事件个数}(n)}=\frac{m}{n}.$$

(五) 巩固练习

(1) 在 40 根纤维中，有 12 根的长度超过 30mm，从中任取一根，取到长度超过 30mm 的纤维的概率是(　　).

A. $\dfrac{30}{40}$　　B. $\dfrac{12}{40}$　　C. $\dfrac{12}{30}$　　D. 以上都不对

(2) 盒中有 10 个铁钉，其中 8 个是合格的，2 个是不合格的，从中任取一个恰为合格铁钉的概率是(　　).

A. $\dfrac{1}{5}$　　B. $\dfrac{1}{4}$　　C. $\dfrac{4}{5}$　　D. $\dfrac{1}{10}$

(3) 在大小相同的 5 个球中，2 个是红球，3 个是白球，若从中任取 2 个，则所取的 2 个球中至少有一个红球的概率是__________.

(4) 抛掷 2 颗质地均匀的骰子，求点数和为 8 的概率.

(六) 布置作业

课本 151 页：2, 3.

六、板书设计

基本概念 (小结) • 古典概型 • 古典概型的两个特征 • 古典概型概率计算公式	创设情境(例题) 引例 1(例题 1) 分析： 引例 2 分析： 引例 3(例题 2) 分析：	例题 3 分析：

注：课堂练习用投影仪投放.

七、写教后感

(1) 教学得失反思与改进教和学的思考.

(2) 学生思维中的闪光点、疑惑处案例.

(赣州市第三中学　廖万生)

闪光之点

作为一位执教不到三年的年轻教师，其撰写的课例《古典概型的特征和概率的计算公式》既体现了新课程实施对教师教学方面的要求(尤其是教材使用方面)，又传承了中国数学教育的传统：注重“双基”[1]并凸显“教学的连贯性”[2].

(1) 教学设计体现了“用教材教”的理念. 古典概型作为一种基本、重要的概率模型，自义务教育阶段第一学段起就在学生的概率学习中占据着极为重要的地位. 仅从七年级数学 · 上册到高中数学(选修 2-3)来看，概率问题(含章头图、引例、例题、议一议、做一做、随堂练、想一想、习题、复习题、总复习题)绝大多数为古典概型问题，详见表 12.1.

表 12.1

学段	七年级[3,4]		九年级[5,6]		必修-3[7]		选修 2-3[8]	
	个数	比例	个数	比例	个数	比例	个数	比例
古典概型个数与比例	57	87.7%	55	87.3%	67	77.0%	60	89.6%

而且，课本中涉及的古典概型问题主要来源于抛硬币、掷骰子、转盘、摸球、抽牌，这几类主题反复出现在各册教材中，占有非常高的频数，见表 12.2(自七年级到高中选修 2-3).

表 12.2

主题 频数	抛硬币[3~8]	掷骰子[3~8]	转盘[3~8]	摸球[3~8]	抽牌(卡片)[3~8]
频数	28	35	42	33	25

因而，本节课的设计选择抛一枚匀质的硬币、从 10 个完全相同的球中摸球、掷一粒均匀的骰子以创设情境，引入新课是恰当的，这与课本[7]以摸球、抛硬币、掷骰子、转盘引入新课如出一辙，但适当简化、精简了个别情境，以利于学生进行思考交流，进而抽象概括. 同样，在例题选用、练习题配置等设计方面，本案例都作了基于课本的适当创造：3 个例题、4 道练习题均出自课外资料或由教案作者自编，都是围绕古典概型而设计的题目. 3 个例题的编排呈现一定的坡度：由易到难，拾级而上，并为不同概率模型的建立留下了空间(例 2 与例 3)：“不放回抽样，计算基本事件个数时，既可以看成是有顺序的，也可以看成是无顺序的，其结果是一样的. 但不论选择哪一种方式，观察的角度必须一致，否则会导致错误”. 所以，整个教学设计较为充分地体现了作者对教材的创造性思考，反映了作者对教材的再加工.

(2) 突出了知识、技能的获得，重视数学“双基”的形成. 本设计安排的教学环节如下：创设情境→交流思考→抽象概括→辨析概念→应用概念→归纳公式→运用公式→小结反思→巩固训练→布置作业→教学反思，这样的安排彰显了“双基”教学的基本特点[1]：强调基础知识结构化；重视基本技能训练系列化；突出基本思想和基本方法；力求发展学生的思维；精心设计数学问题；采用讲练议结合的教学模式. 整个设计着力衬托出课堂上教师的“主导作用”，重视教学效率，并实行“精讲多练”的原则.

(3) 注意了教学的连贯性. 教学的连贯性包括讲解的连贯性与主题的连贯性，讲解的连贯性反映了主题之间的相关性，对于一堂内容高度相关的课，用连贯的方式讲解有利于学生对功课的理解[2]. 这节课的主题有两个：古典概型的特征与古典概型概率的计算. 这两个主题是紧密联系的，揭示古典概型特征是探讨古典概型概率计算的基础，通过古典概型概率的计算进一步加深对古典概型特征的理解. 为了加强主题之间的连贯性，本设计采用了一系列的教学环节：创设情境→交流思考→抽象概括→辨析概念→应用概念→归纳公式→运用公式→小结反思→巩固训练→布置作业，这些环节结合过渡性讲解将这节课的主要目的、活动与主要目的之间的关系加以明确，进而使课堂上的活动集中于这两个主题，做到彼此高度相关.

完善之处

在最一般的意义上说，现代学习观是人们基于他们已知道的知识去构建新知识并建构对新知识的理解. 因此，教师需要注意学习者原有的不完整的理解、错误观念和对概念的天真解释对所学科目的影响，从而依据这些概念来帮助每个学生达到更成熟的理解. 如果忽视学生的初始概念、观点，他们获得的理解与教师的期望会有很大的差别[9]. 对学生已有观念的全面调查分析超出本文的探讨，由于课程实施对学生的知识建构有着重要的影响，我们仅从课程的视角揭示学生古典概型知识的发展线索.

课标与教材中古典概型知识技能要求及内容铺陈脉络：

1. 课标中概率内容(其中包含的问题基本上属于古典概型)的知识技能要求

学段 目标	第一学段[10] (1~3 年级)	第二学段[10] (4~6 年级)	第二学段[10] (4~6 年级)	高中[11]	
				必修-3	选修 2-3
知识与技能	初步感受不确定现象	体验事件发生的等可能性、游戏规则的公平性，能计算一些简单事件发生的可能性	进一步丰富对概率的认识，知道频率与概率的关系，会计算一些事件发生的概率	结合具体实例，学习概率的某些基本性质和简单的概率模型，加深对随机现象的理解，能通过实验、计算器(机)模拟估计简单随机事件发生的概率	学习某些离散型随机变量分布列及其均值、方差，初步学会利用离散型随机变量思想描述和分析某些随机现象的方法，并能用所学知识解决一些简单的实际问题，进一步体会概率模型的作用及运用概率思考问题的特点，初步形成用随机观念观察、分析问题的意识

2. 课标或教材中古典概型的具体实例或例题概述

第一学段(课标)

例 1[10]　下列现象中，哪些是确定的？

(1) 下周三本地下雨；　　(2) 明天有人走路.

例 2[10]　随意从放有 4 个红球和 1 个黑球的口袋中，摸出一个球，摸到红球的可能性与摸到黑球的可能性哪个大？

例 3[10]　用“一定”、“偶尔”、“不可能”等词语来描述生活中一些事件发生的可能性.

第二学段(课标)

例 1[10]　在一个正方体的 6 个面上分别标上数字，使“2”朝上的可能性为 1/3.

例 2[10]　调查两支球队以往比赛的胜负情况，预测下场比赛谁获胜的可能性大，并说明自己的理由.

第三学段(课标与教材)

载体／例题概述	课标[10]	教材			
		七年级[3] (上册)	七年级[4] (下册)	九年级[5] (上册)	九年级[6] (下册)
例题描述 (内容或 数量)	[例 1]　有放回的摸球; [例 2]　转均匀分割的圆盘; [例 3]　从一定高度掷图钉	章头图：1 个 引例：3 个 议一议：1 个 做一做：1 个 随堂练：6 个 习题：7 个 复习题：3 个	章头图：2 个 引例：3 个 议一议：1 个 做一做：3 个 随堂练：4 个 习题：9 个 复习题：5 个	章头图：1 个 引例：2 个 议一议：0 个 做一做：3 个 随堂练：6 个 习题：10 个 复习题：6 个	章头图：0 个 引例：2 个 议一议：0 个 做一做：1 个 随堂练：1 个 习题：4 个 复习题：7 个

注　(1) 章头图中的例子常出现在各节的引例中，引例中的问题往往延伸至“议一议”中，并作为“做一做”的基础. 但是，如果前后栏目探讨的是同一个问题，且没有提出新问题，则仍计为一个问题(尤其是九年级上册、下册出现较多一个问题串起几个栏目的情形)；(2) 各册教材还有“想一想”栏目，因这个栏目涉及的问题与前一栏目是承上启下的关系，是对同一问题的探讨或分析，故不列入计算；(3) 教材中还有“试一试”栏目，因该栏目出现少，且涉及的不是古典概型的问题，故不在统计之列；(4) 九年级上册的引例为两个例题(因为其余三册教材没有直接标明的例题)；(5) 随堂练、习题、复习题仅计大题.

高中(课标与教材)

载体／例题概述	课标[11]	教材	
		数学 3(必修)[7]	数学(选修 2-3)[8]
例题描述 (内容或数量)	数学 3(必修)：无相关的参考案例; 数学(选修 2-3)： [例 1]　摸球中奖; [例 2]　掷硬币，求二项分布	引例(问题提出)：5 个 动手实践：1 个 问题(例题)：10 个 练习：13 个 习题：19 个 复习题：19 个	引例：8 个 例题：12 个 练习：7 个 习题：22 个 复习题：11 个

从课标、教材对概率部分的知识技能要求及其内容展开线索、各类问题安排的比重

来看，古典概型的内容在各个学段充当了重要的角色：通过古典概型让学生“初步感受不确定现象”；通过古典概型让学生“体验事件发生的等可能性并计算一些简单事件发生的可能性”；通过古典概型“进一步丰富学生对概率的认识，知道频率与概率的关系，会计算一些事件发生的概率”；通过古典概型引导学生“学习概率的某些基本性质和简单的概率模型，加深对随机现象的理解，能通过实验、计算器(机)模拟估计简单随机事件发生的概率”；通过古典概型帮助学生“学习某些离散型随机变量分布列及其均值、方差，初步学会利用离散型随机变量思想描述和分析某些随机现象的方法，进一步体会概率模型的作用及运用概率思考问题的特点，初步形成用随机观念观察、分析问题的意识”．结合上面的数据对本设计案例提出几点可以改善的地方：

(1) 三维目标彼此割裂，没有形成一个整体．过程与方法目标、情感态度价值观目标游离于知识技能的学习之外．教学目标的确定需要反映课程内容的展开过程与学生学习数学的思维发展历程．因此，可以通过过程性目标与知识技能目标的结合将三维目标整合为一个整体，并据此重新确定教学方法．

(2) 教学重点与难点的确立仅仅考虑了结果性目标，没有体现过程性，也未指明突出重点与克服难点的具体措施——关键．教学设计需要进一步体现和强化数学新课程螺旋式安排的特点，关注如何通过近期目标的实现来达成远期目标：培养随机思想．同时，凸显数学化的过程——常识的精微化．数学是系统化了的常识．常识要成为数学，它必须经过提炼和组织，而凝聚成一定的法则．这些法则在高一层次里又成为常识，再一次被提炼、组织，而凝聚成新的法则，新的法则又成为新的常识，如此不断地螺旋上升，以至于无穷[12]．在这个过程中，经验被整理、概括与抽象为演绎化的体系，同时新的经验不断产生并注入已有体系，为已有体系的再提炼、组织提供新的基础．与此相应，教学过程的设计要在“感受不确定现象→体验事件发生的等可能性→计算简单事件的概率→知道频率与概率的关系→计算一些事件发生的概率→学习概率的某些性质→学习简单的概率模型→模拟简单随机事件的概率→离散型随机变量的刻画”这一过程中体现这节课的核心内容，即：学习概率的某些性质→学习简单的概率模型，并关心这个核心内容在整个课程发展中的地位，从而让学生经历横向与纵向数学化的过程．同样是计算概率，本节课侧重于从理论上计算，而不是模拟，它与初中阶段利用对称性理解频率与概率的关系是一脉相承的，但又是初中所学的进一步发展．教学过程的设计应该在这方面做足功夫，组织好学生头脑中的已有经验，并从中作出选择，让其生长产生新的经验．

(3) 例题的设置值得商榷．①例 1 小结中出现了知识衔接的问题，因为此时尚未学习“互斥事件”，学生理解“互斥”可能产生理解上的困难．②例 2 与例 3 两个例题的分析、思路展开跳跃太快. 其实, 从不同的角度去看待试验中“基本事件”, 以及同一试验中不同角度看到的“基本事件”之间的联系, 更重要的是要引导学生去探究、交流、概括和体验. 在教学中, 教师应强调: 在建立概率模型时, 把什么看成是一个基本事件(即一个试验结果)是人为规定的, 只要求每次试验有一个并且只有一个基本事件出现即可; 只要基本事件的个数是有限的, 并且它们的发生是等可能的, 就是古典概型[13]. 以例 1 为例, 若考虑掷后出现的所有可能情形, 则基本事件全集为{1 点, 2 点, 3 点, 4 点, 5 点, 6 点}, 故掷得奇数点的概率 $= 3/6 = 0.5$; 若考察掷后出现点数的奇偶性, 则要么出现奇数点, 要么出现偶数点, 则基本事件的全集为{(1 点, 3 点, 5 点), (2 点, 4 点, 6 点)}, 故掷得奇数点的概率 $= 1/2 = 0.5$. 这两种考察角度的区别在于: 前者以每次试验作为基本事件, 共有各不相同的 6 个; 后者以每类试验作为基本事件, 共有不同的两个, 且这两个包含了前者的六个. ③例 3 的设计跨度大、难度高. 由于计数原理的内容安排在数学(选修 2-3), 而此例涉及的样本数比较大, 利用以前所学的列表、画树状图难以解决问题, 加之学生在此类计数问题的探讨上缺乏应有的经验, 这在无形中为新学内容的理解增添了额外的困难. ④在古典概型概念辨析时, 直接引用了课本[7]中“思考交流”栏目中的两个问题, 目的是强化学生对古典概型两个特征的理解, 在设计上无可非议. 但是, 第一个问题:“向一个圆面内随机地投一点, 如果该点落在圆内任意一点是等可能的, 你认为这是古典概型吗? 为什么? ”是有问题的, 试问:“点”有大小吗? 若有, 是多大? 若无, 怎么投? 这里所说的“点”能与几何中的定义不一吗? 或许作者希望尽快提升自己的专业水平, 达到“用教材教”的程度并付出了努力. 但超越教材的前提是深入、透彻理解教材, 全面、灵活地把握教材, 尤其需要对教材内容在不同阶段的螺旋式设计有着清楚的认识和深刻的体会, 并能主动、积极地进行反思.

参 考 文 献

[1] 张奠宙. 中国数学双基教学. 上海: 上海教育出版社, 2006: 20–25.

[2] 范良火, 黄毅英, 蔡金法等. 华人如何学习数学. 南京: 凤凰出版传媒集团, 江苏教育出版社, 2005: 91–96.

[3] 义务教育数学课程标准研制组. 义务教育课程标准实验教科书 · 数学 · 七年级上册. 北京: 北京师范大学出版社, 2005: 220–234.

[4] 义务教育数学课程标准研制组, 北京师范大学国家基础教育课程标准实验教材总编委会组. 义务教育课程标准实验教科书 · 数学 · 七年级下册. 北京: 北京师范大学出版社, 2002: 93–111.

[5] 义务教育数学课程标准研制组. 义务教育课程标准实验教科书 · 数学 · 九年级上册. 北京: 北京师范大学出版社, 2004: 156–182.

[6] 义务教育数学课程标准研制组. 义务教育课程标准实验教科书 · 数学 · 九年级下册. 北京: 北京师范大学出版社, 2004: 165–181.

[7] 严士健, 王尚志. 普通高中课程标准实验教科书 · 数学 · 3(必修). 北京: 北京师范大学出版社,

2007: 119–161.

[8] 严士健, 王尚志. 普通高中课程标准实验教科书・数学(选修 2-3). 北京: 北京师范大学出版社, 2007: 31–70.

[9] 约翰 D. 布兰思特等. 人是如何学习的——大脑、心理、经验及学校. 程可拉等译. 上海: 华东师范大学出版社, 2002: 18–19.

[10] 中华人民共和国教育部. 全日制义务教育数学课程标准(实验稿). 北京: 北京师范大学出版社, 2001: 8, 18, 29, 49.

[11] 中华人民共和国教育部. 普通高中数学课程标准(实验). 北京: 人民教育出版社, 2003: 24, 62, 65.

[12] 汉斯・弗赖登塔尔. 作为教育任务的数学. 陈昌平、唐瑞芬等编译. 上海: 上海教育出版社, 1995：9–24.

[13] 严士健, 吕建生, 李亚玲. 普通高中课程标准实验教科书・数学・3(必修)教师教学用书. 北京: 北京师范大学出版社, 2006: 113.

(赣南师范学院数学与计算机科学学院　曹　新　提供并点评)

案例 13　正弦函数、余弦函数的性质(1)周期性的教学设计

教案写真

一、教学内容

(1) 课型：正弦函数、余弦函数的性质(1)周期性. 概念课学习.

(2) 学生学情分析:学生学习了函数的概念和函数的单调性概念的数学语言的描述,学习了三角的诱导公式. 对函数符号有一定的了解, 对概念的形成和用数学语言的表述有一定的认识. 这些是这一节课学习的基础, 但是本课需要对诱导公式的逆向运用和运用概念解决问题, 对学生的能力要求比较高, 可通过一些训练, 培养学生的逆向思维和运用概念解决问题的方法.

二、教学目标

(1) 学生了解三角函数的周期性, 知道三角函数是描述周期变化现象的重要模型.

(2) 学生会求 $y=\sin x, y=\cos x, y=A\sin(\omega x+\varphi), y=A\cos(\omega x+\varphi), x\in\mathbf{R}$ (其中 A, ω, φ为常数, 且 $A\neq 0, \omega>0$)的周期.

(3) 了解周期函数的概念.

三、教学重点与难点

1. 教学重点

会求 $y=\sin x, y=\cos x, y=A\sin(\omega x+\varphi), y=A\cos(\omega x+\varphi), x\in\mathbf{R}$ (其中 A,ω,φ 为常数, 且 $A\neq 0,\omega>0$)的周期.

为什么会求三角函数的周期是本课的教学重点, 因为课程标准要求学生要了解三角函数的周期性, 了解的具体表现为会求具体的三角函数的周期或者已知周期求参数 ω; 其次这一类问题在高考中是考查的重点, 这从近几年各地高考的试题中可得到反映.

2. 教学难点

周期函数的概念.

为什么周期函数的概念是本课的难点，因为从具体的事例中概括出问题的本质，然后用数学语言表述是学生的难点，由于周期函数的概念的学习是上位学习，学生初步接触周期函数的概念，在一节课中要达到透彻地理解这一概念是有困难，通过多设置一些例子，让学生多体验这一概念的抽象过程，同时完成教科书中的一些练习让学生逐步了解这一概念.

四、教学方法

讲练结合法.

为什么要用这一方法进行课堂教学，由于本课是概念课，从学习的类型来看是上位学习，因此其教法不可能是练习法可解决，这样的话将大大降低课堂教学的效率；如果我们采用讲授法进行教学，将使学生失去对知识形成过程中的学习体验，也影响学生学习蕴涵在知识形成过程中的数学思想和方法.

五、教学过程

教学内容与步骤		教师活动	学生活动	设计意图
一、知识与准备	1. 已知 $f(x)=x^2$，则 $f(x+1)=$________；$(x+2)^2=$________. 2. $\sin(2k\pi+x)=$____；$\cos(2k\pi+x)=$____. 3. 2^{50} 的个位数是什么？ 4. 今天是星期一，从今天起第 200 天是星期几？	观察学生练习，帮助学生解决知识准备题.	学生练习.	为本课中要解决的问题作准备.
二、问题提出	问题 1：在日常生活中，我们有没有发现周期现象？请举例说明.	由教师提出问题 1，教师观察学生回答的情况，并作出教学的决策. 若学生回答得好表扬学生，若学生回答得不理想，教师将准备的周期现象与学生分享. 如 2^{50} 的个位数重复出现就是周期现象. 如今天是星期一，每隔 7 天后又是	学生思考并让学生 1 回答.	通过具体的事例让学生感受现实世界中存在着大量的周期现象.

		星期一，这种给人周而复始的感觉.		
	问题 2：今天是星期一，从今天起第 x 天是星期几(用 y 表示，星期一记为 1，星期二记为 2，…，星期天记为 7)？ y 是不是 x 的函数？若是，这一函数有什么特征.	教师给出问题 2，然后观察学生的活动. 根据学生解决问题的情况，干预学生的学习——如果学生不会完成任务，教师选择时间加以解答. $y=\begin{cases}1, & x=7k+1,\\2, & x=7k+2,\\3, & x=7k+3,\\4, & x=7k+4,\\5, & x=7k+5,\\6, & x=7k+6,\\7, & x=7k.\end{cases}$ 根据函数的概念可知 y 是 x 的函数. 特征：周期性重复出现，每隔 7 天就重复一次. 教师引导学生用数学语言表述. 对任意一个 x，都有 $f(x)=f(x+7)$.	让学生解决此问题.	从学生或教师的实例中找两个例子与学生一起研究，从中获得周期函数的概念.
	问题 3：从正弦线我们也看到，三角函数值也具有“周而复始”的变化规律. 能否用数学语言表述？	教师提出问题 3，并根据学生的书写的结果进行点评. 教学生会类比地思考. $f(x)=\sin x$：$f(x+2k\pi)=f(x)(k\in\mathbf{Z})$.	学生练习用数学语言表述.	
三、问	概括周期函数的概念.	教师根据学生的不准确进行补充，通过举反例加以辨析. 体现教师教学智慧	学生用数学语言概括，估计不	

题解决		和教师的应变能力. 对于函数 $f(x)$，如果存在一个非零常数 T，使得当 x 取定义域内的每一个值时，都有 $f(x+T)=f(x)$，那么函数 $f(x)$ 就叫做周期函数. 非零常数 T 叫做这个周期函数的周期.	会准确. 会漏掉一些关键词.	
	问题 4：如果一个函数是周期函数，T是其周期，则此函数的周期是唯一的吗？	教师可提出问题 4，由学生猜，根据学生猜测的结果，有必要时教学生将一般问题特殊化. 可教学生联想正弦函数和余弦函数.	学生猜猜？	
	问题 5：由于周期函数的周期 T 不唯一，如果要求 T，应如何处理？	教师提出问题 5，引入最小正周期的概念. 不特别说明，求周期就是求周期就是求最小正周期.	学生思考，提出解决问题的方法.	
四、应用	问题 6：求 $f(x)=\sin x$ 和 $f(x)=\cos x$ 的周期.	教师观察学生的练习情况，然后引导学生阅读教科书. 让学生与教科书的书写表述进行对比，从而达到培养学生的数学阅读能力.	学生练习，根据教师的指引阅读教科书，学习专家如何进行表述.	
	问题 7：求下列函数的周期： (1) $y=3\cos x, x\in\mathbf{R}$； (2) $y=\sin 2x, x\in\mathbf{R}$； (3) $y=2\sin\left(\frac{1}{2}x-\frac{\pi}{6}\right), x\in\mathbf{R}$.	教师可提示学生根据周期函数的概念来解决问题. 教师在课堂中主要是观察学生的学习状况，了解学生需要帮助的地方. 估计学生在(2)和(3)有困难.	学生练习. 学会用定义解决问题.	由于教科书的例题的书写不符合学生的思维，因此改为本设计中的表述.

		(2) $f(x)=\sin 2x$, $\sin 2x=\sin(2x+2\pi)$ $=\sin 2(x+\pi)$ $=f(x+\pi)$, 即 $f(x)=f(x+\pi)$. 所以函数 $y=\sin 2x(x\in\mathbf{R})$ 的周期是 π . (3) $f(x)=2\sin\left(\frac{1}{2}x-\frac{\pi}{6}\right)$, $2\sin\left(\frac{1}{2}x-\frac{\pi}{6}\right)$ $=2\sin\left[\left(\frac{1}{2}x-\frac{\pi}{6}\right)+2\pi\right]$ $=2\sin\left[\frac{1}{2}(x+4\pi)-\frac{\pi}{6}\right]$, 即 $f(x)=f(x+4\pi)$. 所以 $f(x)=2\sin\left(\frac{1}{2}x-\frac{\pi}{6}\right)$ 的周期是 4π .		
	练习：完成教科书中练习.		学生完成练习. 检测学习的结果.	
五、总结	本课研究了形如 $y=A\sin(\omega x+\varphi)$, $y=A\cos(\omega x+\varphi),x\in\mathbf{R}$ (其中 A,ω,φ 为常数，且 $A\neq 0,\omega>0$)的周期问题，其方法是利用周期函数的概念解决问题. 其次从多个具体的事例中概括出问题的本质，从而形成概念的方法，并用数学语言来	教师让学生总结本课学习的内容与方法，特别是对本课解决问题的方法的总结. 学生总结不全面或不理想，教师加以引导.	学生总结.	

	表述. 虽在必修 1 中研究函数单调性的概念有所体现, 但今天的学习可加深对这一方法的再学习.			

闪光之点

(1) 不仅写出教学的重点和难点, 而且还写出为什么是重点和难点;

(2) 教学情景的设置例子多而丰富, 更能反映问题的本质;

(3) 教学内容中的例题解答有别于课本, 更能符合学生的认知规律;

(4) 课堂教学的总结重视对本课所用的方法进行提炼和总结.

完善之处

(1) 从课堂教学的角度看, 对教师和学生活动的时间的分配还无法准确地进行描述, 特别是学生活动的时间无法描述, 从而很难反映学生的主体地位;

(2) 对教学重点的定位问题也可进一步的研究;

(3) 本课中学生的提出问题训练得不到体现.

(广东省佛山市南海区教育发展研究中心教研室　郑喜中　提供并点评)

案例 14　正弦定理的教学设计

本教学设计是一位师范生在教学实习阶段为公开课准备的. 我们以之为“的”, 先原汁原味地描述它, 然后挖掘其中的“闪光点”, 改进其中的不足之处, 以期为初入职的教师提供一个可资借鉴的“靶子”.

教案写真

一、教学内容

正弦定理.

二、教学目标

1. 知识与技能

知道解斜三角形的意义; 掌握正弦定理以及三角形面积公式; 理解正弦定理的推导过程.

2. 应用

利用正弦定理解决以下两类问题: 已知三角形的两角及一边, 求其他的角和边; 已知三角形的两边及其中一边的对角, 求其他的边和角.

3. 情感态度

通过对实际问题的引入和解决, 鼓励同学们对日常生活中的问题进行探索.

三、教学重点与难点

1. 教学重点

正弦定理的推导和应用.

2. 教学难点

已知三角形的两边及其中一边的对角, 求其他的边和角.

四、教学设计说明

天文观测、航海和地理测量是人类认识自然的重要方面, 解三角形的理论在其中发挥了重要作用. 在初中, 学生已经学习了如何借助锐角的三角函数来解直角三角形,而为了解决更一般的斜三角形的问题，我们需要进一步学习正弦定理．通过事例的引入和对特殊三角形的探索，引导学生发现和推导出正弦定理，并使用正弦定理解决一些实际的问题．

五、教学过程

（一）事例引入

在日新月异的今天，上海的轨道交通线的发展也十分迅速，然而在轨道建设过程中，我们如何来大致地计算出相邻两个站点间的距离呢？

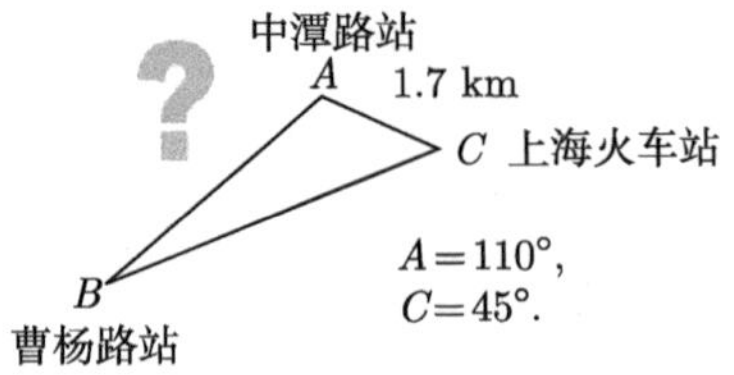

图 14.1　地铁站模型

如图 14.1 所示，将实际事例模拟成一个数学模型：已知 $AC = 1.7\text{km}$，A，C 的角度如图，即求 AB 的长度．

由原来所学的知识，可以知道只要过 B 点作 CA 的垂线，然后通过锐角三角比的一些性质，便能够得出结论．然而，有没有更为简便的结论呢？

（二）探索

在 Rt$\triangle ACB$ 中，已知 C 为直角，$BC=a$，$CA=b$，$AB=c$，则可知：

$$c=\frac{a}{\sin A}=\frac{b}{\sin B}=\frac{c}{1},$$

注意到 $\sin C=1$，因而

$$\frac{a}{\sin A}=\frac{b}{\sin B}=\frac{c}{\sin C}.$$

从形式上讲，非常对称，体现了数学的一种独特的美，但这里我们给出的前提，是 $\triangle ACB$ 为直角三角形的情况．而在我们的日常生活或科学研究中，更多遇到的是更为普通的斜三角形，那上述结论是否依然成立呢？

(2) (i) 等边 $\triangle ABC: a=b=c, A=B=C=60^\circ$；

(ii) 等腰钝角 $\triangle ABC: A=120^\circ, B=C=30^\circ$，$a:b:c=\sqrt{3}:1:1$．

在上述两种斜三角形中，

$$\frac{a}{\sin A}=\frac{b}{\sin B}=\frac{c}{\sin C}$$

均成立．

故得猜想：在任意三角形中，上式均成立．

（三）证明

step1：构建直角坐标系．

如图 14.2 所示，以 A 为原点，AB 所在直线为 x 轴建立直角坐标系.

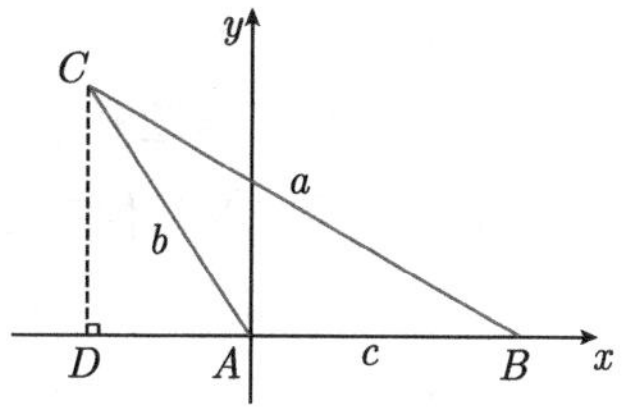

图 14.2　建立直角坐标系

step2：推导面积.

在直角坐标系中，$A(0,0)$，$B(c,0)$，$C(b\cos A, b\sin A)$，得知

$$S=\frac{1}{2}c\cdot b\sin A.$$

同样，当分别取 B, C 为坐标原点时，可以得到

$$S=\frac{1}{2}ac\sin B,$$

$$S=\frac{1}{2}ba\sin C.$$

因此，

$$S=\frac{1}{2}bc\sin A=\frac{1}{2}ac\sin B=\frac{1}{2}ba\sin C,$$

即三角形面积等于任意两边与它们夹角正弦值的积的一半.

step3：推导正弦定理.

我们对已经得到的面积公式等式同除以 $\frac{1}{2}abc$，即可推得

$$\frac{a}{\sin A}=\frac{b}{\sin B}=\frac{c}{\sin C}.$$

据此，我们得出结论：在三角形中，各边与它所对角的正弦值的比相等. 我们把这样的结论叫做正弦定理，即在 $\triangle ABC$ 中，

$$\frac{a}{\sin A}=\frac{b}{\sin B}=\frac{c}{\sin C}.$$

(四) 应用

例 1　将本课伊始的实际问题转化为纯数学问题：

已知 $\triangle ABC$ 中，AC=1.7km，$\angle A=110°$，$\angle C=45°$，求 AB 的长.

说明　我们可知，正弦定理可以知三求三.

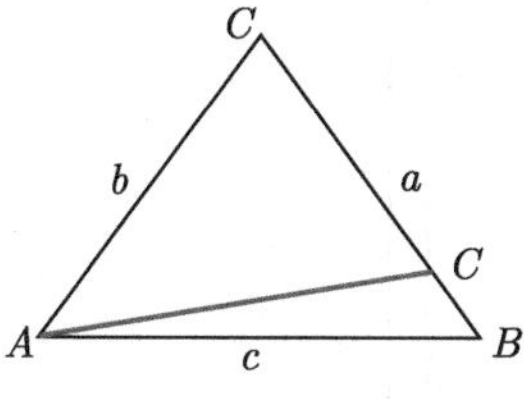

图 14.3

例 2　在 $\triangle ABC$ 中，已知 $A=45°, B=105°, c=1\text{cm}$，求 a 和 c 的大小.

选题目的：本题作为例 1 的补充，和例 1 一样，都是属于“已知三角形的两角及一边，求其他的角和边”的题目类型.

例 3　如图 14.3 所示，在 $\triangle ABC$ 中，已知 $B=60°$，b=0.9cm,

$c=1\text{cm}$，求 a, A 和 C 的大小(边长精确到 0.1cm，角度精确到 $1°$).

选题目的：本题和前两个例子作出比较，可知本题题型为“已知三角形的两边及其中一边的对角，求其他的边和角”，可让学生根据总结上两个例子的方法来总结本例.

思考题　如果将例 3 中的 $b=0.9\text{cm}$ 改为 $b=2\text{cm}$，其他条件不变，求 C 的角度.

选题目的：思考题和例 3 的区别在于，例 3 有两解，而思考题仅有一解. 学生在解题作业的过程中常常会有漏解的情形. 先举出例 3，使学生脑海中有“这类题有两个解”的潜意识，然后举思考题，让学生了解这种题型解的个数不定.

(五) 总结

1. 正弦定理

$$\frac{a}{\sin A}=\frac{b}{\sin B}=\frac{c}{\sin C}.$$

2. 面积公式

$$S=\frac{1}{2}bc\sin A=\frac{1}{2}ac\sin B=\frac{1}{2}ba\sin C.$$

3. 解斜三角形

(1) 已知三角形的两角及一边，求其他的角和边；

(2) 已知三角形的两边及其中一边的对角，求其他的边和角. (两解)

本次课程已经为我们解决了两类问题了，下节课我们将来探索“已知两边及其夹角，求其他边和角”与“已知三边，求三个角”的问题.

(六) 作业

练习册：正弦定理部分.

六、板书设计

板书设计见图 14.4.

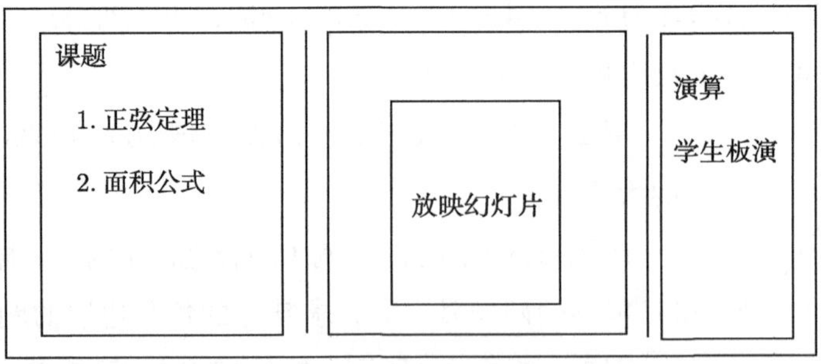

图 14.4　板书设计

七、课后反思

本次课程是公开课，因此大部分的时间是要留给学生的. 而在对这堂课的处理上，留给学生的时间还稍欠，而主要是用在了引导上. 经指导老师指出，也觉得应该要分配好教师与学生的时间. 由于这堂课用到了 PPT 教学，虽然更显条理，却也有些板书不足等缺欠，以后再使用这些技术时也应该考虑到板书等传统教学方法. 在教学内容上，也有老师提出为何要引入面积公式来推导正弦定理，而不是直接推导. 虽然可以直接推导，但我们备课是基于教材而来(教材上使用了前种方式推导)，因此这个问题还是有待探讨.

闪光之点

一般地，课堂教学设计由以下环节组成[1]：

(1) 背景分析.

①学习任务分析(重点：本堂课的核心概念、数学思想方法；前后相关的知识)；

②学生情况分析(重点：学生已有认知结构与新内容之间的潜在距离).

(2) 教学目标的设计(重点：通过学习，学生能做哪些过去不能做的事).

(3) 课堂结构的设计(重点：数学知识的逻辑顺序、教学活动顺序).

(4) 教学媒体的设计(重点：适应学习需要，有利于揭示数学本质).

(5) 教学过程的设计(重点：引导学生数学的“问题串”，变式训练；反思活动).

(6) 教学评价的设计(重点：了解学生学习效果的任务，能准确了解学生在新情境中会做什么).

这个分析框架稍嫌复杂. 美国著名的教学设计研究专家马杰[2](R.Mager)指出：教学设计依次由三个基本问题组成：首先是“我去哪里”，即教学目标的制定；然后是“我如何去那里”，包括学习者起始状态的分析、教学方法与教学媒介的选择；最后是“怎么判断我已到达了那里”，即教学评价，评价目标达成与否. 学生、教师、教学内容和教学媒体构成了课堂教学的重要因素. 我们给出一个稍简化一点的教学设计的分析框架.

教学设计的分析框架

教学目的(我去哪里)	教学过程(我如何去那里)	教学评价(怎么判断我已到达了那里)
知识与技能目标 过程和方法目标 情感态度和价值观目标	学情分析 学习任务分析 教学活动过程分析 教学手段分析	时时反馈调节 课后反思

以此框架分析此教学设计中一些“闪光点”.

从整体上看，此教学设计大体具备了教学设计的所有要素. 在教学目标的制定中，该教学设计是从知识与技能、应用、情感态度这三个维度来认识“要到哪里去的问题”. 经过师范阶段的训练，三维目标的理念渐入学生的头脑. 但由于没有教学实践的洗礼，对教学目标的导引作用的认识还不是很明确.

在教学设计的说明中，对学情和学习任务作了初步的分析. 知道正弦定理的来源，源于解决一些实际的问题，这直接导致了其以实际问题作为正弦定理的引子. 同时，其也从逻辑的角度看到为了解斜三角形，原先的解直角三角形的知识不够用了，有必要发展解斜三角形的知识. 其在拟发现正弦定理的过程中，也遵循了从直角三角形到斜三角形这一从特殊到一般的认识模式. 显然与其对学情的有效分析是分不开的.

数学教学是数学活动的教学. 数学活动体现在数学思维的活动中. 教学的展开是有条理的. 分为以下几下环节：

以实际问题为驱动，创设了问题情境，明确了学习目标. 然后，由特殊到一般地“猜出”了正弦定理，再然后是定理的证明. 猜想、证明的步骤条理井然，体现了数学内在的逻辑力量，进行了思想方法的渗透. “先猜后证”是数学研究的一般模式，用之于数学教学也是合适的. 在让学生大胆猜想结论过程中，其还对定理的发现机制进行了“设计”，从形式美学的角度大胆猜想，让学生学会欣赏数学的美，从而感悟数学之真，做到以美启真. 然后是以例题为载体让学生初步掌握正弦定理的应用. 在例题的设计中，例 1 是实际问题的形式化，照应了开头. 例 2 和例 1 的类型一样，用以介绍正弦定理能解决的第一类问题. 例 3 及其思考题是介绍正弦定理能解决的第二类问题，例 3 和思考题之间又有点变式，例3有两解，思考题只有一解. 上述做法体现了我国双基教学的特点，通过变式进行反复训练和应用，逐步增加认知负荷，实施小步、小转弯、小坡度的教学. 然后是总结，主要是对知识进行总结. 接着是布置作业.

在课堂教学中，其使用了 PPT 这种多媒体. 但是对媒体何时，何处，以何种方式辅助课堂教学并没有进行设计.

在上课之初，其对板书进行了设计；在课后，对整个教学过程进行了反思. 从师生互动的时间分配，师生间主导主体关系的处理，教学内容的处理等方面进行了反思. 这是有助于教师专业成长的.

从整体上看，本教学设计大体具备课堂教学设计的各个环节. 以问题作为知识产生之源，在猜想证明中分析问题解决问题，在变式训练中巩固知识，力图在总结中实现认知结构的组织与再组织. 从育人的角度而言，本教学设计力图在解决实际问题的过程中，让学生经历探索、解决问题的过程，从而体会数学的应用价值. 可以看出该教学设计的理念是新的，符合新课程标准倡导的理念，但是由于是新手缺乏教学实践的历练，缺乏把理念切实转化为实践的能力. 这种现象在一线教师中也存在. 经历了教育理念的宣讲，“探究”、“合作交流”、“生活化数学”、“愉快教学”等口号式的理念渐入教师的话语体系中，然而知识联结，变式练习，注重数学思想方法，是中国数学教育成功的经验[3]. 教学需要新的理念，然而教学的工程性质决定教学不能理念化，需要的理念工程化，要把听懂的东西做出来，把做好的东西“说”出来，要把内在的理念外化出来.

完善之处

维特根斯坦说：“我的语言界限意味着我的世界的界限，我们不能思我们不能思的东西；因此我们也不能说我们不能思的东西.”听了教育教学理念，是否听懂了，看看教学设计教学实践就知道. 教学需要欧洲式思辨和理论；也需要中国式的依据经验、非常实在，但又是非常系统化的知识. 做中学，是一条很好的路子. 我们在具体的教学过程的设计中实现累积的、经验知识的获得.

情境认知理论认为，任何数学知识都是与情境密不可分的，也就是说将数学知识的教与学置于一个情境脉络之中，是由知识的本性决定的. 于是创设情境，提出问题的做法深受教师的认同. 但是在创设情境时，一定要拟合知识的发生发展过程. 以这个深层次的标准量之，本教学设计创造的问题情境是“假”的，要知两地铁站的距离，不能直接量吗？如果不能直接量，那么情境中的角度和距离是怎样得来的？ 一个问题是真实的还是虚拟的，或许并不重要，但是要经得起逻辑上常识的推敲. 可以设计这样一个问题情境：

某林场为了及时发现火情，在林场中设立了两个观测点 A 和 B，某日两个观测点的林场人员分别观测到 C 处出现火情. 在 A 处观测到火情发生在北偏西 $40°$ 方向，而在 B 处观测到火情在北偏西 $60°$ 方向，已知 B 在 A 的正东方向 10 千米处. 现在要确定火场 C 距 A, B 多远.

有了一个现实情境问题之后，就要使之数学化，转化为一个数学问题，也就是一个数学建模的过程. 而本教学设计却有为情境而情境之嫌. 数学化，形式化之后，就要寻求解决之道了. 从数学上讲，就是要解斜三角形. 学生以前解决过有关直角三角形中的有关问题，那么从那里获得的经验能否迁移到斜三角形里呢？教学就是要做“减法”，用老子的话来说，“为学日益，为道日损. 损之又损，以至于无为，无为而无不为矣.”这样把问题退到解直角三角形里了. 学生的思维聚焦到了直角三角形. 解直角三角形的工具很多, 如有勾股定理、锐角三角函数. 如果致力于迁移勾股定理中获得的经验, 那么可以得到余弦定理, 显然这是第二节课的内容. 如何把学生的思维导向正弦定理呢, 教师可以道而弗牵地指出: 在任意三角形中, 有大边对大角, 小边对小角这样的边角关系. 能否在直角三角形中把这一定性的关系定量化, 并进行推广呢? 一石激起千层浪, 一定会激发学生火热的探索欲望的. 教学也要一点"煽情". 提出问题乃是标志一门学科的真正进步, 正弦定理其实是把"大边对大角, 小边对小角"这一几何关系解析化了, 熟知三角学历史发展的人都知道, 三角函数其实是有关三角形、圆的性质的解析表达. 这样在悄无声息中, 渗透了学科发展中研究观点研究方法的嬗变. 这其实是一个"推陈出新, 始能创新"的过程.

出于对于形式美的追求, 学生在教师的帮助下能得到正弦定理. 如何证明定理呢? 从已有的教学研究的成果来看, 可以从几何的、面积的、向量的角度证明正弦定理, 甚至还可以从物理角度诠释正弦定理, 为其提供直观背景. 对概念、定理只能达到直观上的显然程度, 才算融入了自己的头脑中了.

本节课是正弦定理的第一节课, 只要学生能发现定理、证明定理就算达到了教学目标. 据此, 应用是下一节课的事情. 在定理的证明过程中, 可以多角度地激发学生的探究精神, 发展学生的探究水平. 其实, 得到了正弦定理后, 即使从解题的角度, 形式训练角度, 也可以多角度地证明之, 这对开发学生的眼界是极为有益的. 本教学设计所举的几道正弦定理应用例题是容易的, 可以让学生自学, 教师没有必要讲! 况且加深了对定理本身的理解, 应用是容易的. 本节课只要用正弦定理把那个实际问题解决了, 仍是完整的: 学生经历了提出问题、分析问题、解决问题这样一个完整过程; 经历了数学化、形式化、模型化的过程; 经历了问题、猜想、引申推广这样一个做形式数学的过程; 于其中对数学的情感态度价值观等情意因素也会发生变化.

认知受文化工具的影响. 信息技术手段的革新可以改变人们的数学活动方式, 推动知识获得方式的改变, 数学水平的发展. 本教学设计中虽使用了信息技术, 使用的是 PPT 这一演示文稿工具, 而不是深入数学学科的信息技术工具. "Z+Z"是一款优秀的国产软件, 利用"Z+Z"的测量功能, 可以测量边长分别与其对应角的正弦、余弦和正切的比, 从中也可发现正弦定理. 这充分体现了数学有实验科学的一面.

课堂小结很重要. 可以让学生谈心得、谈体会, 教师不必包办, 也不必限于知识的小结. 小结的目的是把知识点联结成网络状, 形成技能, 发展思想方法, 从而获得心灵的感悟, 从而能够欣赏数学, 培养对数学的情感.

要如此实施教学，要求教师对数学、技术、教法、学生的认知有较深的理解，还要求教师“心中有人”．这些不是一朝一夕能达成的，“悟性自足”地反思或许推动了成长历程，要求教师能多角度多侧面地锲而不舍地反思，在反思中改进，在改进中反思，发展实践智慧．

参 考 文 献

[1] 章建跃. 数学课堂教学设计研究. 数学通报, 2006, (7): 20–26.
[2] 张大均. 教育心理学. 北京: 人民教育出版社, 1999.
[3] 张奠宙. 在坚实的基础上试课求创新发展——数学教育 60 年回顾. 数学教学, 2009, (10): 封二—2.

(江西师范大学数学与信息学院　徐章韬　提供并点评)

案例 15　逻辑联结词的教学设计

教案写真

一、教学内容

逻辑联结词(人民教育出版社高一数学).

教材背景分析　为什么要学习逻辑呢？一方面数学基础需要用逻辑来阐明；另一方面计算机也离不开数学逻辑. 本节是学习简易逻辑这方面知识的第一个课时，主要研究逻辑联结词，学好这一节课，学生将会初步理解逻辑联结词“或”、“且”、“非”以及能理解和判断复合命题的真假，运用本节知识将能逐步培养起学生良好的逻辑思维能力. 另外，本节教材还有一个重要的教育功能，那就是培养学生的探索归纳能力，体验自主学习，发现知识的成功愉悦感.

二、教学设计说明

(1) 由于学生对简易逻辑这个内容是初步接触，因此教学中从数学史开始拓展，引出数学和生活知识的矛盾从而激发学生的探究热情，充分引发学生的求知兴趣，又遵循学生认知的心理规律，努力实现课程改革中“以学生的发展为本”的基本理念.

(2) 在教学过程中，逻辑联结词“或”、“且”、“非”的理解和复合命题真假的判定是重点，必须让学生在课堂上就能掌握，因此将由易到难层层递进逐步提出，让学生带着问题走进课堂，师生共同探究解决，知识的建构过程充分调动学生的主观能动性.

(3) 本节课面向普通高中的学生，针对学生的基础不够扎实，为了充分调动学生的学习积极性，让学生能够主动愉快地学习，本节课始终贯彻“教师为主导、学生为主体、探究为主线、思维为核心”的数学教学思想，引导学生主动参与到课堂教学全过程中.

(4) 在教学手段上，制作多媒体课件辅助教学，使得数学知识让学生更易于理解和接受；课堂教学与现代教育技术的有机整合，提高课堂教学效率.

三、教学目标

1. 知识和技能目标

(1) 了解命题的概念和逻辑联结词“或”、“且”、“非”含义;

(2) 理解逻辑联结词“或”、“且”、“非”含义;

(3) 掌握复合命题真假的判定.

2. 过程和方法目标

(1) 在学习过程中, 观察、思考、归纳、表述、交流、合作, 最终形成认识;

(2) 培养学生的数学逻辑能力, 能够自己发现问题, 分析问题并最终解决问题.

3. 情感和价值目标

提高学生的数学能力, 培养学生的克服困难的精神、实践运用能力.

四、教学重点与难点

1. 教学重点

(1) 理解逻辑联结词“或”、“且”、“非”的含义;

(2) 会熟练进行复合命题真假的判定.

2. 教学难点

对逻辑联结词“或”的理解及其“或”形式的复合命题真假的判定.

五、教学过程

(一) 创设情境, 铺垫导入

同学们通过预习, 知道我们今天又开始进入数学学习的另一个知识领域了, 那就是简易逻辑. 我们先来了解 17 世纪一位著名的大数学家, 他就是数理逻辑学家、逻辑代数的创始人——乔治·布尔. 布尔的父亲是一个鞋匠, 家境比较困苦, 布尔只好小学毕业就担负起养家糊口的重任, 但他并不放弃对学习的热爱, 通过顽强的自学, 他掌握了多种外语, 还弄懂了数学家拉格朗日和拉普拉斯的著作, 并开始了对数学的钻研, 有了将数学应用于逻辑的想法, 由此真正开创了逻辑代数学.

大家经常都听到这样的语句: 数学离不开逻辑. 为什么呢? 那什么是逻辑呢?

师: 现在请同学们注意以下问题:

① “现有张三、李四、王五三人, 张三说李四在说谎, 李四说王五在说谎, 王五说张三和李四都在说谎. 请问他们三人谁在说谎, 又是谁在说真话?

② “$5>5$”是命题, 而“$x>5$”却不是命题. 为什么?

③ 如果有人说, “苹果是长在地里, 或长在树上”, 我们立即就会说这种说法不

妥当，可是，这句话用数学观点看却是完全正确的．为什么？

(学生陷入深思，努力检索所学过知识，然而百思不得其解.)

师：大家想不想利用知识解决以上问题？

生：想！(学生的学习热情已被激发.)

师：好！那就先从一个和逻辑相关的概念——“命题”开始吧.

(二) 复习旧知，拓展深入

师：什么是命题呢？(初中已经学过，采取提问式复习.)

生甲：可以判断真假的语句叫命题．正确的命题称为真命题，错误的命题称为假命题.

师：很好，请坐．根据定义，请同学们快速浏览下面的语句，并判断它们是否是命题？

(1) $12 > 5$.

(2) 3 是 12 的约数.

(3) 0.5 是整数.

(4) 0 是很小的数.

(5) $x=1$.

(6) 3 是 12 的约数吗?

(7) 求证：若 $x \in \mathbf{R}$，则方程 $x^2 - x + 1=0$ 无实根.

学生利用已有知识做题，得出答案，教师总评：(1)、(2)、(3)是命题(其中(1)、(2) 是真命题，(3) 是假命题)，(4) 不是命题．因为“很小的数”没有明确的判断依据，所以不能判断真假．(5) 不是命题．因为语句中含有变量 x，在不给定变量 x 的值之前无法判断真假(这种含有变量的语句叫做开语句)．(6) 不是命题．因为语句本身是疑问句，没有作出真假判断．(7) 不是命题，因为语句本身没有作出真假判断.

注　(1) 疑问句、开语句、祈使句不是命题；

(2) 句子是不是命题关键在于能否判断真假；

(3) 常用小写字母 $p, q, r, s, \cdots$表示命题.

师：上述的命题比较简单，但是由简单的命题可以组合成新的复杂的命题，在这些命题中都有一个很关键的联结词，请同学们把它找出来.

例　(1) 10 可以被 2 或 5 整除；

(2) 菱形的对角线互相垂直且平分；

(3) 0.5 非整数.

观察　形成概念，简单命题在加上“或”、“且”、“非”这些逻辑联结词成复合命题.

注意：逻辑联结词中“或”与“且”的意义.

举出一些生活例子，如洗衣机例子、开门的事、电路(图 15.1)，等等.

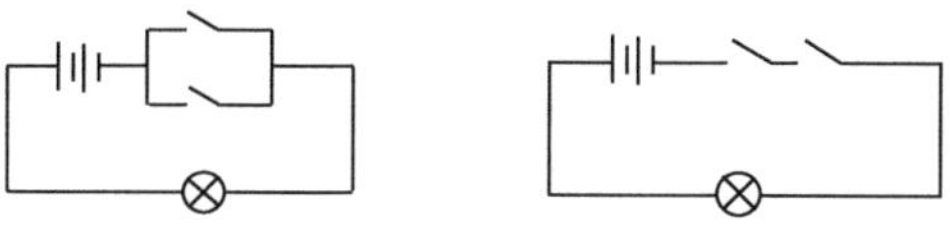

图 15.1

学生讨论，举例. 教师点评后提出问题.

师：歌德是 18 世纪德国的一位著名文艺师. 有一次，他与一位文艺批评家“狭路相逢”，这位批评家生性古怪，非但没让路，还高傲地说：“我从不给傻子让路.”这下可尴尬了，歌德怎么办呢？只见歌德笑容可掬地闪到一旁，礼貌地说：“哈哈，我恰恰相反.”大家想想，这位批评家最后怎么样？只好自讨没趣了. 在这里，歌德用了什么样的逻辑知识呢？

(学生思考后大笑，在愉悦的课堂里加深了对知识的理解.)

教师继续提出思考：在前面学过的内容中，有没有见过与“或”、“且”、“非”类似的联结词？

(学生开始思考，然后有同学要求发言，教师对学生的表述加以点评，并准备了几个相关例子作展示.)

(投影)例如，不等式 $x^2-x-6>0$ 的解集是$\{x|x<-2$ 或 $x>3\}$；

不等式 $x^2-x-6<0$ 的解集是$\{x|-2<x<3\}$，即$\{x|x>-2$ 且 $x<3\}$；

$x=1$ 不是 $x^2=2$ 的根.

实际上，集合中的“并”、“交”、“补”和逻辑联结词的“或”、“且”、“非”有着密切的关系，具体如何呢？我们在下节课在继续展开研究.

评析　引发悬念，为下节课进行铺垫，同时也不占用本节时间，使得重难点能更突出.

(三) 合作学习，探究新知

简单命题可以判定真假，一个复合命题怎样判定真假呢？请同学们分小组合作研究.

1. 非 p 形式

例　命题

p：5 是 10 的约数(真)，命题 p：5 是 8 的约数(假)；

则命题

非 p：5 不是 10 的约数(假)，非 p：5 不是 8 的约数(真).

表 15.1

p	非 p
假	真
真	假

归纳并记忆　“真假相反”.

非 p 形式的复合命题判定如表 15.1 所示.

2. p 且 q 形式

例　命题

p：5 是 10 的约数(真)，q：5 是 15 的约数(真)；

s：5 是 12 的约数(假)，r：5 是 8 的约数(假).

则命题

p 且 q：5 是 10 的约数且是 15 的约数(真)；

p 且 r：5 是 10 的约数且是 8 的约数(假)；

s 且 r：5 是 12 的约数且是 8 的约数(假).

p 且 q 形式的复合命题判定如表 15.2 所示.

3. p 或 q 形式

命题 p, q, s, r 同上例. 则命题

p 或 q：5 是 10 的约数或 5 是 15 的约数(真)；

p 或 r：5 是 10 的约数或 5 是 8 的约数(真)；

s 或 r：5 是 12 的约数或 5 是 8 的约数(假).

总结：p 或 q 形式的复合命题判定如表 15.3 所示.

表 15.2

p	q	p 且 q
真	真	真
真	假	假
假	真	假
假	假	假

归纳并记忆　“同真为真”(其余为假).

表 15.3

p	q	p 或 q
真	真	真
真	假	真
假	真	真
假	假	假

归纳并记忆　“同假为假”(其余为真).

(四) 指导实践，重在应用

师：学习了以上知识，下面请同学们自己运用知识，完成教科书的练习.

课堂练习 26 页：练习；28 页：练习.

课堂练习及时巩固了重点内容，由学生独立练习，教师巡堂观察，了解可能出现的学习问题，学生完成后，再由教师进行讲解，对易错题加强分析，使得学生对知识的理解更加深刻，运用更加准确，从而形成良好的解题习惯.

我们再来看看这节课开始提出的那①、②、③这几个问题吧.

(五) 归纳小结，反馈回授

师：同学们，通过这节课的学习我们学到了些什么知识？

学生积极发言，教师给予充分肯定和补充后，投影出几个要点：

命题、复合命题、复合命题的构成形式、判断复合命题的真假的步骤、真值表.

(六) 布置作业

课本 29 页：习题 1.6：1、2、3、4.

(广西玉林市第十二中学数学组 裴日春)

闪光之点

这节课的教学任务看上去比较简单，很多教师可能会觉得这样的课不需要太多的专业知识和时间精力投入，往往在教学中轻易带过，实际上错失了很多培养学生学习数学兴趣的机会，从而导致学生对数学的枯燥产生更大的畏惧，这是不可取的. 这个课例的成功之处值得我们借鉴.

(1) 作为新内容的第一课时，教师在教学设计时通过多媒体展示著名数学家的故事和几个相关数学问题来引入新课，创设情境，唤起学生学习兴趣，为进一步学习和探究铺平了道路. 接下来从旧知唤起记忆，让学生“做”简单的数学，得出新知，并联系生活例子和名家小趣事加深对知识的理解. 让学生在设问中引起悬念，在故事中引发学习的兴趣，也由榜样的作用增强学生克服学习困难的勇气和决心，让德育教育也贯穿在数学教学的内容里，为培养高素质的人才而努力.

(2) 在分组合作研究中，使得学生“思”和“玩”数学中进行研究归纳、质疑、倾听、表述中体验到成功的喜悦，学会学习、学会合作，而问题情景始终贯穿于教学内容，又在新知完全形成后来解决这个问题，突出了主题，学以致用，通过动手练习，使学生的思维质量得到进一步提升，保证了最终的学习效果. 在整个新知形成过程中，教师的身份始终是启发者、鼓励者和指导者，以提高学生抽象概括、分析归纳及语言表述等基本的数学思维能力. 深化对概念意义的理解，培养学生良好的逻辑思维能力.

(3) 学完新课后及时让学生“用”数学，新课程强调人人学有用的数学，关注数学知识的实际意义和应用价值. 前后呼应，继续巩固了本节课的主要知识，同时让学生认识到现实生活中蕴涵着大量的数学信息. 能够学以致用，学生表情轻松自然，流露出收获后的喜悦.

(4) 最后教师以谈话的方式引导学生对本节课的知识进行小结，及时解决学生认识上的不足，对学生的课堂表现进行了总结性评价并提出希望. 深化了学生对知识的理解，完善认知结构，领悟思想方法，强化情感体验.

完善之处

(1) 当然，对于普通高中的部分学生来讲，可能容量稍稍大了些，知识点较多，部分同学学习起来还是有一定的难度，从做题反馈可以说明这一点，如果在下一课时再做知识巩固加强，应该能解决这一问题.

(2) 课外作业可以考虑分为必做题与选做题，因材施教，及时反馈，让不同的学生在数学上都能得到进步和发展.

(广西玉林师范学院　李丽洁　提供并点评)

案例 16　归纳推理的教学设计

教案写真

一、教学内容

归纳推理(高中新课标 人教 A 版 数学选修 1–2 第二章 第一节).

教材分析 归纳推理是“推理与证明”一章中的重要组成部分, 具有猜测和发现结论, 探索和提供思路的作用, 有利于创新意识的培养, 在实际生活中用途很大, 况且, 高考命题的方向是以能力考察为主线, 通过减少计算量, 增加思维量, 突出体现数学的人文价值和实际应用价值, 因此在高中数学的模块中, 归纳推理就显得格外的举足轻重了.

二、教学目标

1. 知识与技能

熟练掌握归纳推理的技巧, 并能运用解决实际问题.

2. 过程与方法

通过“自主、合作与探究”实现“一切以学生为中心”的理念.

3. 情感、态度与价值观

感受数学的人文价值, 提高学生的学习兴趣, 使其体会到数学学习的美感.

三、教学重点与难点

1. 教学重点

归纳推理及方法的总结.

2. 教学难点

归纳推理的含义及其具体应用.

四、教法学法

(一) 教法: “四大纲领”

(1) “亲和力”: 以生动活泼的呈现方式, 激发兴趣和美感, 引发学习激情;

(2) “问题性”：以恰时恰点的问题引导数学活动，培养问题意识，孕育创新精神；

(3) “思想性”：螺旋上升地安排数学概念和数学思想，加强方法的渗透与概括；

(4) “联系性”：通过不同内容的联系与启发，提高数学思维能力，培育理性精神.

(二) 学法“六字方针”

自主、合作、探究.

(三) 教学媒介:“多媒体平台”

本节课,对思维能力要求较高，故可借助多媒体，凭借其“生动、形象、直观”的主体特征，可较好地帮助学生进入角色，辅助学生记忆思考，激发学生的学习兴趣.

五、教学流程

原理初探→皇冠明珠→师生互动→天下足球→思维培养→合作探究.

(一) 原理初探

1. 引入

“阿基米德对国王说，给我一个支点，我将撬起整个地球！”(图 16.1)

图 16.1

2. 提问

大家认为可能吗？他为何敢夸下如此海口？理由何在？

3. 探究

他是怎么发现“杠杆原理”的呢？

一个小孩，为何能轻轻松松就提起一大桶水(图 16.2)？

修筑河堤时，奴隶们是怎样搬运巨石的(图 16.3)？

图 16.2

图 16.3

图片引入阿基米德的灵感：

正是基于这两个发现，阿基米德大胆地猜想，然后小心求证，终于发现了伟大的“杠杆原理”. (图 16.4)

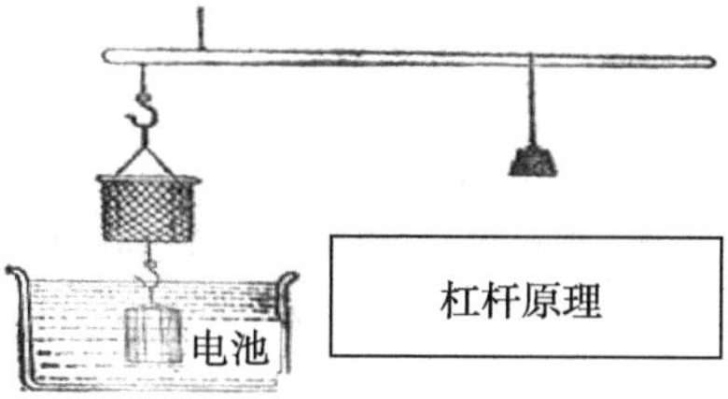

图 16.4

4. 思考

整个过程对你有什么启发?

5. 启发

在教师的引导下归纳出:“科学离不开生活, 离不开观察, 也离不开猜想和证明.”

归纳推理　生活→观察→猜想→证明.

设计意图　奇兵突出, 以问题情景设置悬疑, 激发学生的学习兴趣, 通过物理知识引出数学理念, 结合名人典故进行探究, 这既体现了教师的“亲和力”, 也体现了学科之间的“联系性”, 展示了数学的文化价值, 又在融洽的氛围中, 引导学生对归纳推理进行了初步的研究, 为后面的学习做好了铺垫.

(二) 皇冠明珠

自然科学的皇后是数学, 数学的皇冠是数论, 哥德巴赫猜想是皇冠上的明珠(图 16.5).

图 16.5

传说　哥德巴赫的数字游戏:

$3+7=10$, $3+17=20$, $13+17=30$, $\cdots$,

$10=3+7$, $20=3+17$, $30=13+17$, $\cdots$.

偶数 = 奇质数 + 奇质数.

思考　其他偶数是否也有类似的规律?

讨论　组织学生进行交流、探讨.

检验　2 和 4 可以吗? 为什么不行?

归纳　由学生归纳出“归纳推理”的定义及特点.

设计目的　在“传说、思考和讨论”中, 教师扮演组织者的角色, 鼓励学生大胆地猜测和探究, 一切以学生为中心, 通过设置“干扰项”(检验), 来加深学生的正确认知, 通过“归纳”, 培养学生的观察、归纳和表达能力.

(三) 师生互动

1. 基础练习

口答　由“铜、铁、铝、金等金属能导电”，你能归纳出什么结论？

引申　北京、山东、福建的大肚子妈妈们都喜欢吃酸的，你又能归纳出什么结论？(图 16.6)

图 16.6

图 16.7

探究　上述结论都成立吗？

强调　归纳推理的结果不一定成立！(图 16.7)

设计作用　通过生活实例，构建“民主、平等、和谐”的课堂氛围，培养学生思维的“严谨性”．插播适合情景的广告，则可活跃课堂气氛，拉近师生之间的距离．

2. 探究

例 1　观察图像(图 16.8)，发现奥秘．由上述具体事实能得出怎样的结论？

组织　先由学生观察和讨论．

引导　观察等式左右两边有什么联系？

思考　前 n 个连续的奇数相加等于多少？

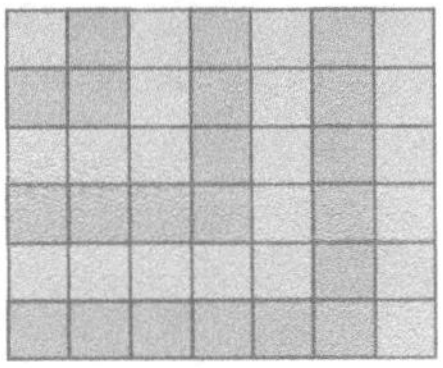

图 16.8

$$1+3=4=2^2,$$

$$1+3+5=9=3^2,$$

$$1+3+5+7=16=4^2,$$

$$1+3+5+7+9=25=5^2,$$

……

$$\underbrace{1+3+5+7+\cdots+(\text{第}n\text{个奇数})}_{\text{连续}n\text{个奇数的和}}=?.$$

探究　第 n 个奇数又是多少？怎么求？

归纳　解题时应注意什么？有什么技巧存在？请归纳．

技巧　观察序号与表达式之间的联系，若不能直接看出规律，则需将表达式进行

“变形”.

设计动机　改变例题由教师讲解的惯例，由学生当家作主，体现了“合作与探究”，培养了学生的交流意识，并再次考究了学生的归纳能力.

(四) 天下足球

引入(图 16.9)　2006 年 6 月，在德国将举行一场足球盛典，叫什么(图 16.10)？

图 16.9

提问　世界杯历史上，夺冠次数最多的球队是哪一支？(图 16.11)

图 16.10

图 16.11

思考　有人统计了巴西队在世界杯历史上的进球数(包括预选赛)(表 16.1). 试归纳：他们第 n 届将攻入多少球？

表 16.1

如有雷同，实属巧合.	届数	巴西队进球数		足球狂想，纯属虚构.
	第一届	15	15	
	第二届	18	15+3	
	第三届	21	$15+2\times 3$	
	第四届	24	$15+3\times 3$	
	第五届	27	$15+4\times 3$	
	……			
	第 n 届	$a_n=$?		

第 n 届将攻入多少球:

$$a_n = 15 + (n-1)\times 3 = 3n + 12.$$

反问　前 n 届，总共攻入多少球？有没有简单点的方法？

由上，从而引出更简捷的方法:等差数列求和.

情感　足球不是一个人的运动，巴西队能成为五冠王，靠的不是个人技术，而是团队的合作无间. 同学们在学习中, 也该“团结友爱、相互帮助”, 才能取得更好的成绩.

设计意向　以当前热门的事件为背景, 设计新题, 既体现了“问题性”和“实用性”, 又激发了学生的学习兴趣, “反问”旨在拓展思维, 培养学生的“灵活性”及一题多解的能力, 通过情感教育, 更与学生进行了心灵上的沟通, 有利于学生树立正确的世界观、人生观.

(五) 思维培养

1. 探究

例 2　已知数列 $\{a_n\}$ 的第一项 $a_1=1$, 且 $a_{n+1}=\dfrac{a_n}{1+a_n}(n=1,2,\cdots)$, 试归纳出这个数列的通项公式.

图 16.12

探索　先让学生独立进行思考.

活动　“千里走单骑”(图 16.12), 要求学生独立思考, 鼓励学生说出自己的解题思路.

活动　“圆桌会议”, 合作交流. 鼓励其他同学给予评价, 对在哪里? 错在哪里? 有没有更好的方法?

设计用途　提供一个舞台, 让学生展示自己的才华, 这将极大地调动学生的积极性, 增强学生的荣誉感, 培养了学生独立分析问题和解决问题的能力, 体现了“自主探究”, 同时, 也锻炼了学生敢想、敢说、敢做的能力.

注　在“千里走单骑”和“圆桌会议”探究活动中, 教师一定要以“鼓励和表扬”为主, 面带微笑, 消除学生的恐惧感, 提高学生的自信心.

2. 能力培养

例 3　已知 $a_1=2,a_2=1,a_3=\dfrac{2}{3},a_4=\dfrac{1}{2}$. 求 $a_n=$? .

思考　怎么求 a_n 组织学生进行探究, 寻找规律.

归纳　由学生讨论, 归纳出技巧.

$$a_1=2=\frac{2}{1},\quad a_2=1=\frac{2}{2},\quad a_3=\frac{2}{3},\quad a_4=\frac{1}{2}=\frac{2}{4},\quad \cdots,\quad a_n=\frac{2}{n}.$$

技巧　有整数和分数时, 往往将整数化为分数. 当分子分母都在变化时, 往往统一分子(或分母), 再寻找另一部分的变化规律.

设计意旨　注重方法技巧的渗透与概括, 体现了“思想性”, 通过不同观点的交锋,有利于培养学生的大局观，在实战中进一步培养了学生的归纳能力.

注意学生基础较差，此处可变通为以教师引导为主，师生共同归纳.

3. 综合提高

例 4　已知数列 $\{a_n\}$ 的通项公式为 $a_n=\dfrac{1}{(n+1)^2}(n\in\mathbf{N}^*)$，记 $f(n)=(1-a_1)(1-a_2)\cdots(1-a_n)$，试通过求 $f(1),f(2),f(3)$ 的值，推测出 $f(n)=?$.

让学生独立思考完成，教师进行巡视，发现问题及时解决，最后进行简评. 若在巡视中发现代表性问题，则应在简评中做重点突破.

$$f(1)=\frac{3}{4},\quad f(2)=\frac{2}{3},\quad f(3)=\frac{5}{8}\Rightarrow f(n)=?.$$

课堂教学时，注意讲究"布白艺术"：

画家画画，总要留点空白，像"踏花归来马蹄香"等都是有名的"布白"之作，目的是留给欣赏者遐想的余地. 音乐家演奏，注重无声胜有声，时而"千山咆啸"，时而却又"万马齐喑". 教师讲授也应如此，在细针密线、鞭辟入理的同时，一定要给学生留有一份回味思考的余地.

设计好处　留给学生消化、吸收、发现、驰骋的广阔天地，充分发挥学生的积极主动性，让学生的思维开出绚丽的智慧之花.

练习题设计框架　练习题分为四个层次：

"基础练习" → "巩固训练" → "能力培养" → "综合提高".

由浅入深，螺旋上升，体现了知识的"思想性"、"联系性"，将逐步提高学生的思维能力.

(六) 合作探究

1. 课堂小结

教师随机抽点一名学生，提问：这节课你觉得自己状态如何？有什么收获？学到了哪些知识？

设计功用　开放式的课堂小结，以闲话家常的模式，从"情感态度"的角度，来检验学生对整堂课全局上的把握.

2. 课外探究

已知 $\{a_n\}$ 的前 n 项和 S_n 与第 n 项 a_n 满足：$S_n=1-na_n$，试归纳出其通项公式 a_n.

课后，同桌之间进行探讨，在研究报告(作业)中，写出双方的观点、分歧，最后达成统一意见，合作解决该题.

设计目标　加强同桌之间的交流，培养同桌之间的默契，增进同桌之间的友谊，这有利于他们在以后的学习中，相互勉励，共同进步.

(2006 年广东省湛江市说课比赛获奖设计　孙钢坪)

闪光之点

(1) 利用小孩深井提水、古时奴隶搬运巨石归纳、概括杠杆原理，展现归纳推理的方法论价值.

(2) 通过金属能导电、大肚子妈妈们喜欢吃酸的等让学生经历归纳过程，提高数学学习兴趣，发展应用意识.

(3) 从生活中的许多现象归纳、概括杠杆原理、金属能导电性、大肚子妈妈好吃酸的特征，开阔学生的视野，丰富学生的想象力.

(4) 结合生活运用归纳原理，如巴西世界杯足球比赛的进球数的归纳猜测，增强教学亲和力，并展示团队意义，强调合作精神.

(5) 从古到今、从生活到科学、从东方到西方各个方面揭示归纳推理的原理，揭示了归纳推理的文化性，体现了归纳推理的文化价值的课程理念.

(6) 教学中自始至终注意给学生思考的时间，交流的机会，注重学生的数学表达和交流的能力的培养.

完善之处

(1) 本节课“归纳推理”的核心是归纳，采取相应方式使学生思考归纳推理的依据，让学生经历运用归纳原理、体验推理的过程;

(2) 应充分利用归纳的事例，展示从特殊到一般的推理过程，突破归纳推理的难点，进一步揭示归纳推理的涵义.

(湛江师范学院　张映姜　提供并点评)

案例 17　抛物线及其标准方程的教学设计

教案写真

一、教学内容

抛物线及其标准方程(高中选修 2–1, 1 课时).

二、教学目标

1. 知识目标

(1) 理解抛物线的定义, 熟练掌握其标准方程;

(2) 要求学生进一步熟练掌握解析几何的基本思想方法, 培养学生观察、分析、对比、归纳、转化等方面的能力;

(3) 进行实现数学美熏陶; 培养认真、严谨的学习态度.

2. 能力目标

(1) 重视基础知识的教学、基本技能的训练和能力的培养;

(2) 启发学生能够发现问题和提出问题, 善于独立思考, 学会分析问题和创造性地解决问题;

(3) 通过教师指导发现知识结论, 培养学生抽象概括能力和逻辑思维能力.

三、教学重点与难点

1. 教学重点

(1) 理解抛物线定义;

(2) 会运用数形结合的方法解决问题.

2. 教学难点

(1) 对抛物线定义的理解;

(2) 如何建立恰当的坐标系.

四、教学准备

1. 教学方法

启发式——提出问题，探索、分析、解决问题最终导出结论.

2. 教具准备

计算机模拟制图、投影片、图表等.

五、教学过程

(一) 导课

(1) 复习椭圆与双曲线的定义、方程、图像，同时投影二者对比表.

(2) 观察定义 2. (发现问题)

$$\frac{|MF|}{d}=\begin{cases}0<e<1, & \text{椭圆},\\ e>1, & \text{双曲线},\\ e=1, & ?.\end{cases}$$

(3) 分析问题.

$e=1$ 表示 $|MF|=d$，满足此条件的点如何找到？

① 到定点距离等于 d 的点的轨迹是什么？

② 到定直线距离等于 d 的点的轨迹是什么？

同时满足上述两个条件的点就是所要找的点.

(4) 解决问题

若干个这样的点形成一条曲线. (电脑画图)

学生举例. 归纳：都是斜抛物体运动的路线，叫做抛物线. (板书课题)

(二) 新授课

1. 定义

问：掌握几种对数学概念下定义的方法？应采用哪一种对抛物线下定义好？

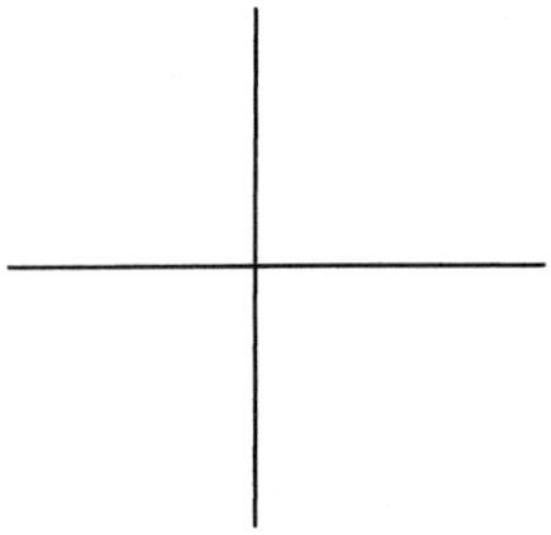

(师引导，学生答：发生式定义. 教具演示)

平面内到一个定点和到一条不过此点的定直线的距离相等的点的轨迹叫做抛物线；

定点：焦点 F；定直线：准线 l.

问：为什么有条件“不过此点的直线”？

答：若定直线经过该点，则轨迹是一条直线，所以必须加此条件.

问：平面上直线位置有无数种，只考虑竖直、水平两种情形，点与直线相对位置关系有几种？

学生归纳：四种. (师出示挂图)

2. 标准方程

问：求曲线有几个步骤？分别是哪几步？(归纳复习、五步)

数学中，力求使图形对称(对称美)以及最后得出的方程最简单(简洁美)，应该这样建立：

取过点 F 且垂直于准线 l 的直线为 x 轴，x 轴与 l 交于点 K，以线段 KF 的中垂线为 y 轴，设 $|KF| = p(p > 0)$，则 $F\left(\dfrac{p}{2}, 0\right)$，　l: $x = -\dfrac{p}{2}$.

设抛物线上点 $M(x, y)$ 到 l 距离为 d，据定义，抛物线是集合 $P = \left\{M \mid |MF| = d\right\}$.

因

$$|MF| = \sqrt{\left(x - \frac{p}{2}\right)^2 + y^2}, \qquad d = \left|x + \frac{p}{2}\right|,$$

所以

$$\sqrt{\left(x - \frac{p}{2}\right)^2 + y^2} = \left|x + \frac{p}{2}\right|.$$

化简得

$$y^2 = 2px \quad (p > 0). \tag{17.1}$$

方程推导过程表明，抛物线上的点的坐标都是此方程的解，还可证明以方程的解为坐标的点都在此抛物线上，方程(17.1)叫做抛物线的标准方程.

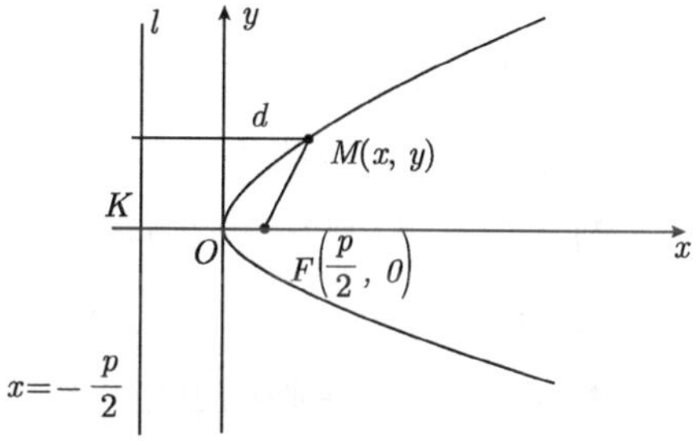

图 17.1

对于第二种情形，可仿此推出方程. (学生尝试自己推证、师归纳结论)

至于第三、四种情形，只需把第一、二种图像分别旋转 90° 得到，也就是，方程用 x, y 互换可得.

用类推法得出结论，填入表 17.1 中.

3. 对比四个方程，总结方程特征与图形联系

师引导得出顺口溜：

抛物方程有特征，左边二次右一次；
要断方向看一次，x 的方向分左右；
y 的方向朝上下，更深判断看符号；
正号对齐正半轴，负号对齐负半轴.

表 17.1

标准方程	焦点	准线	图形
$y^2=2px(p>0)$	$F\left(\frac{p}{2},0\right)$	$x=-\frac{p}{2}$	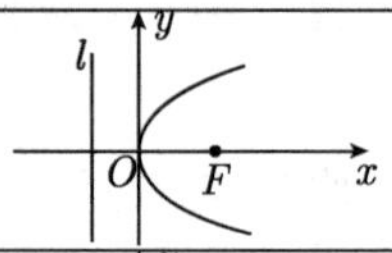
$y^2=-2px(p>0)$	$F\left(-\frac{p}{2},0\right)$	$x=\frac{p}{2}$	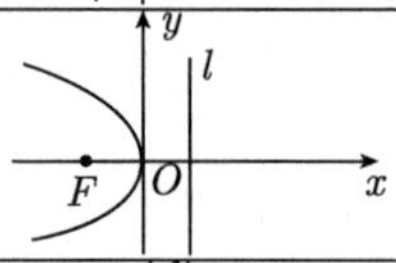
$x^2=2py(p>0)$	$F\left(0,\frac{p}{2}\right)$	$y=-\frac{p}{2}$	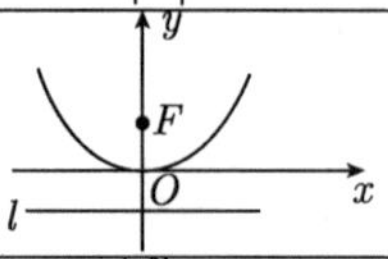
$x^2=-2py(p>0)$	$F\left(0,-\frac{p}{2}\right)$	$y=\frac{p}{2}$	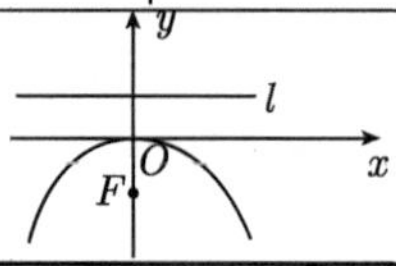

(三) 例题讲解

例 1　(投影) (1) 已知抛物线 $y^2=6x(p>0)$上一点 M 到焦点的距离是 $a(a>p/2)$，则点 M 到准线的距离是________；点 M 的横坐标 $x=$________.

(2) 抛物线 $x^2=by(b>0)$的焦点坐标是________，准线方程是________.

(3) 已知抛物线的焦点是 $F(0,-2)$，则它的标准方程是________.

例 2　(板演)判断下列抛物线开口方向，写出焦点坐标和准线方程.

(1) $y^2=-14x$;　　　　(2) $2x^2-5y=0$.

例 3　有一种抛物面卫星接收天线. 卫星波束以近似平行状态射入轴截面为抛物线的接收天线，经反射聚焦到焦点处. 已知接收天线的口径为 4.8m、深度为 0.5m，求抛物线的标准方程和焦点坐标.

解　设抛物线的标准方程是 $y^2=2px\ (p>0)$. 由已知条件可得，点 A 的坐标是(0.5, 2.4)，代入方程，得 $2.4=2p\times0.5$，即 $p=5.76$. 所以，抛物线的标准方程是 $y^2=11.52x$，焦点坐标是(2.88, 0).

(四) 巩固练习

72 页：1, 2, 3. (投影打出题目，学生讲解、集体订正.)

(五) 小结

(1) 电脑展现抛物线形成过程;

(2) 定义 $P = \left\{ M \middle| |MF| = d \right\}$;

(3) 方程：四种形式;

(4) 应用之解决问题：①据曲线条件求方程; ②已知方程求曲线.

(六) 家庭作业

78 页：1~4.

(选自《云南昆明市第二届中等学校中青年教师教书育人竞赛获奖教师优秀教案选编》)

闪光之点

(1) 本节教学全程设计充分体现“先问后思，师生共做，逐步推进”的“主体教学法”，做到教法学法综合研究.

(2) 教学设计体现以学生为主体，着力培养学生抽象概括能力和逻辑思维能力的教学理念.

(3) 简化了新知识的育成过程，加强了新知识的过手过程，强化了新知识的接受过程，体现了素质教育.

完善之处

教学过程：新知识导入—新知识育成—新知识“过手”设计，阶段目标明确，重点、难点突破建构较好，新旧知识衔接紧扣教材，问题设计形成阶梯，新知识过手训练、强化训练体现教师的主导和学生的主体作用，过程设计强化了学生对抛物线标准方程“正用”、“逆用”、“变用”的理解.

(云南昆明学院　蔡华仙　提供并点评)

案例 18　导数在研究函数中的应用的教学设计

教案写真

一、教学内容

导数在研究函数中的应用.

二、教学目标

(1) 了解函数的单调性和导数的关系，能利用导数研究函数的单调性，会求函数的单调区间;

(2) 会用导数求函数的极大值、极小值; 会求闭区间上函数的最值.

三、教学重点与难点

1. 教学重点

通过复习导数在研究函数的单调性、极值和最值中的应用，进一步培养数形结合的能力.

2. 教学难点

灵活运用相关知识解决综合题.

四、教学过程

(一) 知识回顾

(二) 题组(一)

(1) 函数 $f(x)=x^3-6x+5$ 的递增区间为____________.

(2) 函数 $f(x)=x\ln x$ 的单调区间为____________.

(3) 若函数 $f(x)=x^3+x^2+mx+1$ 是 $\mathbf{R}$ 上的单调递增函数，则 m 的取值范围是____________.

(三) 知识梳理(一): 函数的单调性与导数

1. 函数单调性的充分条件

函数 $y=f(x)$ 在区间 (a,b) 内，$f'(x)>0 \Rightarrow f(x)$ 为__________函数;

函数 $y=f(x)$ 在区间 (a,b) 内，$f'(x)<0 \Rightarrow f(x)$ 为__________函数.

2. 函数单调性的必要条件

$f(x)$ 在区间 (a,b) 上是增函数 $\Rightarrow$ ____________在 (a,b) 上恒成立;

$f(x)$ 在区间 (a,b) 上是减函数 $\Rightarrow$ ____________在 (a,b) 上恒成立.

(四) 题组(二)

1. 下列说法正确的是 (　　).

A. 当 $f'(x_0)=0$ 时，则 $f(x_0)$ 为 $f(x)$ 的极大值

B. 当 $f'(x_0)=0$ 时，则 $f(x_0)$ 为 $f(x)$ 的极小值

C. 当 $f'(x_0)=0$ 时，则 $f(x_0)$ 为 $f(x)$ 的极值

D. 当 $f(x_0)$ 为函数 $f(x)$ 的极值时，则有 $f'(x_0)=0$

2. 函数 $f(x)$ 的定义域为开区间 (a,b)，导函数 $f'(x)$ 在 (a,b) 内的图像如图 18.1 所示，则函数 $f(x)$ 在开区间 (a,b) 内极小值点的个数为(　).

A. 1　　B. 2　　C. 3　　D. 4

3. 函数 $f(x)=x^3-6x+5$ 的极大值为________，极小值为________.

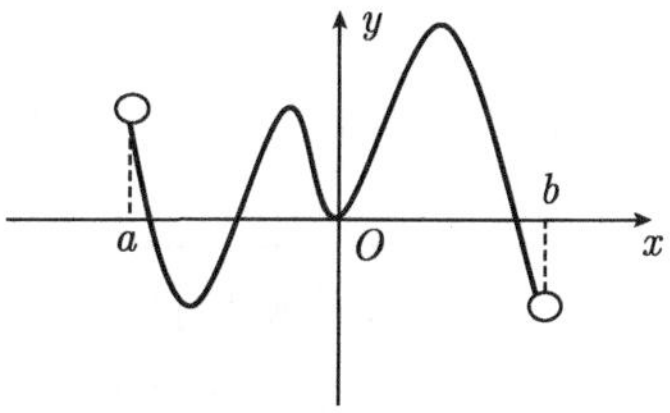

图 18.1

(五) 知识梳理(二): 函数的极值与导数

1. 函数在某点取得极值的充分条件

可导函数 $f(x)$，

在 x_0 附近的左侧 $f'(x)$________0，右侧 $f'(x)$____________0 $\Rightarrow f(x_0)$ 是极大值;

在 x_0 附近的左侧 $f'(x)$________0，右侧 $f'(x)$________0 $\Rightarrow f(x_0)$ 是极小值.

2. 函数在某点取得极值的必要条件

$$x_0 \text{ 为可导函数 } f(x) \text{ 的极值点} \Rightarrow f(x_0)=0.$$

3. 求可导函数极值的步骤

(1) 求导数 $f'(x)$;

(2) 求导数 $f'(x)=0$ 的根;

(3) 考察每个根附近，从左到右导数 $f'(x)$ 的符号变化情况，确定 $f(x)$ 的极值.

(六) 题组(三)

求函数 $f(x)=x^3-6x+5$ 在闭区间$[-3,2]$内的最大值和最小值.

(七) 知识梳理(三)：函数的最值与导数

在闭区间$[a,b]$上连续，在(a,b)内可导，$f(x)$在$[a,b]$上求最大值与最小值的步骤：

先求 $f(x)$ 在(a,b)内的_____；再比较________________的大小，其中最大的一个是最大值，最小的一个是最小值.

(八) 能力提升

1. 函数 $f(x)=x^3-6x+5, x\in\mathbf{R}$.

(1) 若关于 x 的方程 $f(x)=a$ 有 3 个不同实根，求实数 a 的取值范围；

(2) 已知当 $x\in(1,+\infty)$ 时，$f(x)\geqslant k(x-1)$ 恒成立，求实数 k 的取值范围.

2. 已知函数 $f(x)=\dfrac{1}{3}bx^3+bx^2+(2b-2)x+4$ 在$\mathbf{R}$上是减函数，求实数 b 的取值范围.

课堂小结

(1) 函数单调性的充分条件：

若________________________，则 $f(x)$为增函数(或减函数).

(2) 函数单调性的必要条件：

设 $f(x)$在(a,b)内可导，若 $f(x)$在(a,b)上单调递增(或递减)，则____________________.

(3) 可以用单调性求函数的极值、最值.

课后作业

1. 已知 $f(x)=x\cdot \mathrm{e}^{-x}, x\in[-2,2]$ 的最大值为 M，最小值为 N，则 $M-N=$___________.

2. (08 湖北卷理 7)若 $f(x)=-\dfrac{1}{2}x^2+b\ln(x+2)$ 在 $(-1,+\infty)$ 上是减函数，则 b 的取值范围是(　　).

A. $[-1,+\infty)$　　B. $(-1,+\infty)$　　C. $(-\infty,-1]$　　D. $(-\infty,-1)$

3. 若函数 $f(x)=x^3+3ax^2+3(a+2)x+1$ 有极大值和极小值，则 a 的取值范围为____.

4. 设 $f(x), g(x)$ 均是定义在 $\mathbf{R}$ 上的奇函数，当 $x<0$ 时，$f'(x)g(x)+f(x)g'(x)>0$，且 $f(-2)=0$，则不等式 $f(x)\cdot g(x)<0$ 的解集是(　　).

A. $(-2,0)\cup(2,+\infty)$　B. $(-2,2)$　C. $(-\infty,-2)\cup(2,+\infty)$　D. $(-\infty,-2)\cup(0,2)$

5. (08 广东卷理 7)设 $a\in\mathbf{R}$，若函数 $y=\mathrm{e}^{ax}+3x$，$x\in\mathbf{R}$ 有大于零的极值点，则(　　).

A. $a>-3$　　B. $a<-3$　　C. $a>-\frac{1}{3}$　　D. $a<-\frac{1}{3}$

6. (08 天津卷理 21)已知函数 $f(x)=x^4+ax^3+2x^2+b\,(x\in\mathbf{R})$，其中 $a,b\in\mathbf{R}$.

(1) 当 $a=-\frac{10}{3}$ 时，讨论函数 $f(x)$ 的单调性；

(2) 若函数 $f(x)$ 仅在 $x=0$ 处有极值，求 a 的取值范围；

(3) 若对于任意的 $a\in[-2,2]$，不等式 $f(x)\leqslant 1$ 在 $[-1,1]$ 上恒成立，求 b 的取值范围.

以上是广州某中学高三年级在学校开放日所进行的一堂“导数在研究函数中的应用”复习课的教学设计，课时是两节. 该校参加了由广州市教研室林少杰教授所主持的“非线性主干循环活动型”单元教学模式的实验，备课组的老师通过集体备课，集体讨论，结合学生情况，对教材进行重组，编写了一份有利于学习的课堂学习卷，即学案，课堂上由学生自主完成，老师课内巡视，批改，个别辅导，发现学生共性的问题就及时订正、讲解.

闪光之点

(1) 采取学案的形式去进行高三的第一轮复习，通过认真钻研教材，重组教材内容，根据《课程标准》对导数用于研究函数的要求，以学生的学为出发点，抓住单调性和最值这两个主干，重点解决课内用导数求函数的单调区间，极大值、极小值及闭区间上的最值等具体技能和学习方法的有效训练. 在课堂中倡导教师“精讲”和学生“多练”，突出“先试后学、先学后教”的原则. 课堂上学生的主要任务是自主练习，而因为学案的开放性，每一位同学都根据自己的能力进行了一定层次的、一定深度和广度的练习，由原来“齐头并进”变成现在的“各行其道”，有效的分层教学让每个学生都得到进步；而课堂期间老师的巡视、个别辅导和批改及时反馈了解学生的学习效果，并适时加以指导，引导学生通过练习，理解、巩固所学知识，大大提高了学生数学学习效率与课堂教学效率. 而通过这样一个学习的循环周期，使得所学知识更加清晰、准确、稳定，并具有一定的思辨性和延展性，就逐步培养学生的自学能力、发散思维能力. 这是广州市教研室林少杰老师所提出的“非线性主干循环活动型”单元教学模式，他倡导按单元重新整合教学内容，使之呈非线性主干结构，让教学过程更符合学生认知规律，是在新课程先进理念指导下有效教学的典范.

(2) 教学目标紧扣双基，始终强调导数作为处理函数性质的工具的教育功能，在内容处理上配套有层次、有梯度、由浅入深、循序渐进的练习. 例如对单调性的处理，首先是直接练习后，着重分析、评讲，引导学生总结规律，注重解题方法、解题技巧的提炼，引导和帮助学生自主探索、动手实践、合作交流、阅读自学.

(3) 整份学案都延用 $f(x)=x^3-6x+5$ 为载体，有效地利用了已经得到的结果，减少了运算量，着重强调题型和方法.

完善之处

作为导数的复习课，还可以从两个方面去落实教学目标：

(1) 在熟练掌握导数基本概念、基本技能后，把课堂的重点放在导数对函数研究的纵、横向以及内在联系的整理上，让学生逐步形成系统化的知识框架，才更有利用于促进迁移. 具体体现在：

(i) 课堂组织上，复习课应该有别于新授课及练习课，表现在所教的内容形式上有所不同. 新授课的内容目标较集中，只掌握一个知识点及几个知识点；练习课是将某一个知识点或一部分所学的知识转化成技能、技巧，复习课则应避免简单的重复，而是以所学的知识点及解题的思路进行系统的整理，从整体上理解和掌握知识间的内在联系，促进学生对知识的重新消化，便于理解和应用. 原学案中的题组(一)(二)(三)及其对应的知识梳理花了过多的时间，显得有点头重脚轻、不入正题，建议可将考查导数的简单应用，如求函数的单调区间、极值和最值等难度较小的基础性题目设置成如下的回顾性题组，再将相关的知识和解题方法作简单的提炼，而将重心放在难度较大的单调性的逆运用和函数最值的内在关联着两条主线的能力提升上，因为学生的困难和困惑主要在这种导数的综合应用上. 受到课时限制，复习课尽管难以面面俱到，而应“好钢用在刀刃上”，才能使课堂成为学生训练并取得进步的主战场.

题组(一)

1. 函数 $f(x)=x\ln x$ 的单调区间为____________.

2. 函数 $f(x)=x^3-6x+5$ 的递增区间为____________.

变式 1：函数 $f(x)=x^3-6x+5$ 的极大值为__________，极小值为____________.

变式 2：求函数 $f(x)=x^3-6x+5$ 在闭区间 $[-1,1]$ 内的最大值和最小值.

(ii) 内容安排上，当课堂时间得到合理地调配后，就可以在原来能力提升这个环节把导数对研究函数的单调性以及最值的作用更深入地展现出来，而各种常见的题型可以用一题多变的变式题组呈现出来. 例如通过用以下的方式重新整合题目，就使得利用导数研究函数性质的内容丰满起来.

题组(二)

变式 3：已知当 $x\in(1,+\infty)$ 时，$f(x)\geqslant k$ 恒成立，求实数 k 的取值范围.

变式 4：已知 $f(x)=x^3-6x+5,\theta\in\left[-\frac{\pi}{2},\frac{\pi}{2}\right]$，求证：$\left|f(\sin\theta)-f(\cos\theta)\right|\leqslant 8\sqrt{2}$.

变式 5：若关于 x 的方程 $f(x)=a$ 有 3 个不同实根，求实数 a 的取值范围.

题组(三)

若函数 $f(x)=x^3+x^2+mx+1$ 是 $\mathbf{R}$ 上的单调递增函数，则 m 的取值范围是________.

变式 6：$f(x)=x^3+x^2+mx+1$，在 $[0,1]$ 上单调递减，则 m 的取值范围是________.

变式 7：$f(x)=x^3+x^2+mx+1$，在 $\left(m-1,m\right)$ 上单调递减，则 m 的取值范围是___.

以上的变式题组，如变式 3 的恒成立问题容易转化为求给定区间的最值，而变式 4 将 $\sin\theta,\cos\theta$ 看作变量后则与变式 2 差不多. 而变式 5 则能借助图像用极值的知识去处理；而题组(三)则是单调性的逆运用，都可以转化成恒成立问题，从而变成给定某区间的最值问题. 这样将极值、最值、单调性，以及图像的内在关系联系起来，加强了知识的迁移性训练更加利于培养学生举一反三、触类旁通、运用所学知识解决问题的能力.

(2) 新课程增加了导数的内容，随着课改的不断深入，导数知识考查的要求逐渐加强，而且导数已经由前几年只是在解决问题中的辅助地位上升为分析和解决问题时的不可缺少的工具. 所以复习课对导数研究函数的功能开发要更加充分，才会让学生对导数在研究函数性质中的应用有个完整、全面的认识. 许多综合题包括解析几何、应用题中含有大量涉及函数最值和单调性的问题，都可以用导数去解决，但学生往往受思维定势影响而想不起来. 如果在复习课中，在熟练一些简单应用的知识后，不妨渗透一些采用导数思想方法的典型例子，这样不但拓展了学生的解题空间，开阔了学生的视野、也培养了学生创新思维的能力，体现了新课程的要求和特点. 下面的例子可以提供参考.

1. 已知抛物线 $y^2=4x$ 的顶点为 O，点 A 的坐标为(5，0)，倾斜角为 $\frac{\pi}{4}$ 的直线 l 与线段 OA 相交(不经过 O 点或 A 点)，且交抛物线于 M，N 两点，求 $S_{\triangle AMN}$ 的最大值以及对应 l 的直线方程.

2. 某商品每件成本 9 元，售价为 30 元，每星期卖出 432 件，如果降低价格，销售量可以增加，且每星期多卖出的商品件数与商品单价的降低值 x 元($0\leqslant x\leqslant 30$)的平方成正比，已知商品单价每降低 2 元时，一星期多卖出 24 件.

(1) 请将一个星期的商品销售利润表示成 x 的函数；

(2) 如何定价才能使一个星期的商品销售利润最大，最大值是多少？

参 考 文 献

[1] 刘健. 导数(选修 1)教学与复习的几点意见. 中学数学月刊, 2003, 10.

[2] 周先荣. 导数单元的复习应突出其工具价值. 中学数学月刊, 2007, 11.

[3] 岑洁. “非线性主干循环活动型”单元教学模式实验总结. 广西教育学院学报, 2005, 6.
[4] 张福顺. 数学教学设计研究现状综述. 内蒙古师范大学学报(教育科学版), 2008, 3.
[5] 黄梅. 教学设计的评价范畴及其有效性探析. 教育探索, 2008, 7.
[6] 汪国华, 汪洁萍. 实践解读教学设计的评价. 现代教育科学, 2006, 5.
[7] 林少杰. 非线性主干循环活动型单元教学模式的建构与实施. 上海: 华东师范大学出版社, 2005.

(广州市第三中学　李燕芬　提供并点评)

案例 19　两个基本计数原理的教学设计

教案写真

一、教学内容

两个基本计数原理.[1]

二、教学目标

1. 过程性目标

(1) 学生参与两个基本计数原理的文字表述的提炼过程;

(2) 体会猜想、归纳和合情推理的数学思想;

(3) 通过个人探究、小组讨论、互相启发、相互交流, 提升自主学习与协作交流相结合的学习能力和养成敢于创新、不断探索的科学理性习惯.

2. 结果性目标

(1) 学生能结合对简单、具体的计数问题的分析来理解两个基本计数原理[1], 并能准确复述两个基本计数原理;

(2) 在分析简单、具体的计数问题中, 学生初步能够根据对题设字里行间所蕴涵的关键信息或特征信息的解读[2]来变抽象为具体、化玄机为算法地正确区分和判别出常规计数问题所涉及的"分类"与"分步", 力求避免和减少初学者"跟着感觉走"单凭瞎猜来臆断"分类"与"分步"现象的发生;

(3) 学生初步能运用两个基本计数原理正确解答相关的典型、简单、基础性的计数问题, 表现为能以较快的速度解答教材[1]9-10上所附课堂练习以及教师根据学生的水平增补的难度相当的相关练习, 且完成这些练习的正确率不低于 70%.

3. 体验性目标

体现探索发现过程中交流、讨论、协作的作用与价值, 感受数学学习的乐趣.

三、教学重点与难点

1. 教学重点

两个基本计数原理是本章"计数原理"的教学重点. 两个基本计数原理是学生进一

步学习排列组合、二项式定理的基础与关键，也是进一步学习研究统计、概率以及高等数学有关分支(所涉及的计算问题的基础)准备知识，更是发展学生抽象能力和逻辑思维能力的好素材．从一定意义上讲，一名学生对两个基本计数原理学习、理解与掌握的好坏将直接影响到其后续的排列组合、二项式定理等知识、方法的学习效果．

2．教学难点

两个基本计数原理又是本章“计数原理”的教学难点．原因在于不少计数问题相对于初学者而言往往抽象程度较大，初学此章内容的学生是不易从问题的文字表述上来正确解读和区分出计数问题的“分类”与“分步”类型的，表现为初学者往往单凭感觉来臆断“分类”与“分步”，从而导致初学者无法正确选择和使用分类计数原理与分步计数原理进行相应解答．

四、学生分析

(一) 学生的学习准备的分析

在《普通高中数学课程标准・必修 3》中的古典概型的教学中，学生已经初步学习了一些计数方法和进行了一些简单、基础性的计数问题的研究．因在《必修 3》的古典概型部分所涉及的计数问题的数值往往较小，故当时的计数方法多采用表格、树状图或者利用逐一枚举的方法进行．由此可知，在进行两个基本计数原理教学前，学生已具有了一些基本的计数知识与方法，所以本章“计数原理”新的教学应该以此为教学起点进行教学设计和实施教学计划．

(二) 学生的学习风格的分析

高中理科学生基本能自我反省和调节思维活动的进程，创造性思维迅速发展，追求新颖、独特的因素，追求个性色彩和系统性、结构性．他们还能掌握由一般到特殊的演绎过程和由特殊到一般的归纳过程．思维发展由经验型水平逐步向理论型水平转化，且经过高二文理分科阶段后理科生的思维发展逐步趋向定型、成熟．

五、选择教学方式

依据对学生的学习准备与学习风格的分析、对教学目标的分析、对教材和教学任务的分析，决定选择采用积极互动的启发式问答对话的方式，来引导学生探究两个基本计数原理的表述、解读题目信息进而解答问题，倡导并力行知识发生发展和问题探究的过程教学，主张让学生亲身经历知识方法的提炼、问题分析、解法探究的艰苦、长时间、有深度的思考过程，从中培养和提升学生分析问题和解决问题的能力．

六、选择(设计)媒体

依据对学生的学习准备与学习风格的分析、对教学目标的分析、对教材和教学任务的分析，为了更好地开展教学，我们选择如下教学媒体：纸笔、课本、黑板、实物投影仪、电脑. 这些媒体的运用途径如下：纸笔——教学中学生个人探究和小组、班级交流之用；课本——学生研读书上知识、例题解答之用；黑板——班级交流时学生书写研究过程和结论之用；实物投影仪——展示学生探究两个基本计数原理的表述之用；电脑投影教学目标、结论、例习题的题目、解答和上网查询资料之用(备注：深圳等地的高中教室已经铺设了网线并可以随时上网).

七、教学设计(设计教学过程)

针对以上，制定如下教学设计(教学计划).

(一) 告知教学目标

师：同学们，大家好！非常高兴我们今天又将开始新的学习！

师：今天我们将学习“两个基本计数原理”. 两个基本计数原理就是分类计数原理和分步计数原理. 此两个基本计数原理是本章“计数原理”的基础和关键，它是学习和研究排列组合、二项式定理等的基础. 在一定程度上，大家学好了今天这节课的内容就意味着能更好地学习本章“计数原理”其余的知识和方法.

师：大家想学好本节课的内容吗？

生：想！

师：那就首先请看本节课的教学目标. (备注：投影并同时边讲边在黑板上板书课题和教学目标要点.)

1. 过程性目标

(1) 学生参与两个基本计数原理的文字表述的提炼过程；

(2) 体会猜想、归纳和合情推理的数学思想；

(3) 通过个人探究、小组讨论、互相启发、相互交流，提升自主学习与协作交流相结合的学习能力和养成敢于创新、不断探索的科学理性习惯.

2. 结果性目标

(1) 学生能结合对简单、具体的计数问题的分析来理解两个基本计数原理[1]，并能准确复述两个基本计数原理；

(2) 在分析简单、具体的计数问题中，学生初步能够根据对题设字里行间所蕴涵的关键信息或特征信息的解读[2]来变抽象为具体、化玄机为算法地正确区分和判别出常规计数问题所涉及的“分类”与“分步”，力求避免和减少初学者“跟着感觉走”单凭瞎猜来臆断“分类”与“分步”现象的发生；

(3) 学生初步能运用两个基本计数原理正确解答相关的典型、简单、基础性的计数问题，表现为能以较快的速度解答教材[1]9-10 上所附课堂练习以及教师根据学生的水平增补的难度相当的相关练习，且完成这些练习的正确率不低于 70%.

3. 体验性目标

体现探索发现过程中交流、讨论、协作的作用与价值，感受数学学习的乐趣.

(二) 创设问题情境引入新课

师：屏幕上投影的教学目标是我们今天教学的基准和要求. 请同学对照此目标，并以此目标为导向来进行探究和学习.

师：同学们，你们知道分类计数原理和分步计数原理的具体内容吗？你们知道其适用范围吗？你们会运用它们进行计算来正确解答相关的计数问题吗？

生：还不知道.

师：为此，我们先来研究如下的问题. (备注：同步投影如下引例).

(1) 从甲地到乙地有 3 条公路、2 条铁路(如图 1-1-1(1)所示[1] 5)，某人要从甲地到乙地，共有多少种不同的方法？

(2) 从甲地到乙地有 3 条道路，从乙地到丙地有 2 条道路(如图 1-1-1(2)所示[1] 5)，那么从甲地经乙地到丙地共有多少种不同的方法？

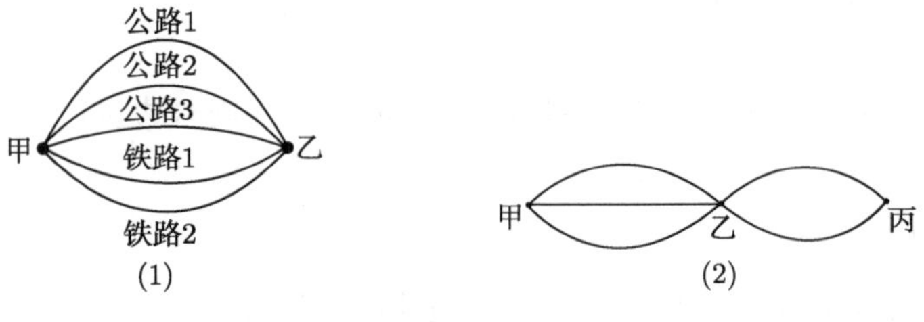

师：上述两个问题有什么共同点和区别？

生：这两个问题都要求解题者回答“共有多少种不同的方法”. 这两个问题的区别在于：第一个问题只是“从甲地到乙地”；第二个问题则是“从甲地经乙地到丙地”.

师：讲得很好！试问如何得出上述两个问题的答案？答案是多少？

生：可以画出树状图后数出答案. 通过画树状图我得出：(1)“某人要从甲地到乙地”共有 5 种不同的方法；(2)“从甲地经乙地到丙地”共有 6 种不同的方法.

师：回答正确. 但请大家进一步思考，若把上面的(1)、(2)问题中的“3”改为“5”、将“2”改为“4”，而其他条件不变，则它们的答案又将是多少呢？

(同学们经过一阵子的动手操作，大家陆续画好了树状图并获得了解答.)

生：若把上面的(1)、(2)问题中的 "3" 改为 "5"、将 "2" 改为 "4"，而其他条件不变，则它们的答案分别为：(1)9 种；(2)20 种.

师：回答正确. 请问你在改动数字后的问题的解答中有什么新感受？

生：当数字增大后再利用树状图解答时，则感到相对原来的问题的解答过程而言新问题的解答过程要麻烦一些. 请问老师，是否还有别的且较简便的解答方法呢？

师：你的思考与疑问很有教学意义和研究价值！因为若数据进一步增加，比如再将 "5" 改为 "50" 或更大、同时将 "4" 改为 "40" 或更大，则单靠画出树状图来数出问题的解答的话，那将会十分繁琐和困难，同时这样解决问题的方法也是不经济和不巧妙的方法. 那你们想学习新的更加简便高效的计数方法吗？

生：当然想！

师：据说当年一个苹果坠落到牛顿的头上，便砸出了牛顿的思维火花，使之发现了万有引力. 同样我们在进行数学研究性学习中，既要注意动手操作还应该注意从动手操作上升到计算推理[3]. 那同学们能否通过对这两个题目的已知和答案进行数据分析，找出其中蕴涵的内在、本质的联系呢？并由这两个问题得到新的有效的解答计数问题的数学模型呢？

(三) 小组活动、班级交流、师生共同探究、对比解读两个基本计数原理

师：请同学们先自行研究老师所提出的问题，随后将自己的探究过程和结论，与小组的同学进行交流讨论.

(备注：给出专门时间让学生独立钻研、自由交流讨论，教师随机旁听、观察学生的讨论情况，并可随机参与学生们的交流.)

师：刚才我们已经研究、讨论了一会，相信大家各自都有一些收获. 下面我们由自己钻研、小组讨论环节进入全班交流阶段，欢迎同学踊跃汇报自己和自己所在学习小组的研究过程和发表自己和自己所在学习小组的研究结论.

生：若单从数量角度看的话，我进行了如下计算：

(1) $3+2=5$; (2) $3\times 2=6$; (1)′ $5+4=9$; (2)′ $5\times 4=20$.

发现计算所得得数居然与前面利用树状图逐一数出来的得数完全相同. 有些不可思议！

师：那你认为这两种方法所得结果完全相同是巧合还是必然？

生：不好说.

师：谁乐意对此发表自己的高见？

生：我们小组的几位同学也都分别各自得出了上面的相同结果．当初我们也觉得好像只是巧合；但当我们利用染色的方法对问题所附示意图中的线路染色后，就会发现了一个合理的解释．

师：那你愿意上讲台来在黑板上用彩色粉笔边画边讲解吗？

生：好的．

生：针对第(1)问，把“从甲地到乙地有 3 条公路、2 条铁路”对应的图示线路分别染色为红色、蓝色并依次分别标注序号 1、2、3、4、5．三条红色且标注了不同序号 1、2、3 的线路代表 3 条不同的公路，两条蓝色且标注了不同序号 4、5 的线路代表 2 条不同的铁路．$3+2=5$ 的含义就是先分别计算出：若选择从甲地到乙地的红色线路，则有 3 种不同的方法；若选择从甲地到乙地的蓝色线路，则有 2 种不同的方法．无论是选择红色还是蓝色线路均能达到“从甲地到乙地”的效果，所以从甲地到乙地共有 $3+2=5$ 种不同的方法．

师：讲得好！那你又是如何解释 $3\times2=6$？

生：针对第(2)问，把“从甲地到乙地有 3 条道路，从乙地到丙地有 2 条道路”对应的图示线路也分别染色为红色、蓝色并标注不同的序号 1、2、3、4、5．三条红色且标注不同序号 1、2、3 的线路代表从甲地到乙地的 3 条不同的道路，两条蓝色且标注了不同序号 4、5 的线路代表从乙地到丙地的 2 条不同的道路．$3\times2=6$ 的含义就是：先选择一条从甲地到乙地的红色线路，则有 3 种不同的方法；在选择了从甲地到乙地某条红色线路后，不妨设是标注的序号为 1 号的红色线路后，再选择从乙地到丙地的蓝色线路时，则有 2 种选择蓝色线路的不同方法．由于选择从甲地到乙地的红色线路是随机的，所以无论是选择的哪一条红色线路后均有两种选择蓝色线路的不同方法，所以从甲地到乙地共有 $3\times2=6$ 种不同的方法．

师：言之有理！请各小组同学们也来讨论 $5+4=9$; $5\times4=20$ 的含义．

(备注：各学习小组讨论，教师随机旁听与参加讨论；若发现有的小组或同学讨论时遇到困难，教师应该优先和他们交流；若有好几组都有困难，则教师应该在找出学生的困难所在后，在全班讲解并及时消除学生的困惑.)

师：$5+4=9$ 和 $5\times4=20$ 的含义，大家讨论得如何？谁乐意发表新的高见？！

生：在把上面的(1)、(2)问题中的“3”改为“5”、将“2”改为“4”，而其他条件不变，则它们的答案分别为 9 种、20 种的探究方法上，我又有了一些新的改进——引入二维坐标．从而将画树状图和数出树状图所表示的满足题意的结果的个数的操作过程转化为相对简便而科学的确定二维坐标的过程．现仅针对第(2)问来谈，把“从甲地到乙地有 5 条道路, 从乙地到丙地有 4 条道路”分别视为已经被染色为红色、蓝色并标注不同的序号 1, 2, 3, 4, 5, 6, 7, 8, 9. 五条被视为已经染色为红色且标注了不同序号 1, 2, 3, 4, 5 的线路代表从甲地到乙地的 5 条不同的道路, 四条被视为已经染色为蓝色且标注了不同序号 6, 7, 8, 9 的线路代表从乙地到丙地的 4 条不同的道路. 在以红色标注的序号为横坐标、蓝色标注的序号为纵坐标构成一个二维坐标的计数模型下, $5\times4=20$ 的含义就是计算出这样的满足题意的二维坐标的个数: 若第一步先选择一条从甲地到乙地的红色线路, 则相当于从 1, 2, 3, 4, 5 中选取 1 个数字作为横坐标, 共有 5 种不同的方法; 在选择了从甲地到乙地某条红色线路的情况下, 不妨设是标注的序号为 1 号的红色线路后, 再选择从乙地到丙地的蓝色线路时, 则有 4 种选择蓝色线路的不同方法, 从而可以构成如下四个二维坐标: (1, 6), (1, 7), (1, 8), (1, 9). 由于从 1, 2, 3, 4, 5 中选择一个序号是随机的, 所以无论是选择 1, 2, 3, 4, 5 中的哪一个序号作横坐标后均有四种从序号 6, 7, 8, 9 中选择一个序号作纵坐标的不同方法, 所以可以构成这样的二维坐标共 $5\times4=20$ 个, 即从甲地到乙地共有 $5\times4=20$ 种不同的方法.

师: 很有创意! 请大家讨论还能进一步提炼吗?

(备注: 小组讨论, 全班交流, 学生思维积极、各抒己见、表达充分.)

师: 经过刚才的讨论、交流, 大家经历和完成了对题目的已知和答案进行数据分析的过程, 并且已经找到此具体问题中所蕴涵的内在、本质的联系(关键信息或特征信息). 试问, 你能用自己的语言概括出, 从这两个问题的探究中, 我们得到的有效的解答计数问题的数学模型吗? 请同学们自己先尝试表述, 再小组交流, 最后各组推荐一名代表将小组讨论并最终形成的表述写成文字, 等会到讲台上投影讲解.

(备注: 学习小组积极讨论, 得出各自的表述, 全班交流.)

师: 经过刚才的讨论交流, 大家在探究有效的解答计数问题的数学模型或数学规则上已经初步形成了共识. 下面请大家打开课本[1]第 6 页, 仔细阅读教科书上的分类计数原理和分步计数原理, 并请特别注意两个基本原理的文字表述. 建议用铅笔标注出两个基本计数原理的重点字词、体会其所蕴涵的特征信息.

(备注: 教师给出专门时间让学生逐一细心地阅读和标注两个基本计数原理的重点, 然后教师用 PPT 投影两个基本计数原理并逐字逐句进行讲解, 从中挖掘出其内涵, 同步将重点板书在黑板上.)

师: 下面我们来对比解读分类计数原理和分步计数原理.

首先, 已经在屏幕上打出了老师对分类计数原理和分步计数原理的重新排版, 请各小组的同学们观察和讨论, 看这样的重新排版与课本上原来的排版有何区别.

其次，请大家注意老师给出的新排版下的两个基本原理的阅读方式为：以中间的那一行的文字、符号为主，从左往右进行阅读，若出现空档，则对应地分别阅读空档对应的上下两行的文字、符号. 从而分别阅读出分类计数原理和分步计数原理.

其三，新的排版给你什么印象？你们认为如此排版有何意义和效果？备注：

$$N=\sum_{i=1}^{n}m_i=m_1+m_2+\cdots+m_{n-1}+m_n,$$

$$N=\prod_{i=1}^{n}m_i=m_1m_2\cdots m_{n-1}m_n \quad (n,i\in\mathbf{N}^*\text{ 且 }1\leqslant i\leqslant n).$$

老师给出的新排版下的两个基本原理如下：

	类		有		类方式，在		类方式中		$N=\sum_{i=1}^{n}m_i$	
分		计数原理：完成一件事，		n		第 i		有 m_i 种方法，那么完成这件事共有		种方法.
	步		需要分成		个步骤，做		步		$N=\prod_{i=1}^{n}m_i$	

生：经过对比观察和小组讨论，我们认为老师这样新的排版，既突出了分类计数原理和分步计数原理在文字、符号表述上的共同点. 比如“分____计数原理：完成一件事，__________n______第 i______有 m_i 种方法，那么完成这件事共有________种方法.”；更突出了两个基本计数原理的差异. 比如，“类”与“步”，“有 n 类方式”与“需要分为 n 个步骤”. 因为这些文字是上下对比排版更增加了视觉冲击力，让人自觉不自觉地关注到这些对比排版的文字、符号，并由此察觉出这两个基本计数原理之间的本质差异.

师：同学们观察仔细、讨论积极、领悟到位. 的确，明确题设中的“完成一件事”的含义是解答计数问题的共同基础与出发点，从题设的字里行间蕴涵的特征信息中解读[2]出“完成一件事”的含义、“有 n 类方式”与“需要分成 n 个步骤”和“分类”与“分步”的差异是正确选择分类计数原理与分步计数原理进行解答的关键. 因为只有明确了“完成一件事”的含义，才有区分“分类”与“分步”的标准，才能体会出“有 n 类方式”与“需要分成 n 个步骤”的细微差别，才能够正确选用分类计数原理与分步计数原理；否则将无法正确解答相关的计数问题.

生：如何才能正确区分“有 n 类方式”与“需要分成 n 个步骤”？

师：应以“完成一件事”为标准，考察某类方式或某种方法能否“一步到位地”“完成此事”，若不能，则“需要分成 n 个步骤”；若能，则是“分类”. 此点特别提醒同学们注意体会和学习.

同时还需指出，“完成一件事，需要分成 n 个步骤”中的“需要”是其内在需要而非人们主观意识决定. 比如，用 1, 2, 3, 4, 5 这五个数字排成无重复数字的三位数，则任何人来完成此事，均需分三步来分别确定此三位数的各个数位上的具体数字.

生：“完成一件事，有 n 类方式”中的“有”意味着什么？

师：此处的“有”往往意味着在分类的方式、方法上，具有一定的主观能动性．比如，我们要在一个有 40 人的班级中挑选一个人去开会．为完成此事，我们既可以按照男女来分类，也可以按照某次数学考试的成绩是否高于 90 分为标准来分类，同时还可以按照身高等其他标准来分类．由此可见，“分类”的方式、方法往往不一定唯一．从而可能导致解答的难易度不一样，所以大家应细心体会并从中择优而从之．

(四) 紧扣计数原理师生合作研究典型例题

师：“开口动脑记公式，悟其结构巧解题”[4]．关于学习、理解、记忆[5]和运用两个基本计数原理解题的方法，建议同学们在理解的基础上，熟记两个基本的计数原理，体会和学习从两个基本计数原理中寻找解答计数问题的思路和方法，解题时应该尽量以两个基本计数原理为准则来理解与解读题意(关键信息或特征信息)，进而正确解答相关的计数问题．同时注意勤学多思、不断加深对两个基本计数原理的理解和不断积累解答计数问题的解题经验．下面我们进入运用两个基本计数原理、通过寻找(解读)和转换关键信息或特征信息的途径与方法来解题的例题研究阶段．

例 1 某班共有男生 28 名、女生 20 名，从该班选出学生代表参加校学代会[1]6.

(1) 若学校分配给该班 1 名代表，有多少种不同的选法？

(2) 若学校分配给该班 2 名代表，且男、女生代表各 1 名，有多少种不同的选法？

师：人们常说：外行看热闹、内行看门道！我们已经学习和研究了分类计数原理和分步计数原理，大家审题时应该有意识地从题设的文字表述和图示等特征信息中去解读出“分类”与“分步”．此题的(1)、(2)问都是挑选学代会代表，请问我们可以从题设的哪些字词中解读出“分类”与“分步”呢？

生：要完成从“该班(选)1 名代表”的任务只需要一步就到位了，所以第(1)问是“分类”； 从“该班(选)2 名代表，且男、女生代表各 1 名”是不能一步就完成的，所以在完成第(2)问的过程中客观上需要“分步”．

解 (1) 选 1 名代表有 2 类方式：第 1 类是从男生中选出 1 名代表，有 28 种不同的方法；第 2 类是从女生中选出 1 名代表，有 20 种不同的方法．根据分类计数原理，共有不同的选法种数是 28+20=48.

(2) 选出男、女生代表各 1 名，需要分成 2 个步骤完成：

第一步，选 1 名男生代表，有 28 种不同的方法；

第二步，选 1 名女生代表，有 20 种不同的方法．

根据分步计数原理，选出男、女生代表各 1 名，共有不同的选法种数是 $28\times20=560$.

答　(1) 选出 1 名代表有 48 种不同的选法;

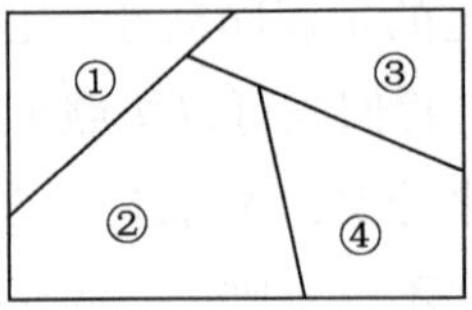

(2) 选出男、女生代表各 1 名, 有 560 不同的选法.

例 2　用 4 种不同的颜色给如图 1-1-4 所示[1]8 的地图(上的相邻的四块区域)上色, 要求相邻两块涂不同颜色, 共有多少种不同的涂法?

师: 透过现象看本质. 不论题设表述的是何事何物, 我们都要善于抓住问题的本质(关键信息或特征信息), 或说都要将实际问题转化为数学模型或数学问题. 同学们从此涂色问题的题设的哪些字词所蕴涵的信息中能解读出“分类”与“分步”呢?

生: 俗话说一口吃不成大胖子. 从题设及其所附的示意图中, 可发现特征信息——此地图有四块区域且涂色要求为相邻区域的颜色不同, 进而解读出无论何人来涂此地图均需要一块一块地涂色, 从而完成此事需要分为四个步骤. 具体涂色时, 不妨按照①、②、③、④的次序填涂.

解　第一步, 填涂①, 有 4 种不同的颜色可选用;

第二步, 填涂②, 除①所用过的颜色外, 还有 3 种不同的颜色可选用;

第三步, 填涂③, 除①、②所用过的 2 种颜色外, 还有 2 种不同的颜色可选用;

第四步, 填涂④, 除②、③所用过的 2 种颜色外, 还有 2 种不同的颜色可选用.

所以, 填涂这张地图共有 $4\times3\times2\times2=48$ 种不同的方法.

答　填涂这张地图共有 48 种不同的涂法.

(备注: 当讲解和研究完此题后, 我们建议任课教师及时进行相应的变式练习, 以便学生进一步体会和学习之.)

(五) 变式练习、探索创新、能力提升

师: 同学们, 我们将继续探究. 虽说题目在变, 但人们常说“变中有不变”、“以不变应万变”. 现在老师又在屏幕上打出了例 2 变式练习 1, 请大家仔细阅读题目的文字叙述以及所配图示, 通过寻找、解读和转换特征信息的途径来进行解答.

例 2 变式练习 1　如图 19.1 所示, 一个地区分为 5 个行政区域, 现给地图着色, 要求相邻区域不得使用同一颜色.现有 4 种颜色可供选择, 则不同的着色方法共有____种(以数字作答).

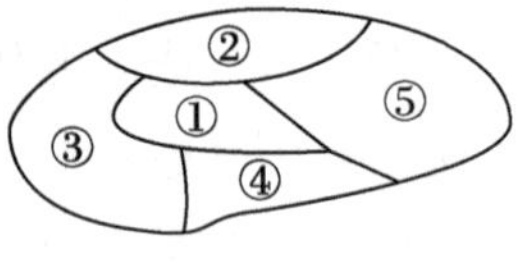

图 19.1

(备注: 提供学生独立解答的专用时间, 此段时间内教师不干扰学生的独立钻研. 当学生经过独立钻研后, 教师可以根据学生解答的实际情况、把握恰当的时机进行提示或讲解.)

师: 相比例 2 而言, 感觉此题是更容易一些还是难度增大了一些?

生：难度大一些了.

师：是什么原因导致难度增大呢?

生：区域的块数增多且不相邻的区域对也增多. 从而感到较难确定涂色方法情况及种数.

师：同学们观察得很仔细. 那你们解得的答案是多少?

生：……

(备注：若学生答案出错或多数学生无法解答之，则教师应该及时进行启发、引导.)

师：温馨提示：当需要染色的区域的块数增多且不相邻的区域对也增多后，涂色是要讲究顺序的；否则将增加不同涂色的情况. 同时提醒，在分析中要注意尽量将题设的表述与分类计数原理和分步计数原理相比对和联系，将实际问题转化为数学问题；否则将难以计数(虽说利用树状图或枚举法可以解答，但此题的解答中若采取树状图来进行解答且不注意涂色的顺序的话，不仅工作量大而且还容易出现重复或遗漏). 请同学们继续钻研.

(备注：对待学生的学习困难，尤其是在对待即将长大成人的高中生遇到的学习困难，建议教师们不要轻易代劳；否则可能剥夺学生经历急中生智的磨砺机会和贻误学生的成长. 让学生面临困境、亲身经历较长时间的深度思考来探究问题的解答是有积极的教育意义和功能的. 这正所谓"风景往往在路上、熏陶常常于过程"[6]. 若几经启发，学生还是答案出错或多数学生还是无法解答之，这表明班级学生的解题能力暂时偏弱、一时难以解答之，则教师可以将此题改为课下作业让学生课下继续钻研后第二次上课再启发、交流或讲解，也可以根据实际情况及时进行示范性讲解.)

解　人们常说"牵一发而动全身". 在解答此题中，出现涂某一块的颜色而影响其他各块的涂色情况. 对于这样的区域应优先填涂颜色. 这也是决策学所要解决的两个重大问题——"选择与优先". 其次，因为"不可能一口就吃成大胖子"，所以填涂此图案(地图)只得一块一块地涂色，这就与分步计数原理建立了内在联系. 其三，具体涂法计数，第一步优先涂编号为 1 的区域，这有 4 种涂法；第二步考虑 2 号区域与 4 号区域是否同色，于是分类讨论.

(1) 当 2 号与 4 号区域同色时，先涂 2 号区域有 3 种涂法，且 4 号区域因与 2 号区域同色，所以每当 2 号区域涂色后 4 号区域就别无选择只有与 2 号同色的涂法，于是 4 号区域的涂法数为 1，在先后依序涂好 1, 2, 4 号区域后，又因 3 号与 5 号区域不相邻，所以 3,5 号区域各有 2 种涂法. 这样，在此情况下就有 $N_1 = 4\times3\times1\times2\times2 = 48$ 种涂法；

(2) 当 2 号与 4 号区域异色时，易得此情况下就有 $N_2 = 4\times3\times2\times1\times1 = 24$ 种涂法.

再由分类计数原理可得此题解答为

$$N = N_1 + N_2 = 4\times3\times1\times2\times2 + 4\times3\times2\times1\times1 = 48 + 24 = 72.$$

师：刚才我们已经研究了两道地图涂色问题．而城市园丁们则经常用鲜花的绚丽色彩装点我们的生活！现在老师又给大家投影了新的题目，我们将进一步研究，请看题．

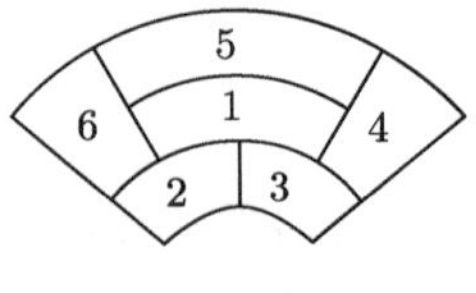

图 19.2

例 2 变式练习 2　某城市在中心广场建造一个花圃，花圃分为 6 个部分(图 19.2)．现要栽 4 种不同颜色的花，每部分栽种一种且相邻部分不能栽种同样颜色的花，不同的栽种方法有________种(用数字作答)．

师：请观察图示并分析题设条件．你们发现它和前面所讲的两题有何异同?

生：都是涂色问题；区别就在于涂色区域在不断增加，由例 2 的四个区域、增加到例 2 的变式练习 1 的五个区域，到此例 2 的变式练习 2 时就增加到六个区域了．

师：涂色区域不断增加给我们解题带来什么?

生：需要考虑的情况增多并对确定涂色方法种数的计数方法提出了新的要求，从而增加了难度．

师：对！人们常说：量变到质变．那我们能否“以不变应万变”来成功地解答之呢?

生：好的．

(备注：若班级学生水平较高，则安排学生当堂解答此题和教师及时进行针对性讲解、点评；若初学者一时还无法解答之，那么教师就应该及时告知学生们：老师建议大家，将此题作为今天的研究性课题在课下完成．具体要求：此题可以先经过自己独立思考探索，然后再小组讨论，最后每一个小组集体提交一份书面解答或制作成 PPT，明天上课时交流．老师希望收到大家出色的研究性报告！在第二天的数学课上教师组织学生汇报交流各组的研究性报告并及时点评；若学生还不能解答，则教师应该及时进一步启发并示范性讲解．)

解　观察题目及其所附图示，寻找、解读和转换特征信息——“每部分栽种一种且相邻部分不能栽种同样颜色的花”，发现并确定 1 号区域所染的颜色将影响其他各区域的染色，所以第一步优先确定 1 号区域的颜色有 $N_1 = 4$ 种；其次将 1 号区域剪掉，然后沿着 2 号区域与 6 号区域的边界将图剪开，变成五块相连图形．五块并排相连的区域着色有 $N_2 = 3\times2\times2\times2\times2 = 48$ 种方法．四块并排相连的区域着色有 $N_3 = 3\times2\times2\times2 = 24$ 种方法．若将四块改为三块，则三块并排相连的区域着色有 $N_4 = 3\times2\times2 = 12$ 种方法，二块并排相连的区域着色有 $N_5 = 3\times2 = 6$ 种方法．现设五块首尾相连的区域且相邻区域异色的着色方法数为 N_6，四块首尾相连的区域且相邻区域异色的着色方法数为 N_7，三块首尾相连且相邻区域异色的着色方法有 N_8 种方法，二块首尾相连且相邻区域异色的着色有 $N_9 = 3\times 2 = 6$ 种方法．易得 $N_7 + N_6 = N_2$ 且 $N_8 + N_7 = N_3$ 且 $N_8 + N_9 = N_4$，又因

$$\begin{aligned} N_9 = 3\times 2 = 6 &\Rightarrow N_8 = N_4 - N_9 = 6 \\ &\Rightarrow N_7 = N_3 - N_8 = 24 - 6 = 18 \\ &\Rightarrow N_6 = N_2 - N_7 = 48 - 18 = 30. \end{aligned}$$

按照分步计数原理可得整个图案的着色方案共有 $N = N_1 \times N_6 = 4\times 30 = 120$ 种不同方法.

(六) 巩固知识、小结方法、交流经验

师：同学们, 我们已经探究和学习了两个基本计数原理和运用之解答了两个计数例题及其两个变式问题. 现在我们进入小结环节. 请看小结提纲(用 PPT 投影), 先独立完成之, 再小组讨论, 最后全班交流.

小结提纲

(1) 请说出或写出分类计数原理和分步计数原理, 并及时与教材[1]6 上的对照, 看自己书写的是否正确; 反思自己是否真正理解两个基本计数原理, 反思自己是否初步能够根据对题设字里行间所蕴涵的关键信息或特征信息的解读[2]来正确区分和判别出中等难度的计数问题的“分类”与“分步”, 反思自己是否学会了课堂上在讲解两个例题时所展示的运用两个基本计数原理解答典型、简单、基础性的计数问题的方法, 并思考两个基本计数原理教材上为什么这样表述? 是否可以改写之? 你改写的表述相对教材上的表述而言是更加严谨、准确和简明吗?

(2) 请细心研究今天课堂上刚学习过的例题的解答[1]6~8, 阅读与两个基本计数原理相关的教学参考书上或上网查阅相关内容上的例题的解答或动手解答相关练习题, 并从中归纳、概括出运用分类计数原理与分步计数原理、通过寻找与解读关键与特征信息来进行计数和解答相关问题的一些方法;

(3) 你对自己在这节课的知识建构、讲解环节中和例题及其变式问题的分析与解答过程中的参与情况感觉如何? 是否积极? 是否快乐? 是否满意? 你从中收获了什么? 感悟到什么?

(备注：当学生独立完成以上小结提纲所规定的任务后, 小组讨论, 全班简要交流, 教师及时总结知识方法要点、评价学生的学习态度和学习进步情况.)

(七) 解题训练与检测

师:刚才同学交流的小结不错. 数学大师陈省身教授说“做数学, 要做得很熟练……你就明白其中的奥妙, 你就可以创新了. ”[7]12. “为了明白其中的奥妙”，下面进入解

题训练与教学检测环节，通过解题训练来检验大家的学习情况，相信大家是很棒的！留意从寻找题目的字里行间所蕴涵的特征信息的角度审题！(用 PPT 投影如下)

1. 课堂检测

教材[1]9–10.

(1) 乘坐交通工具从甲地到相距较远的乙地，可以乘飞机，也可以乘火车，还可以乘长途汽车．一天中，飞机有 2 班，火车有 4 班，长途汽车有 10 班．问：一天中，乘坐这些交通工具从甲地到乙地共有多少种不同的方法？

(2) 现有高一年级的学生 4 名，高二学生有 5 名，高三的学生有 3 名．

① 从中任选 1 人参加夏令营，有多少种不同的选法？

② 从每个年级的学生中各选 1 人参加夏令营，有多少种不同的选法？

(3) 有 4 名学生报名参加数学、计算机、航模兴趣小组，每人选报一项，则不同的报名方式有(　)种．

A. 3^4　　B. 4^3　　C. $3\times2\times1$　　D. $4\times3\times2$

(4) ①乘积 $(a+b+c+d)(m+n)(x+y+z)$ 展开后共有多少项？

② $\sum\limits_{i=1}^{n}a_i\cdot\sum\limits_{j=1}^{m}b_j$ 展开后共有多少项？

2. 公布课堂检测答案，学生对照答案互相评改，教师针对性讲解

(1) 有 16 种不同的方法；

(2) ①有 12 种不同的选法，②有 60 种不同的选法；

(3) A；

(4) ①乘积 $(a+b+c+d)(m+n)(x+y+z)$ 展开后共有 $4\times2\times3=24$ 项；

②乘积 $\sum\limits_{i=1}^{n}a_i\cdot\sum\limits_{j=1}^{m}b_j$ 展开后共有 mn 项.

(备注：①应将课堂检测题中的第 4 题作为测评讲解重点．讲解的关键点在于要把确定乘积 $(a+b+c+d)(m+n)(x+y+z)$ 展开式的项(特征信息)与根据分步计数原理分三步从此三个括号中分别确定一个字母、然后仅以所取出来的这三个字母为因式构成的单项式之间建立映射关系．即确定乘积 $(a+b+c+d)(m+n)(x+y+z)$ 展开式的每一项，本质上等价于分三步仅在乘积 $(a+b+c+d)(m+n)(x+y+z)$ 的三个因式中的每一个括号内各确定一个项(字母)作为新的因式来构成新的单项式．从而确定乘积 $(a+b+c+d)$　$(m+n)$ $(x+y+z)$ 展开式的每一项就是分三步依次在此三个括号内各取一个字母组成乘积即可．②测评讲解是否由教师来进行讲解，应视班级学生完成的具体情况而定．若多数学生正确解答了此四题，则组织学生进行班级讲解交流、教师点评；

反之，考虑到课堂教学的时效性，则由教师进行讲解.)

(八) 布置作业与课下学习建议

(1) 阅读教材[1]5-8，理解、记忆两个基本计数原理；

(2) 完成教材上[1]9-10 习题 1.1：1, 3, 9, 12；

(3) 阅读与“计数原理”相关的教学参考书或上网浏览相关内容，并通过分析书上或网上相关资料上的例题的解答过程和亲自动手解答相关习题的途径，来学习、体会和归纳解答计数问题的方法.

闪光之点

(1) 本教学计划能从学生的学习基础和认知水平出发进行教学设计并实施教学. 在告知教学目标时，“把本章节要解决的主要问题、基本过程和主要思想方法等纳入教学任务中”，“起到‘导游图’作用，是本章学习的‘先行组织者’”[8]25，且所设计的教学程序有张力和具有“垂直分布功效”的教学空间. 即教学的起点低，能够满足各个能力层次的学生从零起点开始学习与建构两个基本计数原理的知识、方法体系；同时问题设计环环相扣，例题选取基础、典型、突出主题，能使多数学生通过对例题的学习、研究，来学会并掌握运用分类计数原理和分步计数原理解答简单、基础性的计数问题的方法；紧随例题教学后面的例题变式研究部分设计得具有深度和较高难度，这一设计又为优秀学生或者具有较好基础和素养的学生提供了研究创新、能力提升的用武之地和发展空间.

(2) 本教学计划在对学生的分析和对教材的分析的基础上采取积极互动的启发式问答对话的方式引导学生解读题目信息进而解答问题，倡导并力行知识的发生发展和问题探究的过程教学，主张让学生亲身经历问题的分析、解法探究的艰苦、长时间、有深度的思考过程[6]，从中培养学生分析问题和解决问题的能力. 这也符合陈重穆教授提出的 32 字诀“积极前进，循环上升；淡化形式，注重实质；开门见山，适当集中；先做后说，师生共作”[7]12 的大部分内容. 在例 2 及其两个变式的教学设计中体现“关注课堂教学的数学本质……运用变式进行练习，加强解题规律研究”[7]9.

(3) 本教学计划力求将计数问题的求解过程变抽象为具体、化玄机为算法. 因为有的计数问题较抽象且初学者一时难以想到巧妙的解法，所以初学者面临抽象程度较大的计数问题时心中常存畏难心理、常常感到好的解法来的太玄妙且往往“只能意会不可言传”. 这种玄妙的局面不利于初学者的学习和解题能力的提高，而本教学设计强调指导学生通过阅读题设来采集、解读题设信息[2]，并通过将题设的关键信息或特征信息与两个基本计数原理进行对应比照来寻找区分“分类”与“分步”的突破口、形成正确的解题思路、获得正确解答，力求通过实施本设计的教学后尽量将这种“妙不可言”的局面转化为学生自主学习、探究创新、提升能力的过程，从而力争实现化玄机为算法，为学生在计数原理部分的学习与问题解答排忧解难，促进学生提高学习兴趣和学习效果.

(4) 本教学设计的撰写力求做到具体、明确和可操作，真正发挥教学设计的功能. 本教学计划力求体现“教学设计是运用系统方法，将学习理论与教学理论的原则转换成对教学目标(或教学目的)、教学条件、教学评价……教学环节进行具体计划的系统化过程”、“教学设计的过程是一个创造性活动过程，主要涉及计划、实施和评价三个主要方面”、“……教学设计模式的要素一般包括‘教学目标分析、情境创设、信息资源设计、自主学习设计、协作学习环境设计、学习效果评价设计、教学模式设计’”[9]312~314. 在教学目标的描述上本教学计划“力求避免用含糊和不切实际的言语，做到具体、明确和可观测，真正发挥教学目标的功能”[9]332；在教学情境创设上突出数学意义、单刀直入引导学生进入课题主题；在信息资源设计方面注意将现代多媒体和传统常规的黑板、纸笔、教材有机地整合、合理使用；在自主学习与协作学习环境的设计上紧扣教学内容和学生的实际，设计一个一个真实、科学、有效的问题引导学生进行个人探究、小组讨论、全班交流，尤其突出的是教师采用问答对话的方式及时跟踪与调控学生、小组和班级的教学行为与学习进程，有效实施课堂教学管理和积极进行启发式教学；在学习效果评价设计方面既通过课堂小结的方法来进行学生自评、又通过教学检测后的学生对照答案互相评改来实现教学效果的客观评价或他人评价.

完善之处

(1) 计算推理应该实行分级训练，尤其是在基础薄弱的班级采用此设计进行教学时，将两个变式问题应该分解为多个小问题来分段解答，可能更利于基础薄弱的学生的学习和掌握.

(2) 学生应有更多的发表意见的机会，尤其是当学生表现出自己学习困惑或困难需要帮助时，教师应该及时针对学生的困惑来教学，以帮助学生消除学习困惑.

(3) 提前告知教学任务和教学要求. 建议将问题和教学要求在上课的前几天就告知学生，使之有一个课前独立研究的机会和时间.

参 考 文 献

[1] 单墫等. 普通高中课程标准实验教科书数学(选修 2-3). 南京: 江苏教育出版社, 2006.

[2] 袁智斌. 论数学教育教学的双功能. 数学教育学报, 2009, 18(3): 79–82.

[3] 袁智斌. 由动手操作上升到计算推理. 中学数学教学参考(高中版), 2007, 6(6): 34.

[4] 袁智斌. 数学学习与解题对联. 数学通讯, 2004, (17).

[5] 袁智斌. 对《普通高中数学课程标准》文本的反思性解读. 数学教育学报, 2009, 18(6): 74–80.

[6] 袁智斌. 风景往往在路上、熏陶常常于过程——师生探讨一道乘车座位的概率问题的过程实录. 数学通报, 2007, 46(5): 38–40.

[7] 张奠宙. 建设中国特色的数学教育理论. 数学通报, 2010, 49(1): 8–14.

[8] 章建跃, 陶维林. 概念教学必须体现概念的形成过程. 数学通报, 2010, 49(1): 25–29, 33.

[9] 孙杰远. 现代数学教育学. 桂林: 广西师范大学出版社, 2004.

(深圳外国语学校　袁智斌　提供并点评)

案例 20　平方差公式的教学设计

教案写真

一、教学内容

平方差公式(人教版八年级数学上册第 151 页至 153 页, 1 课时).

二、教学目标

1. 知识与技能

(1) 理解平方差公式的本质, 即结构的不变性, 字母的可变性;

(2) 达到正用公式的水平, 形成正向产生式:

$$“(\square+\triangle)(\square-\triangle)” \to “\square^2-\triangle^2”.$$

2. 过程与方法

(1) 使学生经历公式的独立建构过程, 构建以数的眼光看式子的数学素养;

(2) 培养学生抽象概括的能力;

(3) 培养学生的问题解决能力, 为学生提供运用平方差公式来研究等周问题的探究空间.

3. 情感态度价值观

纠正片面观点:“数学只是一些枯燥的公式、规定, 没有什么实际意义! 学了数学没有用!”体会数学源于实际, 高于实际, 运用于实际的科学价值与文化价值.

三、教学重点与难点

1. 教学重点

(1) 平方差公式的本质的理解与运用;

(2) 数学是什么.

2. 教学难点

平方差公式的本质, 即结构的不变性、字母的可变性.

四、教学方法与手段

1. 教学方法

讲练结合、讨论交流.

2. 教学手段

计算机、PPT、flash.

五、教学流程设计

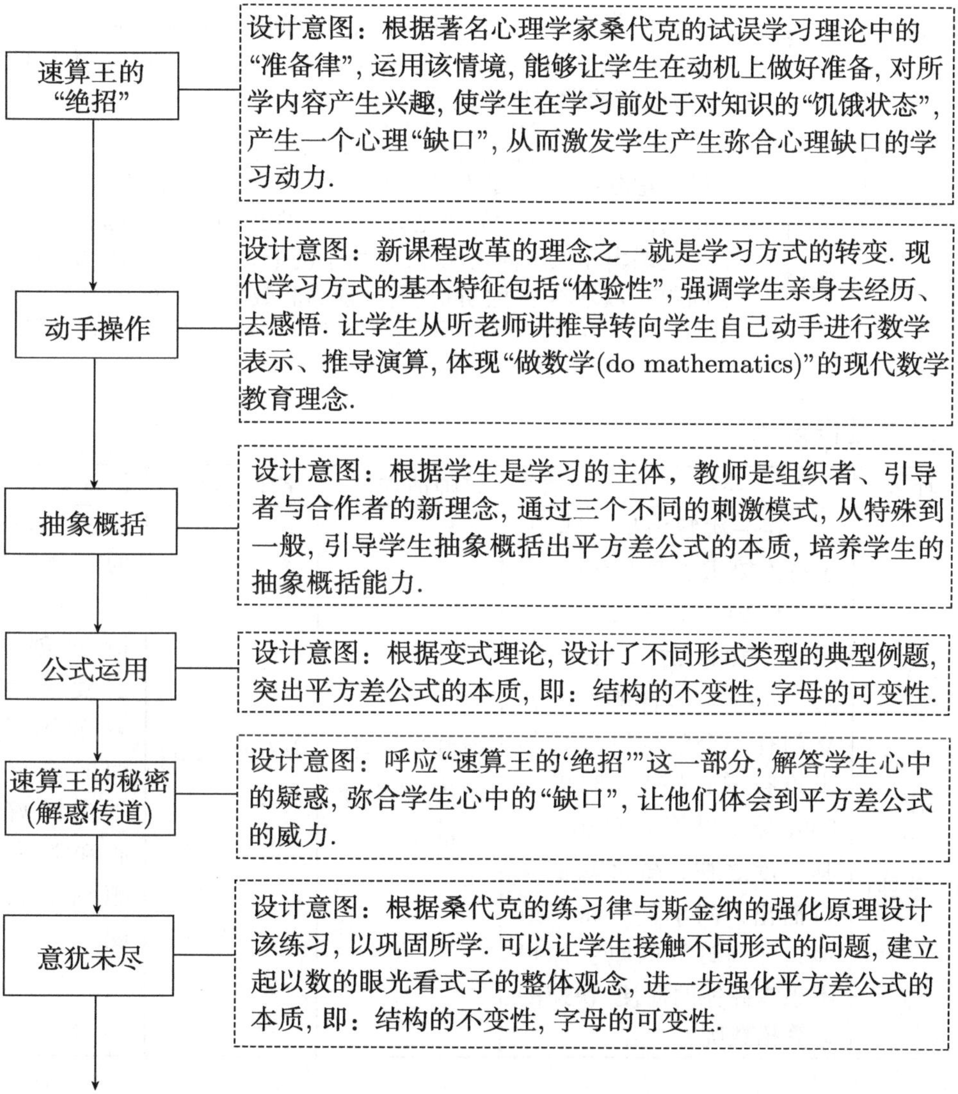

数学是什么

设计意图：新课标提出的三维目标中包括情感态度价值观目标．设计几何解释与问题解决，目的是使学生看到数学中的公式反映了实际问题中的客观关系，是看得见摸得着的，纠正偏见“数学只是一些枯燥的公式、规定，没有什么实际的意义．”学了数学公式可以用来解决实际问题．使学生体会到数学的应用价值，培养学生的问题解决能力，从而构建起正确的数学观．

画龙点睛

设计意图：强调平方差公式的本质，即结构的不变性，字母的可变性；指出学习此公式的用途；通过问题$(a+b+c)(a+b-c)=?$进一步化解“结构的不变性，字母的可变性”这一难点，并为下一节内容的学习埋下伏笔．

牛刀小试

设计意图：第1题是为了巩固本节课所学知识，使学生达到正用公式的水平；第2题是为学生提供更大的思维发展空间，是把课内知识延伸到课外，用所学的平方差公式解决“等周问题”，以培养学生的问题解决能力和数学探究能力．

六、教学过程设计

教学环节	教　学　内　容	教师活动	学生活动	设计意图
(一) 速算王的“绝招” (约1分钟)	在一次智力抢答赛中，主持人提供了两道题： 1. $21\times19=?$； 2. $103\times97=?$． 主持人话音刚落，就立刻有一个学生刷地站起来抢答说：“第一题等于399，第二题等于9991．”其速度之快，简直就是脱口而出．同学们，你知道他是如何计算的吗？你想不想掌握他的简便、快速的运算招数呢？	教师讲故事，激发学生学习欲望．	学生听故事，思考．	通过“速算王的‘绝招’”这一故事的情境创设，引发学生学习的兴趣，同时激发了学生的好奇心和求知欲，顺利引入新课．

(二) 动手操作 (约 4 分钟)	(1) 现有两个数，不知其大小，请你随意用两个字母来表示这两个数. (2) 请把这两个数的和与差分别表示出来. 这两个式子是多项式还是单项式? (3) 请将所得的和与差相乘并化简. (4) 请思考：两个数的和与这两个数的差的乘积等于什么? (让学生用自己的语言描述出来.)	教师发出指令，引导学生操作.	学生动手操作：演算、思考、表达.	让学生运用前面已掌握的三个乘法法则，自己动手演算，积极思考，尝试数学表述，为后面的抽象概括做好准备.
(三) 抽象概括 (约 3 分钟)	教师同时叫三个学生板演不同的操作演算形式： $(x+y)(x-y)=x^2-y^2$, $(m+n)(m-n)=m^2-n^2$, $(c+d)(c-d)=c^2-d^2$. 三位同学所用的字母，所得的结果完全不同！请问:他们的结果真的没有一点共同之处吗? 引导学生横向比较三个结果，抽象概括出它们的共同结构："两个数的和与这两个数的差的乘积等于这两个数的平方之差." 它就是整式乘法的一个乘法公式 —— 平方差公式(formula for the difference of squares)： $(a+b)(a-b)=a^2-b^2$.	教师引导学生比较分析三种形式的异同.	学生比较分析三种形式的异同，归纳总结其共性.	通过三个不同刺激模式，由特殊到一般，通过引导，与学生共同抽象概括出平方差公式，发挥教师的主导作用，学生的主体作用，培养学生抽象概括能力.

(四) 公式运用 (约10分钟)	**例 1**　运用平方差公式计算： (1) $(p+q)(p-q)$； (2) $(3x+2)(3x-2)$； (3) $\left(-x+\frac{1}{2}y\right)\left(-x-\frac{1}{2}y\right)$； (4) $(b+ac)(ac-b)$. **分析**　引导学生识别出它们都是两个数的和与这两个数的差的乘积的形式. **练习**　153 页：1. 1. 下面各式的计算对不对？如果不对，应当怎样改正？ (1) $(x+2)(x-2)=x^2-2$； $(-3a-2)(-3a-2)$ $=(-3a)^2-2^2$ $=9a^2-4$.	教师引导学生以数的眼光去看式子，进行分析讲解. 教师引导.	学生思考识别解决问题. 学生思考回答问题.	1. 根据变式理论，设计了不同形式类型的典型例题，强化平方差公式的本质：即结构的不变性，字母的可变性. 2. 这组练习主要是要考察学生有没有掌握平方差公式的结构.
(五) 速算王的秘密 解惑传道 (约 1 分钟)	2. $103\times97=?$ **解** $103\times97=(100+3)(100-3)$ $=100^2-3^2$ $=9991$.	教师引导讲解.	学生听讲思考.	呼应“速算王的‘绝招’”这一部分，解答学生心中的疑惑，弥合学生心中的“缺口”，让他们体会到平方差公式的威力.

(六) 意犹未尽 (约 8 分钟)	课堂练习 153 页：2. 2.运用平方差公式计算： (1) $(a+3b)(a-3b)$； (2) $(3+2a)(-3+2a)$； (3) 51×49； (4) $(3x+4)(3x-4)$ $-(2x+3)(3x-2)$．	教师巡视观察，进行个别辅导.	学生自己思考做题.	根据桑代克的练习律与斯金纳的强化原理设计该练习，以巩固所学.可以让学生接触不同形式的问题，建立起以数的眼光看式子的整体观念，进一步强化平方差公式的本质，即结构的不变性、字母的可变性.
(七) 数学是什么 (约 8 分钟)	有人说，数学只是一些枯燥的公式、规定，没有什么实际意义！请问数学真的没有什么实际意义吗？ 请看下面的问题： 1．几何解释： (1) 请表示图 20.1(a)中阴影部分的面积. (2) 将阴影部分拼成了一个长方形(图 20.1(b))，这个长方形的长和宽分别是多少？你能表示出它的面积吗？ 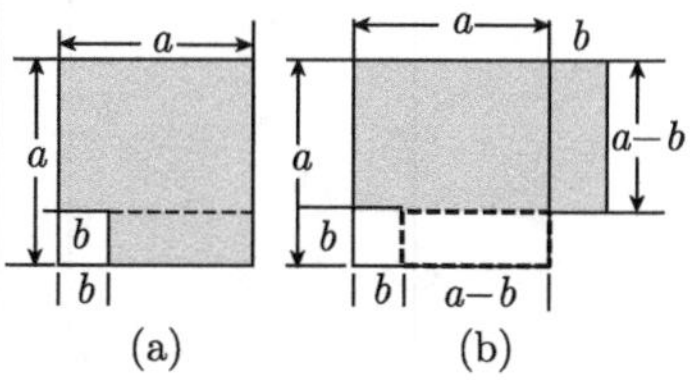 图 20.1	教师引导分析讲解演示.	学生观察思考领悟.	新课标提出的三维目标中包括情感态度价值观目标. 设计几何解释，目的是使学生看到数学中的公式反映了实际问题中的客观关系，是看得见摸得着的，纠正“数学只是一些枯燥的公式、规定，没有什么实际的意义”这样的偏见.

	(3) 比较前两问的结果，你有什么发现？ $S_{阴} = a^2 - b^2$, $S_{阴} = (a+b)(a-b)$. 所以 $(a+b)(a-b) = a^2 - b^2$. 还有人说，学了数学没有用！果真如此吗？请看： 2. 问题解决 某住宅小区的花园，起初被设计为边长为 a 米的正方形，后因道路的原因，设计修改为：北边往南平移 2.5 米，而东边往东平移 2.5 米. 试问修改后的花园面积和原先设计的花园面积相差多少？ **解**　如图 20.2(a)所示，原花园的面积 $S = a^2$. 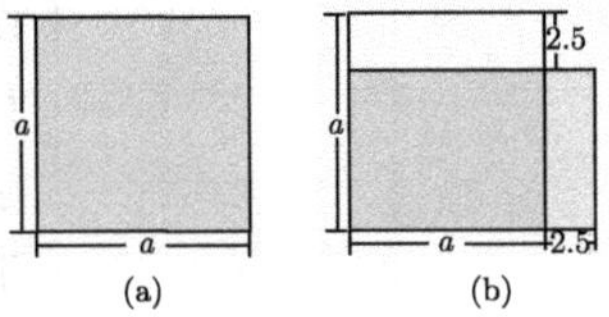 图 20.2 修改后的花园如图 20.2(b)所示，其面积 $S_{后} = (a+2.5)\times(a-2.5)$ $= a^2 - 2.5^2$. 所以，$S - S_{后} = a^2 - (a^2 - 2.5^2) = 2.5^2 = 6.25\,(\mathrm{m}^2)$. **答**　修改后的花园面积比修改前少了 6.25 平方米.	教师引导分析讲解演示.	学生听讲思考观察.	设计问题解决的目的，一是培养学生的问题解决能力；二是使学生知道，学了数学公式，可以用来解决实际问题，从而体会到数学的应用价值，并构建起正确的数学观.

(八) 画龙 点睛 (约 4 分钟)	1. 平方差公式的本质： $(a+b)(a-b)=a^2-b^2$. (1) 结构是稳定不变的，即：只要是两个数的和与这两个数的差的乘积，就一定等于这两个数的平方之差. (2) 公式中的字母 a 和 b 却可以变脸！可以是其他字母，可以是正数，也可以是负数；可以是单项式，也可以多项式.	教师引导总结.	学生思考体会.	让学生看到公式的本质所在，能突破公式字面意义的局限性，建立起较高层次的有意义条件反射，而不是机械的记忆公式.
	2. 我们为什么要学习平方差公式，学了它我们能做什么呢？ 在进行某些乘法运算时，利用平方差公式，可以进行简便、快速运算. 计算：$(a+b+c)(a+b-c)=?$ **解** $(a+b+c)(a+b-c)$ $=[(a+b)+c][(a+b)-c]$ $=(a+b)^2-c^2$. 那么如何计算 $(a+b)^2=?$ 也就是说，如何计算两数和的完全平方呢？让我们共同期待下一次数学课的到来！	教师启发学生以数的眼光看字母式子.	学生识别出这是两数和与两数差的乘积的结构.	点明学习平方差公式的必要性. 进一步化解“结构的稳定性，字母的可变性”这一难点，并为下一节内容的学习埋下伏笔.
(九) 牛刀 小试	家庭作业　156 页 1. 牛刀小试 运用平方差公式计算： (1) $\left(\frac{2}{3}x-y\right)\left(\frac{2}{3}x+y\right)$；	教师 布置 作业.	学生认真记录.	由浅入深的练习和灵活的变式练习，能够强化本节课所学知识.

即布置家庭作业 (约 1 分钟)	(2) $(xy+1)(xy-1)$; (3) $(2a-3b)(3b+2a)$; (4) $(-2b-5)(2b-5)$; (5) 2001×1999; (6) 998×1002. 2. 数学探究——等周问题 某住宅小区的花园，起初被设计为边长为 a 米的正方形，后因道路的原因，设计修改为：北边往南平移 $x(x\leqslant a)$ 米，而西边往西平移 x 米. 试问： (1) 修改后的花园面积和原先设计的花园面积相差多少? (2) 上述两种设计的面积之差与 x 的大小有什么关系? (3) 在周长为定值 $4a$ 的矩形中，什么时候其面积最大? (4) 计算周长均为 $4a$ 的圆的面积，正六边形的面积. 由此你有什么新的发现?	教师解释问题.	学生思考问题.	该环节为学生提供更大的思维发展空间，是把课内知识延伸到课外，用所学的平方差公式解决“等周问题”，以培养学生的问题解决能力和数学探究能力.

致谢　感谢何小亚教授对本文的指导!

参 考 文 献

[1] 何小亚. 与新课程同行：数学学与教的心理学. 广州：华南理工大学出版社，2004.

[2] 何小亚，姚静. 中学数学教学设计. 北京：科学出版社，2008.

(林佳佳. 中学数学研究（广州），2009 年第 1 期)

闪光之点

1. 目标创新

(1) 理解平方差公式的本质，即结构的不变性，字母的可变性. 这也是数学公式的本质，初步化解了今后大量数学公式学习的难点；

(2) 培养“以数的眼光看式子的整体观念”的数学素养;培养学生的问题解决能力和数学探究能力；

(3) 纠正片面观点：“数学只是一些枯燥的公式、规定，没有什么实际意义！学了数学没有用！”.

2. 教法创新

从低认知水平的模仿套公式转向高认知水平的学生动手操作，教师引导发现，师生共同抽象概括，形成正向产生式：“(□+△)(□−△)” → “$□^2-△^2$”.

3. 数学创新

设计了运用平方差公式来解决实际问题解决的例子，为学生提供运用平方差公式来研究等周问题的探究问题，以培养学生的问题解决能力和数学探究能力,体现了现代数学教育的价值取向.

完善之处

欢迎读者批评指正(参看下面的附录)！

【**编者按**：由中国教育部国际交流司与师范司，以及东芝公司共同举办的首届“东芝杯 · 中国师范大学师范专业理科大学生教学技能创新实践大赛”2008 年 11 月 30 日在北京落下帷幕. 在参加数学模拟授课、教案评比、即席演讲三项决赛的 12 所师范大学中，华南师范大学的林佳佳夺得冠军(三项均列第一)，北京师范大学的郗鹏获亚军，南京师范大学的朱嘉隽获季军. 三名获奖选手每人除了获奖励高级笔记本电脑一台之外，并获得免费赴日进行短期访学. 本刊刊登获得第一名的教案，以飨读者.】

(华南师范大学数学科学学院　何小亚　提供并点评)

附录

“平方差公式的教学设计”赏析

欣闻在北京师范大学举行的首届“东芝杯·中国师范专业理科大学生教学技能创新实践大赛”中，华南师范大学林佳佳同学的“平方差公式的教学设计”[1]，从全国 12 所重点师范大学的参赛教案中脱颖而出，获得冠军. 认真拜读该教案，我们为其设计的独具匠心所折服. 下面，从设计理念、设计理论、目标设计、教材处理、修改建议等方面谈谈我们的感受与看法，与各位同行分享.

1. 设计理念

教师的教学设计就是其教育思想的一个缩影. 细细琢磨，设计者的理念包括三个方面：①学生在教师的引导下主动地建构自己的数学认知结构，从本质上理解和把握平方差公式；②以问题解决为教育价值取向，以达“教是为了不教”之目的；③数学是好玩的，有用的.

我们发现，新课标理念、现代数学教育的价值观扎根其设计中. 创设“速算王”的情境 → 教师提出恰当的问题 → 学生动手操作 → 观察归纳 → 抽象概括 → 得出规律的发现学习的教学模式，让学生体验了公式形成的过程，体会到发现的乐趣；又结合实际问题，让学生探究，经历“做数学”的过程，感受到数学有用，数学好玩！正如德国教育家第斯多惠所说：“教育的艺术不在于传授，而在于唤醒、激励和鼓舞！”这是值得倡导和学习的.

2. 设计理论

优秀的教学设计必须以科学的理论作为基础. 该设计与众多的教学设计的最大的不同是，各个教学环节均有恰当的学习理论作为支撑. 例如，桑代克的试误理论、斯金纳的强化原理、建构主义理论、问题解决理论、新课程理论.

例如，平方差公式的几何解释部分，为分解难点，提供学生思考的方向，设计成三个小问题让学生观察、思考、领悟，成功地运用了斯金纳的“小步子”教学原则.

3. 目标设计

亮点之一：不管是小学的、初中的、高中的还是大学的数学公式都有一个共同的本质，那就是：结构的不变性、字母的可变性. 平方差公式是初中生开始系统学习的第一个数学公式，以数学公式的本质为核心进行设计，确实是一大创新，值得广大的一线教师推广使用.

亮点之二：我们老是说数学课要培养提高学生的数学素养，但数学素养是什么，该设计为我们做了一点很好的诠释——以数的眼观看式子的整体观念.

亮点之三：旧大纲对数学课的非智力因素目标提法的政治化，以及新课标情感态度目标的空洞化、抽象化，导致这一目标的具体落实形同虚设. 许多所谓的“优秀”教学设计，其目标的空洞、千篇一律便是见证. 而该设计将情感目标定位为“纠正片面观点：数学只是一些枯燥的公式、规定，没有什么实际意义！学了数学没有用！”，这是能够具体落实的.

4. 教材处理

教材在此处的安排是以“由式子到式子”的形式化方式呈现公式[2]，许多一线教师也是如此进行教学. 而设计者使用“由数到式子”的方式，完全符合初中生此阶段的认知特点. 组织学生动手操作，用自己的语言去表述数学，建构自己的数学理解；培养“学生以数学眼光看式子”的整体观念，使学生从低水平的模仿套公式转向高认知水平的动手操作、引导发现、抽象概括，形成正向产生式“$(\square+\triangle)(\square-\triangle)$” → “$\square^2-\triangle^2$”，从而领悟到数学公式的本质——结构的不变性，字母的可变性，巧妙地化解了学生日后学习数学公式的难点.

我们都知道，等周问题的讨论需要用到二次函数的知识，这已经超出了这批学生的认知水平. 但令人惊喜的是，该教案为学生设计了运用平方差公式来研究等周问题的探究问题，这真是数学上的一个创新. 大概这也是此教案打动专家评委的原因之一吧！

5. 修改建议

以上几点就是我们对此设计的欣赏、品味和感受. 结合自身多年的教学工作实践，我们在此提出三点修改建议供大家讨论交流.

(1) 速算王的秘密正是利用了“平方差公式”这一数学工具. 建议在揭秘解惑之际，教师可以趁热打铁，自编题目考大家，让学生也体验当“速算王”的感觉. 调动学生积极性的同时激发学生思维创造的火花，把课堂学习气氛推向高潮.

(2) 在“牛刀小试”环节，第 2 题是运用平方差公式来研究等周问题的探究问题，设计得很好，但有一定的难度. 建议布置作业时要照顾不同层次的学生需要，分层布置，体现因材施教，使不同程度的学生都有学有所获.

(3) 可把课内的问题向课外延伸，深化课堂效果. 还可以就几何解释补充下面的问题作为课外探究，以培养学生的动手能力和创造性思维.

动手实践：

图 20.3 中的阴影还可以通过拼成除图 20.4 外的其他图形来计算面积吗？由此你有

什么发现?

(把图 20.3 沿 AB 剪开(图 20.5), 拼成等腰梯形、平行四边形、矩形, 如图 20.6~图 20.8 所示, 求面积, 仍可发现 $a^2-b^2=(a+b)(a-b)$ 平方差公式, 加深认识.)

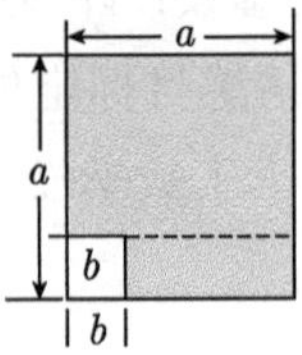

图 20.3

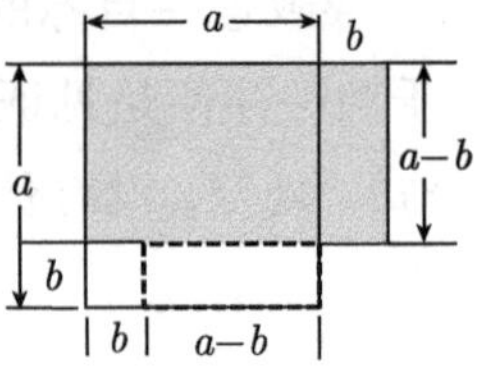

图 20.4

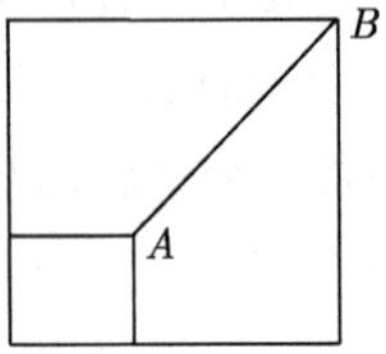

图 20.5

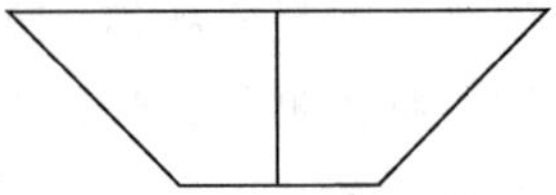

图 20.6

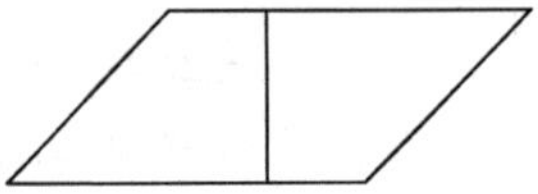

图 20.7

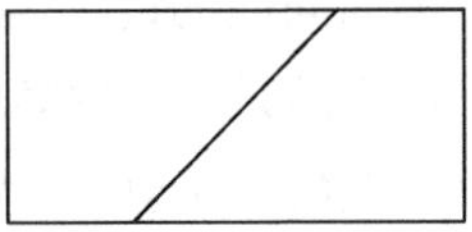

图 20.8

参 考 文 献

[1] 林佳佳. 平方差公式的教学设计. 中学数学研究(广州). 2009, 1.
[2] 蒋敏佳, 何小亚. 也谈“淡化形式, 注重实质”. 中学数学研究(广州), 2003, 6.

(覃敏奎, 谭团花. 中学数学研究(广州), 2009 年第 5 期)

第二篇

数学探究与数学建模设计案例

案例 21　水的调查的教学设计

教案写真

一、主题的提出

水是生命的源泉，生命最早出现在水中，水是文明的摇篮，著名的河流和湖泊往往孕育着人类辉煌的文明，人类的生活和生产离不开水，水是自然赋予人类最宝贵的财富之一．地球上的水似乎取之不尽，但实际上，只有淡水才是主要的水资源．人类目前利用的淡水，主要是河流水、湖泊水和浅层地下水，这部分水储量很少，仅占全球淡水总储量的 0.3%，相当于全球总水量的十万分之一．

无数的河流湖泊为人们提供水能、航运、灌溉、矿产、水产、蓄水泄洪和各类用水的便利，也为人们提供游泳、划船、垂钓、观光的良好去处．河流湖泊施与人类无限的恩惠，为人类作出无私的奉献．但人类对保护淡水资源的认识不够，保护措施不力，人类在利用水资源的同时，把一些有毒有害的物质排入河流湖泊，使水体受到污染，造成水质恶化，影响水的有效利用，对人体健康和环境产生了不利影响，另外，大家的节水意识不够，日常生活的一些用水习惯或多或少地浪费了水资源．

二、活动目标的定位

(1) 在能力目标上．能对水的污染和水资源的浪费情况进行简单的考察、调查和实验，并写成简单的考察报告，通过做一做，算一算等活动，培养学生观察和研究问题的能力及实验能力，培养学生的调查能力、处理信息和计算能力．

(2) 在情感态度上．让学生懂得防止水资源浪费和破坏是我们每一个人、每个家庭、每个学校、每个单位的责任．通过调查，激发他们对节约水资源、保护水资源不受污染的责任感．

(3) 在知识目标上．让学生了解水资源的浪费和污染不仅加剧了水资源的危机，也造成了巨大的经济损失，水资源的污染还会损害人的健康，危害动、植物的生长．

三、活动的实施步骤

本主题实践活动的实施对象是六年级学生，共分为：①活动准备阶段；②调查研究阶段; ③汇报交流阶段; ④宣传展示阶段.

第一阶段：活动准备.

为了让学生更积极地参与到此次活动中, 有效地展开调查研究, 有必要让学生了解此次主题研究的意义. 首先课前布置学生去查资料来了解“地球上的水是多还是少？”课上展开讨论. 有的说：“地球上的水很多, 你看地球仪上, 蓝色的占大部分, 说明水很多.”马上有同学提出不同的看法：“被蓝色覆盖的是海洋, 是不能为人类所利用, 因为我们需要的是淡水资源.”通过讨论, 让学生明确地球是有很多水, 但可供人类直接利用的淡水资源却很少, 然后教师用一个苹果来作演示, 假如把一个苹果看做全球的总水量, 地球上的淡水资源有多少呢？通过对苹果的切割, 当同学们们看到人类可利用的淡水资源越来越少, 大家都惊叫起来. 老师告诉同学地球上可利用的淡水资源只有十万分之一, 无法再分割, 同学们都呆住了. 怎么办？于是, 教师就顺势提出让同学们去进行一次水的调查, 了解水污染和水浪费的情况, 同学们兴致勃勃. 前期的动员和准备工作已经全部完成.

第二阶段：调查研究.

根据教材的要求, 我设计了两份调查表, 一份是“关于家乡水污染的调查”(表 21.1), 另一份是“家庭用水情况调查”(表 21.2).

表 21.1　关于家乡水污染的调查

调查时间：	年　月　日	调查人：
(1) 调查你家附近水源污染情况及造成污染的原因水污染情况 原因分析		
1.		
2.		
(2) 对如何防治水污染, 你有没有好的建议？		

表 21.2　家庭中用水情况调查

调查方式	调查内容	合计
询问、计算	妈妈一天烧饭、洗衣服的用水量约(　　)千克水	

在你身边有没有浪费水的现象？请你结合生活实际提出几条节水的建议.

第三阶段：汇报交流.

这是整个综合实践活动的必要组成部分, 学生们纷纷呈现自己的劳动成果, 其中有代表性的片断如下：

▲我家附近有一条河流, 爸爸妈妈说他们小时候这条河很清, 河里有许多鱼虾. 如今, 这条河在渐渐发黑发臭, 河里漂浮着许多塑料袋和泡沫, 河里长满水葫芦, 几乎没

有鱼类生存.

▲附近有家工厂把污水直接排入河中，周围居民的生活垃圾直接倾倒入河中，一到夏天，这条小河成了一条臭河.

▲妈妈把淘米后的水用来洗碗，洗菜后的水冲厕所，洗衣服后的水冲厕所，洗衣服后的水用来拖地、洗鞋子等，这样会节约很多水……

汇报家中一天的用水量，计算全班，全校仅淘米、洗衣服这一项一天合计约用多少千克水.

为了让学生对节约用水有深刻的体验，组织学生做了一个实验，用量筒测一测一分钟的水龙头的滴量，完成表 21.3.

表 21.3

时间	滴量
一分钟	
十分钟	
一天	
一个月	
一年	

学生在动手做实验的过程中，学会了积极思维，集思广益，相互合作，知道了如何改善日常用水习惯，激起了珍惜每一滴水的社会意识.

第四阶段：宣传展示.

了解水资源的宝贵，如何让每个人都参与到节约用水的活动中来，如何来进行宣传. 最后，经过老师和同学们的商议决定，首先要求每位学生做好宣传工作，向家人、邻居、亲戚宣传保护水资源和节约用水的重要性. 人人动手编写一份《爱护水资源》的手抄报，然后在教室里展出，通过学校的小星星电视台向同学们宣扬节约用水的小窍门，加深爱护水资源的责任心.

(来源：http://www.1w263.net)

闪光之点

纵观这一次综合实践课的设计，静心反思，有如下的一些亮点.

1. 努力凸显出学生的主体性

综合实践课的实质就是在教师引导下，学生自主进行综合性学习活动，是基于学生的经验，密切联系学生自身生活和社会实际，体现对知识的综合应用的实践性课程. 在综合实践活动中，随着学生实践能力的逐步提高教师不再是传授者，而是促进者. 作为促进者的关键是促进学生自主学习，促使学生自己去感知体验，实验观察、探究研讨. 在综合实践活动中学生不再是一个被动的接受者，而是一个充满主动精神的主体，师生之间是合作的关系，共同投身于问题的研究过程，共同享受成功的喜悦. 因而教师要充分尊重学生的主体性，尊重学生的兴趣与选择，鼓励学生努力探究自己的目标.

2. 能充分发挥评价的激励性

评价旨在促进发展，由于综合实践活动的目标,内容,活动方式不同于学科课程. 它的评价有其特殊性，在评价时教师必须有很好的评价意识：

(1) 评价内容的全面性. 包括参与综合实践活动的态度，在活动中所获得的体验情况，实践的方法，技能的掌握情况.

(2) 评价手段的多样性. 在此次活动，教师把最终的评价交给了学生. 这也体现了活动中学生全程参与的主体地位. 在学生自评的基础上，结合其他学生评、家长评、老师评等形式来提高评价的科学性、合理性、公正性、客观性. 同时，评价过程注重终端评价与过程评价相结合，以过程评价为主；定性评价与定量评价相结合，以定性评价为主.

(3) 评价结果的激励性. 评价过程中尊重学生的主体地位，正视差异，重视学生的自我意识和个性张扬，注意学生在活动过程中的表现，以发展的眼光关注学生的纵向评价，充分肯定学生在纵向评价过程反映出来的进步.

3. 能注重活动组织的严密性

这一节综合实践课经历了前期准备、调查研究、汇报交流、宣传展示四个环节的组织和学习. 环环内容充实，节奏适当，有效地实现了通过活动促使学生在知识、能力、情感态度等方面都有所收获的预期目标.

完善之处

(1) 我们在突出学生的主体性的同时教师也要充分认识自己的角色，要不断超越自我. 如果只关注学生，综合实践活动就可能走向肤浅.

(2) 在评价过程中，老师要有意识地放大实践中的体验，淡化最终结果，通过评价帮助学生体会收获的广泛性，增强评价对学生的激励作用.

“雄关漫道真如铁，而今迈步从头越”，综合实践课程对于我们来说是新课程，没有更多的、现成的方案可以给我们参考，一切需要我们在实践中努力地去探索，修正与完善，希望我们在不断地实践与反思中获得螺旋上升，把综合实践课程上成学生喜欢的课程.

(韩山师范学院　曾超益　提供并点评)

案例 22　测量学校樟树的高度的教学设计

教案写真

一、教学目标

(1) 通过对樟树高度的测量，提高学生综合运用三角形相似、光的反射定理、直角三角形、三角函数、比例尺等知识的能力，学会用数学知识解决实际问题的能力，发展学生应用数学知识的能力；

(2) 通过分组合作活动和全班交流活动，进一步积累数学活动经验，增强学习数学的自信心．

二、教学方法

引导法；学生汇报；讨论；经验交流．

三、活动背景

数学教学，随着教学改革的进一步深入，综合实践活动是以数学知识作为载体，联系其他学科知识的活动，它把学生所学的数学知识，运用到分析和解决问题过程中加以综合应用的一个组合内容．数学源自生活，又服务于生活，数学教学应加强与生活的联系，提高学生综合运用知识的能力．数学教学应打破学科之间的界限，积极地把其他学科的知识以及教学方法引入数学课堂，或把数学知识融入到其他教学之中，培养学生综合实践运用各科的辩证唯物主义观点，创设生动有趣的实践活动情境，激发学生的探索欲望，让学生在深入实践中，自己动手收集材料，进行分析研究，以培养学生的创新精神和解决实际问题的能力．我们更注重学生的自主性学习和探究性学习，把教学课堂的主阵地——教室，扩大到社会这个大课堂中去．长度测量是实际生活中经常碰到的一个问题，对于一般的长度，如书本的厚度、课桌的高度等，我们可以用刻度尺来测量．但对一些特别高，利用刻度尺测量有一定困难的物体，如楼房的高度、河的宽度等，我们可以利用数学知识、物理知识等进行间接的测量．

四、活动目的

(1) 初步了解各种刻度尺在实际中的应用.

(2) 通过利用刻度尺测量物体的长度, 加深对刻度尺使用方法的理解, 对实际中常用长度的特殊测量加深理解以及数学知识在物理学科中的应用.

(3) 通过研究性学习和社会实践活动, 让学生初步体验和了解研究科学问题的一般方法与程序, 培养学生的自主学习、独立思考、合作探究的能力, 强化科学技术应用到现代社会的意识.

五、活动过程

(一) 创设故事和问题情境, 引发学生的学习兴趣

据说, 埃及的大金字塔修成一千多年后, 还没有人能准确地测出它的高度.有不少人做过很多努力, 但都没有成功. 一年春天, 泰勒斯来到埃及, 人们想试探一下他的能力, 就问他是否能解决这个难题. 泰勒斯很有把握的说, 可以, 但有一个条件——法老必须在场. 第二天, 法老如约而至, 金字塔周围也聚集了不少围观的老百姓. 泰勒斯来到金字塔前, 阳光把他的影子投在地面上. 每过一会儿, 他就让人测量他影子的长度, 当测量值与他身高完全吻合时, 他立刻在大金字塔在地面上的投影处作一记号, 然后再丈量金字塔底到投影尖顶的距离.这样, 他就报出了金字塔确切的高度.在法老的请求下, 他向大家讲解了如何从"影长等于身长"推到"塔影等于塔高"的原理.

问题 1　我们学校的大樟树这么高同学们有没有办法测量出他的高度?

同学们回答: 可以用直升飞机测量、激光测量等.

老师说: 你们这些方法都很好, 但这些设备我们都没有, 只采用我们身边的工具能测出吗?

老师又说: 你们可以到网上查找有关资料再决定, 一周以后汇报. (本班同学自由组合, 以 6 人为一个活动小组, 推荐或自荐出一个活动小组长, 负责组内成员的协调、分工以及活动具体安排并进行汇报, 交流.)

(二) 组织汇报

(一周后)

一组方案: (方案一)

利用阳光下的影子(原理: 这是直接运用相似三角形的方法). 王刚汇报: 一名同学直立于樟树影子的顶端处, 其他同学分为两组, 一组测量该同学的影长, 另一组测量同一时刻樟树的影长. 根据测量数据, 求出樟树的高度.

二组方案：(方案二)

利用三角函数. 由李浩同学代表发言：小组选一名同学作为观测者，在观测者的位置用测角仪测的仰角为多少，在往前走 10 米再用测角仪测的仰角为多少？并测这位同学的身高. 根据测量数据，求出樟树的高度.

三组方案：(方案三)

利用镜子的反射(原理：这是直接运用相似三角形的方法). 由张洁同学代表发言：小组选一名同学作为观测者，在观测者与樟树之间的地面上平放一面镜子，在镜子上做一个标记. 观测者看着镜子来回移动，直至看到樟树顶端在镜子中的像与镜子上的标记重合. 测量所需的数据，根据所测的结果求出樟树的高度. 根据测量数据，求出樟树的高度.

四组方案：(方案四)

利用 30 度直角三角形的性质测量樟树的高度. 黄华同学说：一名同学把一个较大的三角尺放置在地面上，并把一个激光手电筒固定在三角尺的角处且与斜边同向，移动三角尺直至光束找到樟树顶端，此时，量出电筒底端到樟树低端的距离，根据测量数据，求出樟树的高度.

五组方案：(方案五)

毛清：应用照相机，把人和樟树同时摄入一张照片. 运用比例尺，图上距离比实际距离即可.

(三) 议一议

师：你们测量过程中碰到什么问题吗？每种方法有没有存在局限性呢？

(四) 各小组交流经验

(浙江省衢州市衢江区周家中心学校　郑永明)

闪光之点

综合实践课的优势就在于通过学生喜闻乐见的活动来学习，这个过程更能体现不同的思想、爱好、情趣，突出不同的个性差异. 同时在活动中可以培养学生动脑、动手、观察、思考、想象等能力. 本次活动过程中学生的参与热情较高，原因在于其中有吸引学生感兴趣的内容，让他们能全身投入，体会到学习创造的快乐.

(1) 活动能贴近学生的生活. 整个活动中的材料来源于生活，又回到生活. 使学生了解原来生活中快乐可以自己创造，而改变了生活的环境让他们每天都能感受到，其作用不仅在于过程，而且还在于其本身的乐趣所在.

(2) 活动能适合学生的实际. 通过操作方案发表不同的见解, 都能体现学生能力、兴趣爱好和个性的差异, 以便于让每个学生能完成力所能及的“工作”.

(3) 活动有一定的价值趋向. 一次活动不仅让学生感受到了乐趣, 同时也使学生在思想上有了新的认识, 对其影响是长远的, 学生往往会认为生活的环境是父母创造的, 自己只是享受, 把学习的范围定得很小. 在现阶段我们必须重视培养学生“大学习观”, 对自身发展有促进作用的活动学生都有主动参与的热情. 另一方面, 培养学生自主地参与创造生活、美化生活、热爱生活的责任感. 这些方法的产生, 一方面培养了学生的创造力; 再一方面, 在课堂上也可以营造一种平等竞争、热烈讨论的和谐气氛. 促进学生相互启发, 相互鼓励. 把原本枯燥乏味的数学变地更加人性化, 使数学更加贴近生活.

完善之处

(1) 对合作交流、动手操作的再思考. 合作交流、动手操作的目的是培养学生主动探究知识的精神, 培养学生探究新知思维程序和方法和培养和发展学生的抽象思维能力. 本节课让学生在实际操作中亲自去体会, 去发现. 但是, 本节课学生的实际操作效果并不理想, 学生把注意力聚焦于结果,忘记了反思、比较, 反而不利学生思维的开拓. 那课堂中如何给学生的操作思维以导向, 怎样来组织学生的操作才最有效, 都是我今后应该值得思索的.

(2) 没能充分发挥评价的激励性. 评价旨在促进发展, 由于综合实践活动的目标,内容,活动方式不同于学科课程. 它的评价有其特殊性, 在评价时教师必须要有很好的评价意识: 评价内容的全面性. 包括参与综合实践活动的态度, 在活动中所获得的体验情况, 实践的方法, 技能的掌握情况; 评价手段的多样性. 在此次活动, 教师把最终的评价交给了学生. 这也体现了活动中学生全程参与的主体地位. 在学生自评的基础上, 结合其他学生评、家长评、老师评等形式来提高评价的科学性、合理性、公正性、客观性. 同时, 评价过程注重终端评价与过程评价相结合, 以过程评价为主; 定性评价与定量评价相结合, 以定性评价为主; 评价结果的激励性. 评价过程中尊重学生的主体地位, 正视差异, 重视学生的自我意识和个性张扬, 注意学生在活动过程中的表现, 以发展的眼光关注学生的纵向评价, 充分肯定学生在纵向评价过程反映出来的进步.

(韩山师范学院　曾超益　提供并点评)

案例23　课题学习　选择方案的教学设计

教案写真

一、教学内容分析

本课题学习是义务教育课程标准实验教科书人教版八年级上册第14章“一次函数”第四节. 本节内容计划用2个课时完成，第1课时以“问题1　用哪种灯更省钱”为载体，引导学生开展探究性学习，既让学生学会对所学知识的梳理与运用，建立一次函数模型，也让学生从中获得基本的探究性学习的方法；第2课时以“问题2　怎样租车”、“问题3　怎样调水”为载体，通过寻求问题最佳解决方案，使学生不仅从数形结合的角度进入综合地、灵活地运用一次函数知识的情境，而且深入体会一次函数在分析和解决问题中的重要作用，进一步感受建立数学模型的思想方法. 本设计是第1课时.

寻求最佳方案是数学知识大有用武之地的问题，这一节讨论的三个问题，与客观实际的接近程度高，并且可以综合运用一次函数的解析式、图像等知识，对问题进行分析. 这些问题具有一定的实践性、综合性、探究性、趣味性，是检验和提高学习能力的较好素材.

二、学生学情解析

(1) 这一学段的学生有比较强烈的“自我”和自我发展的意识，对有“挑战性”的任务很感兴趣，学生更愿意自已就是探索者、发现者，而且也已具有了较高的分析问题、解决问题的能力，具备了较高的合作意识.

(2) 学生已学习了“一元一次方程”、“二元一次方程组”、“一元一次不等式(组)”和“一次函数”，已初步经历了建立不等式模型和一次函数模型解决一些实际问题的“数学化”过程，积累了一定的数学活动经验.

(3) 我校学生大部分来自农村，学生数学学习成绩两极分化比较严重，学习有困难的学生占的比例较大. 但是，基于新课程实验已经开展多年，而且我校数学科开展农村初中分层教学有效性研究已有十年，学生的学习方式有所改进，能综合自主探究、合作学习、小组活动等多种方式开展学习.

三、教学目标

(一) 知识与技能

充分利用问题情境，引导学生从多角度思考问题，建立函数模型；体会一元一次方程、一元一次不等式和一次函数的内在联系，领悟数形结合的数学思想.

(二) 过程与方法

通过讨论选择最佳方案的问题，提高综合运用所学函数知识分析和解决实际问题的能力，进一步体会一次函数在分析和解决实际问题中的重要作用.

(三) 情感态度与价值观

在独立思考、合作学习的过程中，感受知识的力量，获得快乐的体验，获得一定的"微科研"的研究经验.

四、教学重点与难点

1. 教学重点

建立一次函数模型解决方案选择问题.

2. 教学难点

运用数形结合的方法选择最佳方案.

五、教学过程设计

教学环节	教学内容	教师活动	学生活动	设计意图
(一) 课前准备	(1) 请你通过网上查询、电话查询、或者亲自到中国电信营业厅查询等方式，了解当前广州市固定电话的资费情况. (2) 学习了"一次函数"以后，小明发现，通话费是通话时间的一次函数. 已知一次通话的资费为"头 3 分钟 0.22 元，以后 0.11 元 / 分钟"，且这次的通话时间超过了 3 分钟. 小明的想法对吗？如果你认为小明的想法是对的，那么请你列出这个一次函数关系式.	教师设置学生感兴趣的问题，激发学生学习欲望.	学生行动与思考.	1. 学前一天的预习作业，旨在分解农村学校大部分学生的学习难点.

	(3) 事后，小明认为这样的优惠资费力度不够，如果直接按“0.1 元 / 分钟”的资费收费，那么小明此次的通话费会更低. 你同意小明的观点吗？请说明理由.			2. 让每一个学生都行动起来，做力所能及的事情，并从中感受数学知识来源于生活、应用于生活！
(二) 课堂活动 1：小组内交流 (约 15 分钟)	由各学习小组组长组织讨论并解决以下问题： (1) 第 2 题中的变量是什么？并确定哪个变量是自变量，哪个变量是因变量？ (2) 第 2 题中，设此次的通话时间为 x 分钟，通话费为 y 元，请判断以下的函数关系式是否正确？并对错误的关系式进行纠正. ① $y=0.11x$； ② $y=0.22+0.11x$. (正确的关系式为 $y=0.22+0.11(x-3)$.) (3) 第 3 题中，通话费高低的含义是什么？(前一种资费标准下的通话总费用是多少，后一种资费标准下的通话总费用是多少，两个作对比.) (4) 通话总费用是固定不变的呢？还是变化的呢？通话总费用随着什么的变化而变化？(前一种资费标准下的通话总费用可表示为 $y_1=0.22+0.11(x-3)$，后一种资费标准下的通话总费用可表示为 $y_2=0.1x$.)	教师设置适度的启发性问题阶梯；引导学生开展好小组内合作性学习，并且，教师走下讲台、走到学生中去，与学生一起合作.	学习小组组员配合组长讨论、解决五大问题.	以小组学习的方式，最大限度地调动全体学生积极思考、敢于表达；充分体现教师为主导、学生为主体的新课标理念.

	(5) 如何比较 y_1，y_2 的大小？ 若是两种费用相同，它的含义是什么？（$y_1=y_2$，即 $0.22+0.11(x-3)=0.1x$.） 若按前一种资费标准下的费用低，它的含义是什么？（$y_1<y_2$，即 $0.22+0.11(x-3)<0.1x$.） 若按后一种资费标准下的费用低，它的含义是什么？（$y_1>y_2$,即 $0.22+0.11(x-3)>0.1x$.） 所以，通话费的高与低受通话时长的影响，当 $x=11$ 时，$y_1=y_2$，即通话时间为 11 分钟时，两种资费标准下的费用相同；当 $x<11$ 时，$y_1<y_2$，即通话时间小于 11 分钟时，按前一种资费标准下的费用低；当 $x>11$ 时，$y_1>y_2$，即通话时间大于 11 分钟时，按后一种资费标准下的费用低. (以上答案，既可以用代数法，也可用图像法来求解.)			
(三) 课堂活动 2：小组间交流 (约 5 分钟)	各小组派代表进行成果展示、或提出建设性的意见与建议.	教师引导组间交流.	各小组派代表演示、讲解，其他学生聆听与再思考.	让学生养成敢质疑、善表达的好习惯.

(四) 课堂活动3：概括与总结 (约 2 分钟)	(1) 涉及变量的问题，常用到函数； (2) 在比较两个一次函数值的大小时，往往需要利用方程与数形结合的思想方法进行数据分析，而一次函数模型下的数据分析常借助图像的直观信息来完成.	教师引导学生发言，并综合学生们的发言进行归纳与提炼.	学生分析、归纳与提炼.	发挥教师的主导作用、学生的主体作用，培养学生运用所学知识进行归纳与提炼的能力.
(五) 课堂活动4：运用与提高 (约 13 分钟)	**课本 131 页：问题 1　用哪种灯省钱？** 一种节能灯的功率为 10 瓦，即 0.01 千瓦，售价为 60 元. 一种白炽灯的功率为 60 瓦，即 0.06 千瓦，售价为 3 元. 两种灯的照明效果一样，使用寿命也相同(3000 小时以上). 如果电费价格为 0.5 元/(千瓦·时)，消费者选用哪种灯可以节省费用？ **【建立模型】** 师：节省费用的含义是什么？ 生：哪一种灯的总费用较少. 师：总费用的含义又是什么呢？ 生：灯的总费用=灯的售价+电费，其中，电费=0.5×灯的功率(千瓦) ×照明时间(时) . 师：问题中的变量是什么？ 生 1：灯的总费用与照明时间，并且灯的总费用随着照明时间的变化而变化.	(1) 教师先让学生有 2 分钟左右的思考时间，然后引导学生用数学的眼光去看问题，进行分析、建立数学模型. (2) 在学生独立思考与解答的过程中，教师巡视、观察、对有需要的学生进行个别辅导.	学生思考、分析、回答问题，建立数学模型，解决问题.	(1) 考虑到“独立思考”与“合作性学习”两种学习方式同样重要，所以，在这一环节不鼓励“合作性学习”，以学生独立思考为主！

	生 2：我还想到了一次函数，灯的总费用与照明时间是一次函数关系． 师：你确定哪个变量是自变量，哪个变量是因变量？ 生：照明时间是自变量，灯的总费用是因变量，灯的总费用是照明时间的一次函数． 师：如何表示两种灯的总费用？ 生：设照明时间是 x 小时，节能灯的总费用为 y_1 元，白炽灯的总费用为 y_2 元，则 $y_1=60+0.5\times0.01x$， $y_2=3+0.5\times0.06x$．			(2) 根据最近发展区理论，设置符合班级学生实际的、层层递进的启发性问题，因材施教．
(六) 课堂活动 5：课堂小结 (约 3 分钟)	(1) 涉及变量的问题，常用到函数； (2) 在选择最佳方案时，往往需要进行数据分析，而一次函数模型下的数据分析常借助图像的直观信息来完成．	教师引导、总结．	学生思考、体会．	帮助学生理清知识结构，掌握内在联系，帮助、促进学生构建自己的知识体系．
(七) 布置作业 (约 2 分钟)	**请同学们在以下各题中任选一个或多个你感兴趣的问题来完成：** **A 组题：**一种节能灯的功率为 10 瓦，即 0.01 千瓦，售价为 32 元．一种白炽灯的功率为 40 瓦，即 0.04 千瓦，售价为 2 元．两种灯的照明效果一样，使用寿命也相同(3000 小时以上)．如果电费价格为 0.5 元/(千瓦・时)，消费者选用哪种灯可以节省费用？	(1) 教师布置作业．	(1) 学生记录好家庭作业．	(1) 分层作业能满足不同层次、不同需要的学生的需求．

<table>
<tr>
<td></td>
<td>
B 组题：我校校长暑期带领学校市级“三好学生”去北京旅游，甲旅行社说：“如果校长买全票一张，则其余的学生可以享受半价优惠.”乙旅行社说：“包括校长全部按全票价的6折优惠.”已知全票价为240元.
(1) 当学生人数是多少时，两家旅行社的收费一样？
(2) 若学生人数为 9 人时，哪家收费低？
(3) 若学生人数为 3 人时，哪家收费低？
(4) 你能否猜出当学生人数在哪个范围时选用甲旅行社收费低？并请你说明理由.
C 组题：日照市是中国北方最大的对虾养殖产区，被国家农业部列为对虾养殖重点区域；贝类产品西施舌是日照特产. 沿海某养殖场计划今年养殖无公害标准化对虾和西施舌，由于受养殖水面的制约，这两个品种的苗种的总投放量只有 50 吨. 根据经验测算，这两个品种的种苗每投放一吨的先期投资、养殖期间的投资以及产值如表(表 23.1)：
表 23.1　(单位：千元/吨)
<table>
<tr><th>品种</th><th>先期投资</th><th>养殖期间投资</th><th>产值</th></tr>
<tr><td>西施舌</td><td>9</td><td>3</td><td>30</td></tr>
<tr><td>对虾</td><td>4</td><td>10</td><td>20</td></tr>
</table>
</td>
<td>(2) 教师对学习有困难的学生进行课外个别辅导、或组成课外互助学习小组，帮助其完成好家庭作业.</td>
<td>(2) 学生思考问题，分析、解决问题.</td>
<td>(2) 选择权放到学生们手上，选择自己感兴趣的题，不仅鼓励学生的个性化成长，而且可以培养学生的求异思维和创新能力.</td>
</tr>
</table>

	养殖场受经济条件的影响，先期投资不超过 360 千元，养殖期间的投资不超过 290 千元. 设西施舌种苗的投放量为 x 吨， (1) 求 x 的取值范围； (2) 设这两个品种产出后的总产值为 y(千元)，试写出 y 与 x 之间的函数关系式，并求出当 x 等于多少时，y 有最大值？最大值是多少？			(3) 该环节为学生提供更大的思维发展空间，是把课内知识延伸到课外，用所学的方法进行模仿或迁移、分析、解决实际问题，以培养学生的问题解决能力和数学探究能力.

(广州市番禺区象达中学　练兴宏)

闪光之点

(1) 本设计能根据学生的现实及生活经验创设问题情景，激发学生的学习兴趣. 教学设计中的"课前准备"环节，通过设置既符合学生实际能力，又具有浓厚生活背景的问题，让学生在问题探索与问题解决的过程中，感受数学与人类生活的密切联系，体验数学活动充满着探索与创造. 充分体现《全日制义务教育数学课程标准》中综合实践第三学段的具体目标：让学生经历"问题情景—建立模型—求解—解释与应用"的基本过程，体验数学知识之间的内在联系，获得一些研究问题的方法和经验，初步学会从数学的角度提出问题、理解问题，并能综合运用所学的知识和技能解决问题，发展应用意识.

(2) 从本设计中可以看出，在各环节的教学中，教师注意充分发挥学生的积极性，留有较充足的时间让学生自主探索或开展小组交流等数学活动，彰显学生是学习的主体，学习方式的多样化，教师是数学学习的组织者与引导者.

(3) 本设计对问题的探究与讨论中，根据学生的实际水平和最近发展区，设置难度合理的问题串进行铺垫，有利于学生学习.

(4) 本教学设计中的作业布置弹性要求，学生可以根据自己的实际情况选择作业，体现了课程标准中所提出的基本理念：人人都能获得良好的数学教育，不同的人在数学上得到不同的发展.

完善之处

(1) 本教学设计在处理方案选择问题时, 所有的方法主要是代数方法, 即通过建立不等式关系, 解不等式得到问题的解. 虽然教师的教学设计中提到可用图像法, 如何引导学生用图像法却没有提及. 教师要引导学生从“形”的角度来思考, 从而发现: 一次函数与一次不等式以及一次不等式组的解之间的关系, 更加深刻地领悟数形结合的思想. 如教学设计中第一个问题的两种不同的资费标准下的电话费多少进行比较, 相等时, 从几何(即函数图像)含义是什么? 第一种资费标准所付费用大于第二种资费标准所付费用时, 几何(即函数图像)意义又如何? 这样将“数”与“形”有机的结合起来. 对于其他问题, 也要激发求学生用多种方法解决.

(2) 本教学设计中对问题探究还可以深入些. 如第一个问题的两种不同资费标准的付费问题探究后, 可进一步启发学生思考如何解决在三种不同资费标准下的付费多少的比较与选择问题. 对此问题, 如果从代数的角度思考, 需要解几个一次不等式, 但如果从几何(将三个一次函数 $y=k_1x+b_1$, $y=k_2x+b_2$, $y=k_3x+b_3$ 的图像画在一个坐标系中)上来分析则非常直观、清晰, 充分体现数形结合思想的优越性, 避免分类讨论之繁. 这样对学生领悟数学思想, 优化解题方法非常有益.

(3) 作业设计的题目在考虑学生的选择性外, 更应注意问题设计的开放性、探索性, 以及问题背景的趣味性, 以激发学生的探究意识, 不要全部选各地的中考试题.

(广州市番禺中学　严运华　提供并点评)

案例 24　数学问题解决的教学设计

教案写真

一、课题

医院排队挂号问题中的数学.

二、教学目标

(1) 在具体问题情境中理解方程、方程组、函数的意义，能应用它们解决现实生活中的问题，并在解决问题的过程中进一步体会方程、方程组、函数思想的本质及它们之间的关系；

(2) 经历寻找实际问题中的数学元素、发现关系、进行符号化处理、建立数学模型、通过模型求解求得实际问题解的过程，体会数学问题解决和利用数学知识解决现实问题的一般思路和方法；

(3) 通过寻找多种解题策略和问题拓展发展数学问题意识、数学创新意识，提高思维的灵活性和综合运用多种知识解决实际问题的能力.

三、教学重点与难点

1. 教学重点

方程与函数思想的本质及解决现实问题的一般思路和方法.

2. 教学难点

从实际问题中抽象出数学问题，综合运用已学知识解决问题.

四、数学问题情境

问题情境的设计是关系本节课教学成败的重要因素. 对于初中生来说，创设贴近他们日常生活的问题情境能调动他们问题解决的愿望，促使他们积极思维，发现问题、提出问题、并乐于解决问题. 2009 年由于“甲流”盛行，医院看病的人数与日俱增，排队挂号成为人们的一大困扰. 为了提高医院的运作效率，同时也为看病者带来方便，医院需要增加挂号窗口数量以解决病人排队挂号等候时间长的问题，以此作为背景创设问题情境.

五、教学方法与策略

采取问题解决教学形式，学生是问题解决的主体，教师是数学问题情境的创设者、问题解决活动的组织者和促进者.

六、教学过程

(一) 创设情境(约 5 分钟)

1. 复习

方程(组)、不等式、函数概念.

2. 引入情境

“同学们，我们知道在过去的一年里我们国家乃至全世界都受到‘H1N1’甲流的侵袭，也正因此到医院看病的人数与日俱增，排队挂号成为了大家头痛的问题，为了提高医院的运作效率，医院现向社会征集方案，解决医院排队挂号等候时间长的问题.”

(投影显示 PPT-1)

医院调查发现：当还未开始挂号时，有 120 人已经在排队等候挂号. 开始挂号后排队的人数平均每分钟增加 2 人. 假定挂号的速度是每窗口每分钟 5 人，当开放一个窗口时，40 分钟后恰好不会出现排队现象；若同时开放两个窗口，则 15 分钟后恰好不会出现排队现象.

3. 提出要求

“对于上面这家医院的排队挂号情况，请大家积极思考，看看有什么疑问或问题？”

预计学生会就如下方面提出质疑：

(1) 若开始挂号前，挂号人数为其他数值，开始挂号后，平均每分钟增加的不是 2 人而是 3 人，4 人，…，开始挂号后，每窗口挂号速度为其他数值等，相应地，开放一个窗口时，是否仍然是 40 分钟后就不会出现排队现象；而若同时开放两个窗口，是否仍在 15 分钟后就不会出现排队现象？

(2) 如果开 3 个窗口，经过多久到医院看病的人挂号不用排队？再多开一个呢？

(3) 每增开一个窗口，出现不排队现象的时间会缩短多少？

(4) 如果挂号窗口开放的个数为 1，挂号的速度增加一倍，又要经过多久才不用排队挂号？

(5) 如果医院提前一个小时开放挂号窗口，是否出现不排队现象的时间也会提前一个小时？

(6) 如果是其他医院，当还未开始挂号时，已经在排队等候挂号的人数不同，开始挂号后排队的人数平均每分钟增加人数也不同，挂号的速度也不一样，结果又是什么？

教师将这些问题写在黑板上，并进行归类整理，最后将所提问题总结成如下理想化问题：

(投影显示 PPT-2)

> 某医院为了提高服务质量，进行了下面的调查发现：当还未开始挂号时，有 N 个人已经在排队等候挂号. 开始挂号后排队的人数平均每分钟增加 M 人. 假定挂号的速度是每窗口每分钟 K 个人，当开放一个窗口时，40 分钟后恰好不会出现排队现象；若同时开放两个窗口时，则 15 分钟后恰好不会出现排队现象. 根据以上信息，请你提出关于窗口开放合理数量的问题.

(二) 弄清问题(学生先独立思考，再全班交流，约 12 分钟)

1. 形成问题的总体框架

问题性质：医院排队挂号情境中关于合理开放挂号窗口数的结构不良问题.

已知条件：

(1) 挂号开始时的等候人数：N;

(2) 挂号开始后病人的到达率：M;

(3) 各窗口的挂号速度：K;

(4) 开放一个挂号窗口时，不出现排队现象的时间：40 分钟；

(5) 开放两个挂号窗口时，不出现排队现象的时间：15 分钟.

求解目标：找出在规定时间内不出现排队现象需开放合理窗口数.

2. 表征情境信息

1) 澄清认识

首先，题中一些词句意义模糊，应作出澄清.

(1) “排队等候的人数”，理解为在医院大厅排队等候的总人数；

(2) “不出现排队的情况”，理解为从某时刻起陆续到来的病人不用排队就可以挂到号；

(3) “合理窗口数”，其中的“合理”理解为省时，即病人挂号排队等待时间少；

(4) “规定时间”，理解为一个比 15 分钟更短的时间，例如 7 分钟或 8 分钟或更短.

其次，根据这些认识与学生一起将求解目标明确为：若医院要求 8 分钟后不出现排队现象，则至少需要开放几个窗口？

2) 将问题中排队挂号的情景图示化(图 24.1)

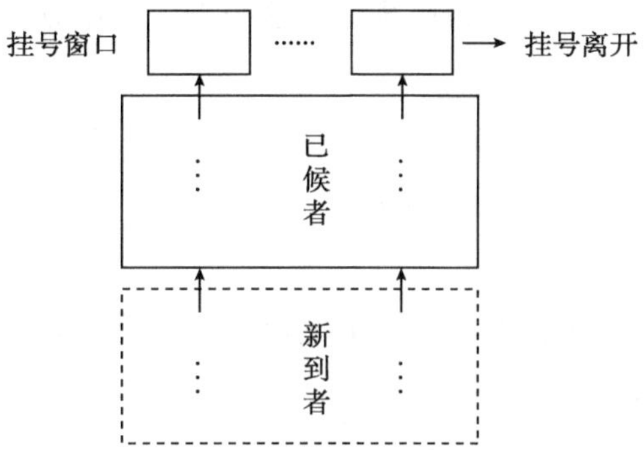

图 24.1

3) 寻找关系

(1) 找出问题中蕴涵的量，并用符号表示.

挂号时间：t，特别地，记不出现排队现象所用时间为 T;

t 时刻的排队等候人数：y;

挂号窗口数：x;

初始等候人数：N;

到达率：M;

挂号率：K.

其中 N，M，K 为常量，y，x，t 为变量.

(2) 寻找量之间的关系.

根据已知条件，有

$$N + 40M = 40K, \tag{24.1}$$

$$N + 15M = 30K. \tag{24.2}$$

根据求解目标，有

$$N + 8M = 8Kx. \tag{24.3}$$

根据问题情境，有

$$y = N + Mt - Kxt, \tag{24.4}$$

$$N + MT = KTx. \tag*{(24.4)$'$}$$

特别地，在(24.4)中，当 $t = T$ 时，$y = 0$.

(三) 制订计划(全班交流，约 10 分钟)

1. 建立数学模型

(1) 方法一：聚焦于“不出现排队现象”这个点，应用方程思想,建立方程模型：$N + 8M = 8Kx$ 或 $N + MT = KTx$.

(2) 方法二：聚焦于整个排队挂号变化过程，应用函数思想，建立函数模型：$y = N + Mt - Kxt$，原问题即求当 $t = 8$，$y = 0$ 时，x 的值.

2. 求解参数 N，M，K

N，M，K 是问题的一个初始条件，但是没有直接给出其具体的取值，可利用关系式(24.1)和(24.2)得出三者的相依关系.

(四) 实施计划(先独立完成，再全班交流，约 8 分钟)

解题过程(略).

学生独立解决问题，教师巡视，最后将不同解法投影出来，全班交流，形成问题解决过程的总体印象.

(五) 总结回顾(教师讲解为主，约 3 分钟)

1. 总结

(1) 今天解决了哪些实际生活中的问题？解决这些问题需要用到哪些数学知识？

(2) 如何解决医院排队挂号等待的现象？

2. 拓展问题

在今天我们解决的医院看病挂号等候的问题中，这里看病挂号等候的时间是比较容易计算的，只考虑了三个影响因素：挂号开始时的等待人数、挂号开始后病人的达到率、挂号速度，且都将它们看作恒定不变的常量. 在现实的医院排队挂号现象中，影响病人排队挂号等待时间的因素还有很多，例如病人是否需要急诊、急诊的人数所占的比例怎样、一周和一天当中哪些时段看病人数最多、员工最快的挂号速度是多少等. 同学们能否作一项调查，选几家医院作为研究对象，进行实地考察，利用今天我们所学习的知识，为医院制订一个合理开放看病挂号窗口的优化方案(投影显示拓展问题，略).

(六) 布置作业(约 2 分钟)

(播放投影)

1. 某火车站在节假日期间的某个时刻候车达到高峰，此时旅客还在按一定的流量到达. 如果只打开三个检票口，需要半小时才能使所有滞留旅客通过检票口，如果打开六个检票口则只需 10 分钟就能让所有滞留的旅客通过，现要求在 5 分钟内使所有滞留旅客通过，则至少同时需要打开多少个检票窗口(假设每隔窗口单位时间内的通过量相等)？

2. 总结今天所学的内容，写一篇学习报告.

3. 5~8 人一组，完成“拓展问题”.

要求：题 1、题 2 明天交；题 3 两周后交.

闪光之点

这是几位师范生在学习“中学数学教学设计”课程时，尝试做出的一个问题解决教学设计，能够从一个已有的数学问题(杭州二中高三年级第四次月考数学，http://www.nihaost.com/ShowDown_nihaost_20080921100258703Down589.html) 出发，对它作出教学法的创新，这种精神值得学习.该案例的闪光之处包括以下几个方面.

(1) 问题好，主要表现在：

①问题与学生的现实生活密切相关，能够吸引学生的兴趣，但是由于构成问题的成分、目标、条件不清晰，解题原理也不唯一确定，因此，问题能对学生构成极大的挑战；

②问题具有多种解法，能够展开学生多样化的思维过程，且各种解法都蕴涵了一种重要的数学思想，它们既有区别又相互联系，反映了数学知识之间的联系性与统一性，能够进一步深化学生对数学的认识；

③问题的答案不唯一，在求得问题的答案的过程中，学生不仅可以遵循以往解应用题的思路，取整数解，而且可以结合实际生活经验，综合考虑医院的经济效益、物质环境的限制等因素而选择一个合理的答案；

④问题能够推广或扩充到多种情形，特别是，若考虑到真实世界的情况，则可以作为指引学生去探究更高级的数学——排队论问题的契机.

(2) 教学过程中注重对学生进行质疑提问和分析问题能力的培养，弥补了一般解题教学的不足；课后作业类型多样，既有巩固知识技能的基础题，又有提升数学学习能力和数学问题解决能力的创新题，这样使得“双基”和能力的培养得到了进一步的巩固和加强.

(3) 学生在问题解决中不单纯是进行知识的应用，而且还能够进行新知的学习，丰富数学的视野，实现了通过问题解决来学习数学的教学追求.

完善之处

(1) PPT-1 的作用及其与“理想化问题”的关系需要进一步澄清，在对其合理性有了清楚认识后再决定其取舍.

(2) 修改情境数据.问题情境中的数据与实际情境不符，例如，员工平均每分钟可给 5 人挂号，这是不可能的，建议设计者亲自到现场作出考察，然后作出修改.

(3) 将解决问题的主动权交给学生，在弄清问题时就应放手让学生自己尝试去做，大胆地交流自己的对问题的理解.

(4) 从学生的角度思考问题的各种解法.例如，学生也可能从单个窗口的角度去思考，或联系过去在解决“进排水问题”中的经验，利用算术或代数的解法等，而“方法二”却可能是学生不易想到的，对此，教师应对如何引导学生产生该想法作出设计. 在确定出各种可能的思考路线和解法后，最好能将各种解法、思路及其相互之间的关系用框图的形式表示出来，这样更利于学生看到解法及对应数学思想之间的联系与区别，也利于学生发展学生思维的灵活性.

(5) 对学生的质疑提问作出恰当处理.学生在一开始时提出的那些问题非常好，在理想化问题解决后，这些问题如何处理？放到课内还是课外？总归要给学生一个交代.

(6) 总结回顾应成为这节课的另一个高潮.这节课的主题是“医院排队挂号问题中的数学”，在课上，学生不仅利用已学的两个重要知识：函数和方程解决问题，而且在解决问题的过程中还再创造出了新知：二元函数，教师在总结回顾时，教师应回到课的主题上，一方面，将学生再创造出的新知作出概括，并纳入已有知识系统；另一方面，将函数和方程放在排队挂号这一现实背景下重新作出解读，让学生体会二者之间的区别与联系，及函数、方程思想的本质.

(华南师范大学数学科学学院　姚　静　提供并点评)

案例 25　探究课案例的教学设计
——抛物线及其标准方程

写在前面的话

新课程改革的理念之一就是学习方式的转变.现代学习方式的基本特征包括“体验性”，强调学生亲身去经历、去感悟. 数学探究课，就是实现这一课程理念的措施之一.

然而，如何上好高中数学的探究课？这正是高中老师感觉最棘手的问题之一.有些普通高中，客观上存在缺少相关专职或高水平的教师来上高中数学的探究课，因而要想从中学征集比较成熟的高中数学的探究课的教案案例，难度比较大.因此，高中数学的探究课的案例是一种稀缺资源，至少短时间内是如此.原因也是多方面的.有教学设备不足的问题，一般上探究课要数学实验室；功利问题，学校冒风险，在数学探究课花人力、物力、时间与学校的名誉地位上的成效不成正比；还有师资问题、学生知识差距问题等.

所幸的是，一些老师的教学环节中，还是有体现对学生思维能力的培养，会有许多探究型的教学片段.

下面，先介绍惠州学院数学与应用数学(师范)06 级同学苟靓的一个教案(见附录).在这个教案中，可以发现苟靓在教学中渗透或进行培养类比思维，归纳思维训练等设计环节的闪光点. 受此启发，笔者把高中人教版数学新课程选修 2-1 中，2.4 抛物线的内容，进行整体考虑，打乱教材在这一节的原有系统，突出以数学思维的训练和培养为主线，设计成探究的问题串，通过教师巧妙且有效的引导，学生主动参地与实验和探究，逐步解决问题，师生共同抽象概括，构建学生自身的知识体系，形成一节课的教案案例.尝试“教师为导演，学生为演员，探究为主线，思维为核心”的教学模式.在一些细节处理时，也对原教案做了改进，如原教案从椭圆和双曲线的第二定义引入新课，但新课程教材没有强调椭圆和双曲线的第二定义，只是介绍了两个实际例子(47 页例 6 和 59 页例 5). 本教案旨在提供实验参考，望不吝赐教.

(编者注：请读者先研读本案例附录中的教案，再阅读以下部分.)

(惠州学院数学系　邬振明)

教案写真

一、教学内容

抛物线及其标准方程(人教版高中数学选修 2-1 第 64 页至 67 页，第 70 页例 5，第 69 页例 4) (1 课时.)

二、教学目标

1. 知识目标

(1) 使学生再现(重新构建)抛物线的定义，掌握抛物线的标准方程，理解其导出和推导过程；

(2) 学生能根据定义画出抛物线的几何图形(草图)；学生能说出抛物线标准方程中 p 的几何意义；

(3) 使学生掌握数学研究中常用的几种思维方法：类比方法、类分方法，归纳方法，能够用于解决简单的数学问题.

2. 能力目标

(1) 培养学生的动手操作实践能力：根据抛物线定义设计作图、用教具描绘轨迹，用几何画板描绘轨迹，体验和发现在求几何轨迹中的数学问题；

(2) 培养学生自主探究和合作交流的学习习惯；

(3) 类比椭圆、双曲线定义引出过程，培养学生类比推理和归纳推理的能力，帮助他们形成良好的发现问题、提出问题和数学探究的能力.

3. 过程与方法

(1) 使学生经历抛物线方程的建构过程，构建数形结合看问题的数学素养；

(2) 类比椭圆、双曲线定义和方程的引出过程，探究抛物线定义和方程，培养学生类比猜想和抽象概括的能力；

(3) 设计作图、用教具描绘轨迹，用几何画板描绘轨迹，体验和发现在求几何轨迹中的数学问题，培养学生的探究问题的良好习惯，提高学生发现问题、提出问题和自主探究的能力.

4. 情感态度价值观

(1) 激发学生学习积极性;

(2) 培养思维的灵活性和批判性, 培养学生的探索精神和创新个性;

(3) 体验数学中“形”与“式”的完美的有机联系, 进一步提高学生“应用数学”意识.

三、教学重点与难点

1. 教学重点

抛物线的定义和标准方程的推导.

2. 教学难点

抛物线的标准方程的不同形式.

四、教学准备

1. 教学方法

探究、讨论、交流、演练.

2. 教学手段

多媒体、实物及投影仪; 数学实验室.

3. 知识准备

前一天布置同学浏览人教版高中数学选修 2-2 第 71 页倒数第 2 行至 75 页, 了解之类比推理.

五、教学过程设计

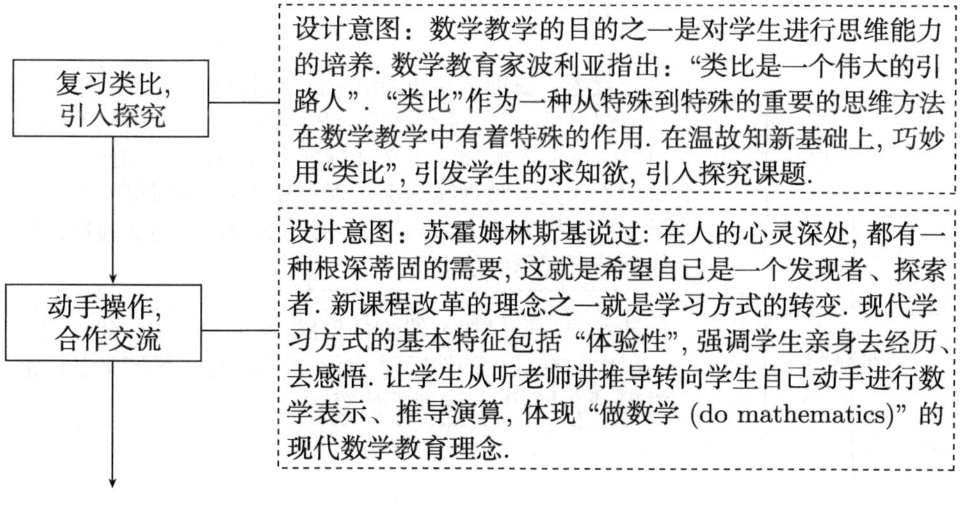

点评精选猜想，展开讨论，引导深入探究

设计意图：学生是课堂的主人，学生对问题进行讨论和探究的过程中，不乏闪光点. 教师在现场编制问题,引发学生们的深入思考，重新在不同的视角进行更深一步的思考. 从而达到由不理想到理想，由不到位到到位. 让学生体验数学的美，激发学生的好奇心和求知欲，在学生越探究越有滋味，情绪高涨时，进一步提出新的要求和新的问题. 实践孔子的格言："知之者不如好之者；好之者不如乐之者."

↓

实验操作，联想类比，抽象概括

设计意图：概念的形成过程 —— 是学生从获取感性的认识开始，逐步上升到理性认识的过程. 有目的地创设问题情景，让学生自己构建概念. 引导由浅入深，"步步为营"；实验中开展联想、类比、归纳和概括，提炼出数学结论. 启迪学生步步深入挖掘问题的实质，进而牢固地把握概念的实质及概念间的联系与区别.

↓

尝试分类方法，探究抛物线标准方程的几种形式

设计意图：佛赖登塔尔认为，分组互动是好的学习方式，学生通过自己或与他人合作的努力得到的结论和创造是教育内容的一部分. 引导学生去发现抛物线的方程(为什么有四种不同形式?)，培养学生用分类的方法发来探究数学问题的能力；体会抛物线标准方程的几种(四种)形式的现实意义，辨析p的几何意义. 亲身感受四种抛物线标准方程的相同点与不同点.

↓

定义和标准方程的应用

设计意图：根据斯金纳的强化原理及培养学生思维的灵活性与批判性的要求，设计例题和练习，以巩固所学. 可以让学生接触不同形式的问题，进一步学习和巩固数形结合的思想方法.

↓

意犹未尽

设计意图：新课程标准提出的三维目标中包括情感态度价值观目标. 设计灵活多变、步步深入的探究的问题串，引导学生进入抛物线定义和标准方程的综合应用情景；在应用中达到对抛物线的深入理解和掌握. 同时进一步培养学生数学探究能力，培养学生思维的敏捷性与变通性提高他们分析问题的能力.

↓

画龙点睛

设计意图：通过探究线索的回顾，强化新知识，建立起较高层次的有意义条件反射，而不是机械地记忆定义及标准方程. 同时为下节课埋下伏笔.

↓

牛刀小试

设计意图：第1、2题是为了巩固本节课所学知识，使学生掌握好抛物线的标准方程；第 3 题是为学生提供更大的思维发展空间，是把课内知识延伸到课外，用本节课所学的知识和探究方法解决“过抛物线焦点的弦长问题”，以培养学生的问题解决能力和数学探究能力.

六、教学过程设计

(一) 教学环节一：复习类比，引入探究(约 3 分钟)

本环节的教学内容：

(1) (47 页例 6)点 $M(x,y)$ 与定点 $F(4,0)$ 的距离，和它到定直线 l ：$x=\dfrac{25}{4}$ 的距离 d 的比是常数 $e=\dfrac{4}{5}\,(<1)$，求 M 的轨迹.

略解　$\dfrac{|MF|}{d}=e=\dfrac{4}{5}\Rightarrow\dfrac{x^2}{25}+\dfrac{y^2}{9}=1$.

(2) (上题改变条件)　$F(-4,0)$，l ：$x=-\dfrac{25}{4}$.

让学生求出点 M 的轨迹：$\dfrac{x^2}{25}+\dfrac{y^2}{9}=1$ (图 25.1).

(3) (59 页例 5)点 $M(x,y)$ 与定点 $F(5,0)$ 的距离，和它到定直线 l ：$x=\dfrac{16}{5}$ 的距离 d 的比是常数 $e=\dfrac{5}{4}\,(>1)$，求 M 的轨迹.

略解　$\dfrac{|MF|}{d}=e=\dfrac{5}{4}\Rightarrow\dfrac{x^2}{16}-\dfrac{y^2}{9}=1$ (图 25.2).

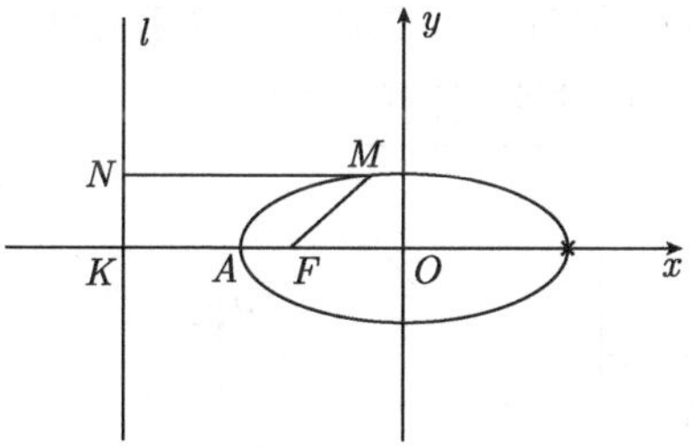

图 25.1

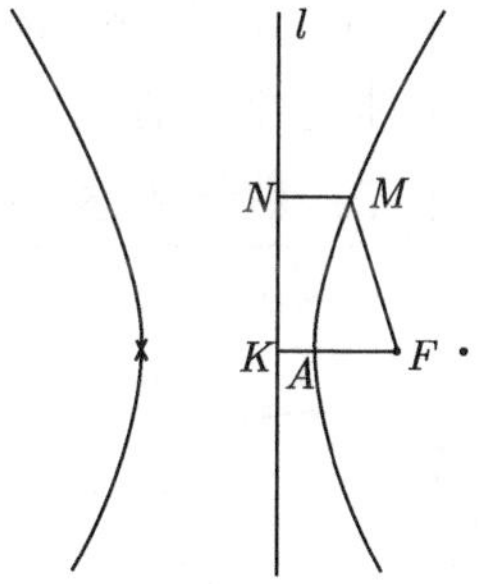

图 25.2

问题一：

1.1　从上面两个例题中，试比较是什么条件起关键作用，使得他们的轨迹是两种不同的曲线；把这关键条件变一变，会得到什么命题？

1.2　通过对上面两个例题中的条件进行比较，我们进行合情推理猜想，又能得到什么命题？

<table>
<tr><td rowspan="3">本环节的</td><td>教师活动</td><td>教师展示两个已经学过的例题，引出两个问题.</td></tr>
<tr><td>学生活动</td><td>学生听课，思考问题.</td></tr>
<tr><td>设计意图</td><td>数学教学的目的之一是对学生进行思维能力的培养. 数学教育家波利亚指出：“类比是一个伟大的引路人”. “类比”作为一种从特殊到特殊的重要的思维方法在数学教学中有着特殊的作用. 在对所学学过的内容进行反思，既复习巩固旧知识，又温故知新，从不陌生的内容出发，巧妙用“类比”，引发学生的求知欲，引入探究课题</td></tr>
</table>

(二) 教学环节二：动手操作，合作交流，监察探究过程 (约 4 分钟)

本环节的教学内容：

学生就近四人一组猜想命题，进行讨论交流，写成书面命题；

教师巡视，发现 3 个以上有意义的命题，让学生代表板书在黑板上(投影).

<table>
<tr><td rowspan="3">本环节的</td><td>教师活动</td><td>教师发出指令，引导学生操作，监察学生的探究过程，巡视发现 3 个以上有意义的命题，让学生代表板书在黑板上，让大家分辨，交流讨论.</td></tr>
<tr><td>学生活动</td><td>学生四人一组思考、表达，猜想命题，进行讨论交流，写成书面命题.</td></tr>
<tr><td>设计意图</td><td>让学生亲身去经历、去体验，去感悟.让学生从听老师讲推导转向学生自己动手进行数学猜想、进行数学表示、推导演算，体现“做数学 (do mathematics)”的现代数学教育理念.尝试从熟悉的数学问题中捕捉数学信息，运用比较、类分、合情推理等数学方法探究数学问题，完善数学表达，形成良好的讨论交流的习惯.</td></tr>
</table>

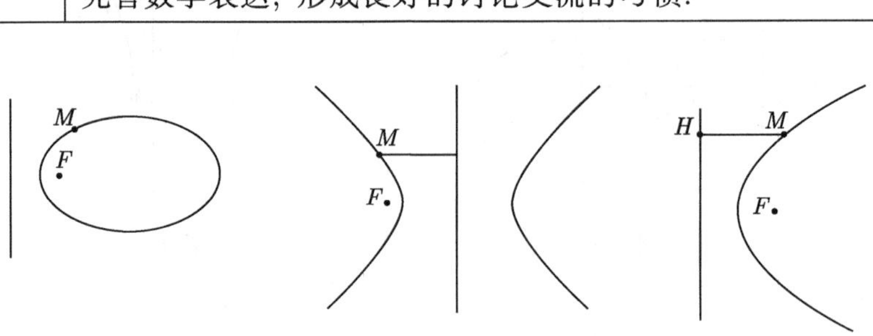

(a) $0<e<1$　　(b) $e>1$　　(c) $e=1$

图 25.3

(学生可能想到 $e=1$ 的情形，图 25.3(a)只是老师预存在课件中)

(三) 教学环节三：点评学生的猜想，精选其中的猜想，展开讨论，引导深入探究 (约 6 分钟)

命题一 (在学生中产生)　点 $M(x,y)$ 与定点 $F(5,0)$ 的距离，和它到定直线 l ：$x=\dfrac{16}{5}$ 的距离 d 的比是常数 $e=1$，求 M 的轨迹.

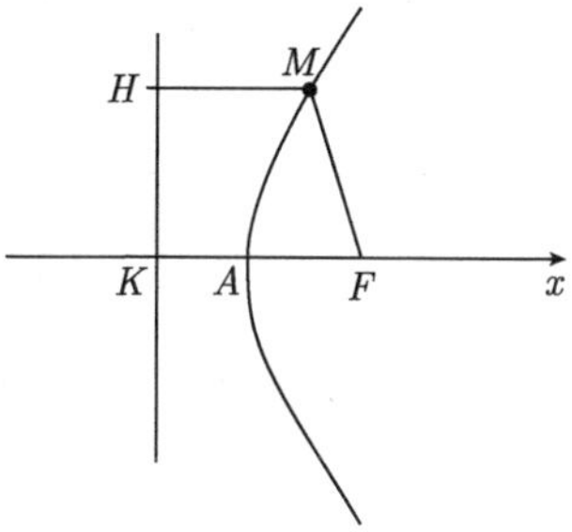

图 25.4

解　$\dfrac{|MF|}{d}=e=1$，即 $\dfrac{\sqrt{(x-5)^2+y^2}}{\left|x-\dfrac{16}{5}\right|}=1$，得

$$y^2=\frac{18}{5}x-\frac{9\times 41}{25}\quad 或\quad x=\frac{5}{18}\left(y^2+\frac{9\times 41}{25}\right).$$

引导观察并注意到：上述方程可看成关于 y 的二次函数，它的图像是以 x 轴为对称轴的抛物线. 如图 25.4 所示，设此抛物线与 x 轴交点为 A，则 $A\left(4\dfrac{1}{10},0\right)$；设定直线 l ：$x=\dfrac{16}{5}$ 与 x 轴的交点为 K，则 $K\left(3\dfrac{1}{5},0\right)$；经描点观察，知 A 是线段 $\overline{KF}$ 的中点. 从而改变命题一的条件得如下新命题.

命题二　点 $M(x,y)$ 与定点 $F(3,0)$ 的距离，和它到定直线 l ：$x=-3$ 的距离 d 的比是常数 $e=1$，求 M 的轨迹.

解　$\dfrac{\sqrt{(x-3)^2+y^2}}{|x-(3)|}=1$，得　$y^2=12x$.

学生惊呼，这是形式很好(美)的抛物线(图 25.5)！由此，我们又得到一类新的轨迹.

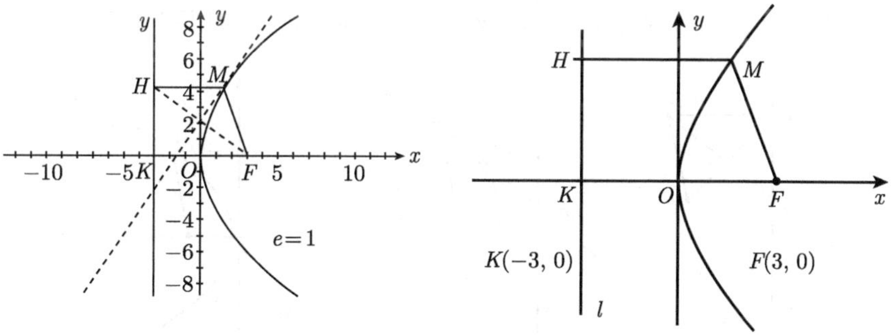

图 25.5

<table>
<tr><td rowspan="3">本环节的</td><td>教师活动</td><td>点评、筛选、点拨、引导讨论的深入展开.</td></tr>
<tr><td>学生活动</td><td>在教师的点拨下，深入研究相关命题，引出新的猜想.</td></tr>
<tr><td>设计意图</td><td>根据学生是学习的主体，教师是组织者、引导者与合作者的新理念.让学生当课堂的主人，学生对问题进行了讨论和探究过程中，不乏闪光点.教师在现场点拨问题，引发学生们的深入思考，重新在不同的视角进行更深一步的思考.从而达到由不理想到理想，由不到位到到位.让学生体验数学的美，激发学生的好奇心和求知欲，在学生越探究越有滋味，情绪高涨时，进一步提出新的要求和新的问题.实践孔子的格言：“知之者不如好之者；好之者不如乐之者.”</td></tr>
</table>

(四) 教学环节四：实验操作，联想类比，抽象概括(形成概念，导出方程) (约 6 分钟)

本环节的教学内容：

1. 提出问题.

问题二：

2.1　对命题一、二中及其结果，进行归纳(不完全归纳)，得出一般性命题；

2.2　对你所得出的一般性命题，进行几何画板演示(或几何作图)，描出动点的轨迹；

2.3　类比椭圆、双曲线，给出所讨论曲线(抛物线)的定义，求出它的(标准)方程.

2. 学生根据以上问题和要求，分组实验，探究讨论；教师巡视，及时反馈和调控.

预计学生可能探究的结果：

(1) 命题一、二的一般性命题：点 $M(x,y)$ 与定点 F 的距离 $|MF|$，和它到定直线 l 的距离 d 的比是常数 $e=1$，则 M 的轨迹是抛物线. 即，与定点 F 和定直线 l 的距离相等的点 M 的轨迹是抛物线.

(2) 进行几何画板演示(或几何作图)，描出动点的轨迹：

(如图 25.6 所示，点 F 是定点，l 是不经过点 F 的定直线. H 是 l 上任意一点，过点 H

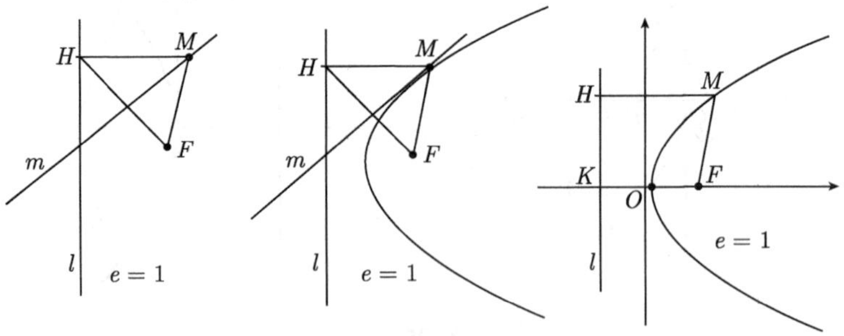

图 25.6

作 $MH \perp l$，线段 FH 的垂直平分线 m 交 MH 于点 M，拖动点 H，观察点 M 的轨迹，能发现点 M 满足的几何条件吗？——动点 M 到定点 F 和到定直线 l 的距离相等.)

(3) 结合观察命题二的结果和几何画板实验结果，体会到(抓住)**三个决定条件**：定点 F，定直线 l，$|MF| = d\,(e=1)$.

类比椭圆、双曲线，给出抛物线的定义，求出它的(标准)方程.

(4) 定义：平面内与定点 F 和定直线 l 的距离相等的点 M 的轨迹叫做抛物线(parabola). 点 F 叫做焦点，直线 l 叫做准线.

(5) 推导抛物线的标准方程：

适当建立坐标系，过 F 作 l 的垂线，垂足为 K，取直线 KF 为 x 轴，线段 KF 的中点为原点 O，设 F 与定直线 l 的距离 $|FK| = p$，则点 F 的坐标为 $\left(\frac{p}{2},0\right)$，准线 l 的方程为 $x = -\frac{p}{2}$.

设点 $M(x,y)$ 是抛物线上任一点，点 M 到 l 的距离为 $d = \left|x - \left(-\frac{p}{2}\right)\right|$，而 $|MF| = \sqrt{\left(x-\frac{p}{2}\right)^2 + y^2}$，所以，抛物线就是如下点集：$\{M \| MF| = d\}$，即动点 $M(x,y)$ 满足下列方程：

$$\sqrt{\left(x-\frac{p}{2}\right)^2 + y^2} = \left|x - \left(-\frac{p}{2}\right)\right|,$$

化简，得

$$y^2 = 2px \ . \tag{25.1}$$

方程(25.1)叫做抛物线的标准方程. 它表示的抛物线的焦点 F 的坐标是 $\left(\frac{p}{2},0\right)$，准线 l 的方程是 $x = -\frac{p}{2}$.

(请同学们观察，这时，抛物线顶点在原点，以 x 轴为对称轴，开口向右.)

本环节的	教师活动	提出问题二，教师巡视，及时反馈和调控；引导和修正学生可能探究的结果，统一和规范抛物线的定义.因势利导助学生导出抛物线标准方程(25.1).
	学生活动	对命题一、二中及其结果，进行归纳；对你所得出的一般性命题，进行几何画板演示(或几何作图)，探究动点的轨迹；类比椭圆、双曲线，给出所讨论曲线(抛物线)的定义，试求出它的(标准)方程.

	设计意图	概念的形成过程——是学生从获取感性的认识开始，逐步上升到理性认识的过程.有目的地创设问题情景，让学生自己构建概念.引导由浅入深，“步步为营”；实验中开展联想、类比、归纳和概括，提炼出数学结论.启迪学生步步深入挖掘问题的实质，进而牢固地把握概念的实质及概念间的联系与区别；理解概念的脉络与体系，深化概念的教学.

(五) 教学环节五：自主探究，尝试类分法，得出抛物线标准方程的几种(四种)形式，探究 p 的几何意义 (约 8 分钟)

本环节的教学内容：

探究:坐标系的建立还有没有其他方案，也会使抛物线方程的形式简单？生产和生活中抛物线可以分为多少种类型来建立它的标准方程？

抛物线在实际中应用广泛，展示几个例子，以提高学习积极性(持久).

(1) 探照灯的反射镜面是抛物面；

(2) 一种卫星接收天线是抛物面,它的轴截面是抛物线，如图 25.7(a)所示；

(3) 喷泉的弧线，如图 25.7(b)所示；

……

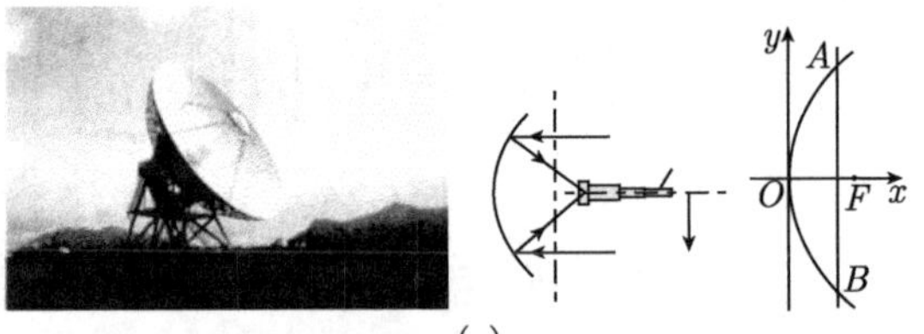

(a)

(b)

图 25.7

既然抛物线那么重要，我们就很有必要对其进行深入讨论.

1. 让学生讨论：抛物线的标准方程(25.1)，表示了顶点在原点，以 x 轴为对称轴，开口向右的抛物线.试发现它的“数与形”的分类特征？

抛物线的标准方程(25.1)，表示了顶点在原点，以 x 轴为对称轴，开口向右的抛物线.它的“数与形”的分类特征：焦点 F 在准线 l 的右方.

如果考虑在平面上一个点 F 和一条不过点 F 的直线 l 的位置关系来分，抛物线可以分类如下：

(1) 焦点 F 在准线 l 的右方(图 25.8(a))；

(2) 焦点 F 在准线 l 的左方(图 25.8(b))；

(3) 焦点 F 在准线 l 的上方(图 25.8(c))；

(4)焦点 F 在准线 l 的下方(图 25.8(d)). (设 F 到 l 的距离为 p.)

2. 独立探究完成表 25.1，然后小组交流，交流的重点在于所填结果是否正确，以及交流和说明抛物线标准方程中的参数 p 的几何意义.

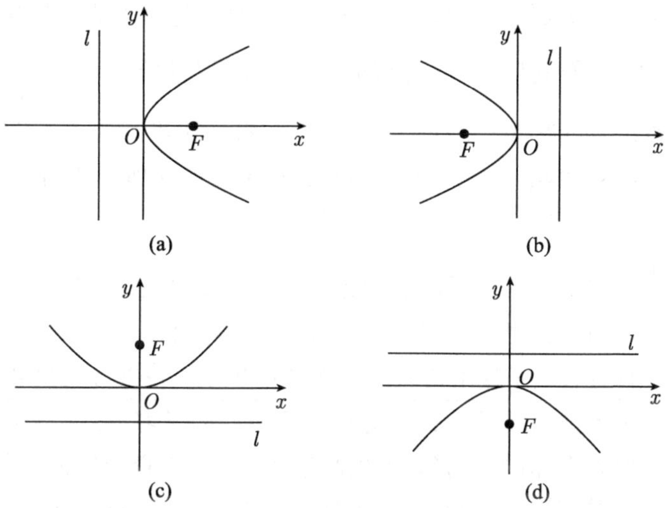

图 25.8

表 25.1

序号	图形	标准方程	焦点坐标	准线方程
(1)	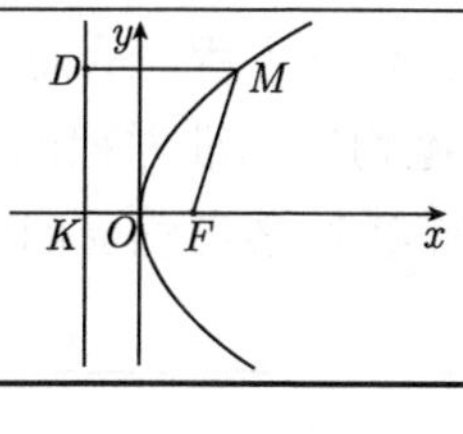	$y^2=2px$ $(p>0)$	$\left(\frac{p}{2},0\right)$	$x=-\frac{p}{2}$

续表

序号	图形	标准方程	焦点坐标	准线方程
(2)	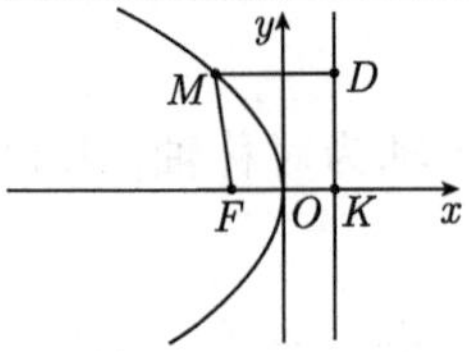			
(3)	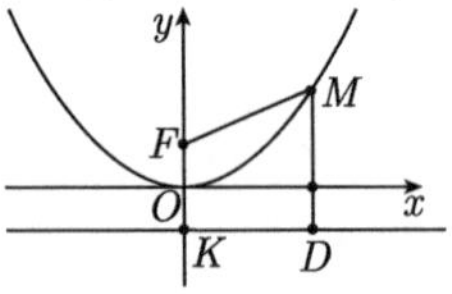			
(4)	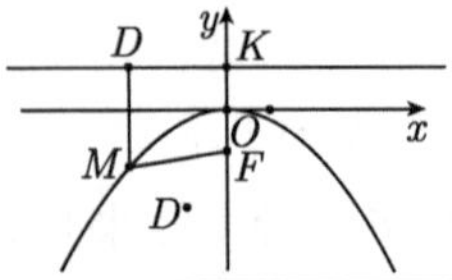			

相同点：①抛物线都过原点；②对称轴为坐标轴；③准线都与对称轴垂直，垂足与焦点关于原点对称．它们到原点的距离都等于一次项系数绝对值的$\frac{1}{4}$，即$\frac{2p}{4}=\frac{p}{2}$，亦即等于焦点 F 到准线 l 的距离为 p 的一半．从而说明 p 的几何意义：F 到 l 的距离为 p．

不同点：让学生从“+, −”号，开口方向，与焦点所在地位置，x 和 y 的次数等因素去罗列和辨析．

本环节的	教师活动	组织、导航、提问、规范与点拨，使讨论深入展开．
	学生活动	参与讨论抛物线的“数与形”的分类特征，举一反三，动手构建各种方程，完成抛物线四种形式的填表，并进行观察和思辨．
	设计意图	佛赖登塔尔认为，分组互动是很好的学习方式，学生通过自己或与他人合作的努力得到的结论和创造是教育内容的一部分．引导学生去发现抛物线的方程(为什么有四种不同形式？)，培养学生用类分的方法来探究数学问题的能力.通过类分抛物线的焦点与准线的不同位置，培养学生的观察与猜想的能力；通过讲解第一种标准方程的形成，引出其他三种位置的标准方程的问题，发散学生思维，使学生习得数形结合方法，探究其他三种标准方程，从而做到“发散思维，举一反三，触类旁通”．加深对抛物线标准方程的几种(四种)形式的现实意义觉理解，辨析 p 的几何意义.亲身感受四种抛物线标准方程的相同点与不同点．

（六）教学环节六：定义和标准方程的应用，练习巩固（约 4 分钟）

本环节的教学内容：

例 1　求下列抛物线的焦点坐标和准线方程.

(1) $y^2=8x$; (2) $x^2=-6y$.

解　(1) $p=4$，所以抛物线的焦点 $F(2,0)$；准线 l 的方程为 $x=-2$.

(2) $p=3$，所以抛物线的焦点 $F\left(0,\dfrac{3}{2}\right)$；准线 l 的方程为 $y=\dfrac{3}{2}$.

课堂练习　已知焦点是 $F(-2,0)$求它的标准方程.

解　因为焦点是 F 在 y 轴的负半轴，且 $\dfrac{p}{2}=2$，$p=4$，所以所求抛物线方程是 $x^2=-8y$.

本环节的	教师活动	例题师生共同讨论，学生先练习，检查练习过程，教师提问学生口述，教师板书.
	学生活动	练习，演算，表达，答题.
	设计意图	根据斯金纳的强化原理及培养学生思维的灵活性与批判性的要求，设计例题和练习，以巩固所学.可以让学生接触不同形式的问题，进一步学习和巩固数形结合的思想方法.

（七）教学环节七：意犹未尽(约 8 分钟)

本环节的教学内容：

例 2　如图 25.9 所示，已知抛物线 $y^2=4x$ 的顶点为 O，焦点为 F，设过焦点为 F 的

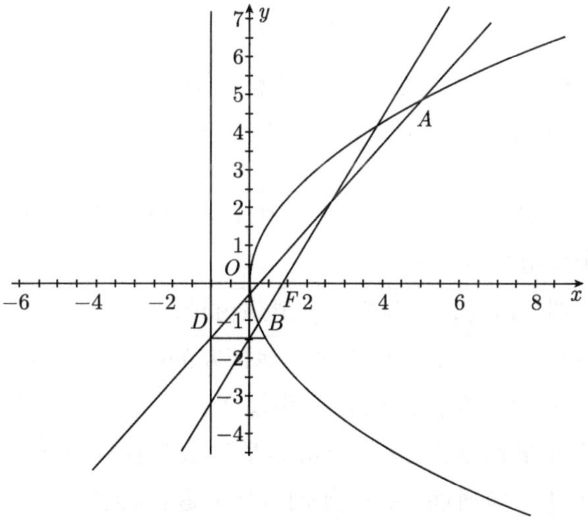

图 25.9

直线交抛物线于 A、B 两点，其中 $A(4,4)$，作直线 OA 交准线 l 于 D，试解决如下问题：

(1) 求 B 点、D 点的坐标；观察线段 BD 与 x 轴的关系；

(2) 考察当点 A 在抛物线上移动时，如 $A_1\left(\frac{9}{3},3\right)$，$A_2(1,2)$，…，观察相应的点 $B_1,B_2,D_1,D_2,\cdots$；

(3) 用几何画板实验操作. 拖动点 A，相应观察线段 BD 的位置情况；

(4) 写出你观察到的数学结论.

解　(1) 由给出的抛物线

$$y^2=4x, \tag{25.2}$$

画出图形(图 25.9)，这里 $p=2$，所以，焦点 $F(1,0)$.

准线 l:

$$x=-1, \tag{25.3}$$

直线 AF 的方程是

$$y=\frac{4}{3}(x-1), \tag{25.4}$$

直线 AO 的方程是

$$y=x. \tag{25.5}$$

联立(25.2)、(25.4)，可得 B 点的坐标为 $\left(\frac{1}{4},-1\right)$；

联立(25.3)、(25.5)，可得 D 点的坐标为 $(-1,-1)$.

观察，可知点 B, D 的纵坐标相等，所以 $DB//x$ 轴.

问题(2)(3)(4)给学生练习、实验操作，猜想讨论.

(下一节提醒该问题的最后结论，可以解决 70 页例 5.)

<table>
<tr><td rowspan="3">本环节的</td><td>教师活动</td><td>设计灵活多变、步步深入地探究的问题串；对问题(1)示范讲解，其余引导学生演练.</td></tr>
<tr><td>学生活动</td><td>听讲，演练，实验操作，猜想讨论.</td></tr>
<tr><td>设计意图</td><td>设计灵活多变、步步深入地探究的问题串，引导学生进入抛物线定义和标准方程的综合应用情景；在应用中达到对抛物线的深入理解和掌握.同时进一步培养学生数学探究能力，培养学生思维的敏捷性与变通性，提高他们分析问题的能力.</td></tr>
</table>

（八）教学环节八：画龙点睛（约 4 分钟）

本环节的教学内容：

本节课小结.

1. 抛物线定义的探究线索

椭圆实例：$\dfrac{|MF|}{d}=e=\dfrac{4}{5}\,(e<1)$,

双曲线实例：$\dfrac{|MF|}{d}=e=\dfrac{5}{4}\,(e>1)$.

类比、猜想，并验证：抛物线 $\dfrac{|MF|}{d}=1\,(e=1)$.

⇨ 抛物线定义：$|MF|=d$（中文表达）.

2. 用分类方法探究标准方程

(1) 焦点在 x 轴正半轴上(F 在 l 的右方)：$y^2=2px$，焦点：$\left(\dfrac{p}{2},0\right)$，准线 $l:x=-\dfrac{p}{2}$.

(2) 焦点在 x 轴负半轴上(F 在 l 的左方)：$y^2=-2px$，焦点：$\left(-\dfrac{p}{2},0\right)$，准线 $l:x=\dfrac{p}{2}$.

(3) 焦点在 y 轴正半轴上(F 在 l 的上方)：$x^2=2py$，焦点：$\left(0,\dfrac{p}{2}\right)$，准线 $l:y=-\dfrac{p}{2}$.

(4) 焦点在 y 轴正半轴上(F 在 l 的下方)：$x^2=-2py$，焦点：$\left(-0,\dfrac{p}{2}\right)$，准线 $l:y=\dfrac{p}{2}$.

3. p 的几何意义、应用探究方法再训练

p 的几何意义：F 到 l 的距离为 p.

结合复习巩固知识，把练习及其延伸设计成灵活变化条件，从特殊到一般探究新结论的再实践.

本环节的	教师活动	引导小结抛物线定义和标准方程的探究线索，强化 p 的几何意义.
	学生活动	学生思考、体会.
	设计意图	通过探究线索的回顾，强化新知识，建立起较高层次的有意义条件反射，而不是机械的记忆定义及标准方程.

（九）教学环节九：牛刀小试(布置家庭作业)（约 1 分钟或增至 2 分钟）

本环节的教学内容：

1. (67 页第 1 题变式)根据下列条件写出抛物线的标准方程：

(1) 焦点是 $F(3,\,0)$；

(2) 准线方程是 $x=-4$；

(3) 焦点到准线的距离是 4, 焦点在 y 轴上.

2. (67 页第 2 题)求下列抛物线的焦点坐标和准线方程.

(1) $y^2=20x$;　(2) $x^2=\frac{1}{2}y$;　(3) $2y^2+5x=0$;　(4) $x^2+8y=0$.

3. 数学探究：过焦点的弦长问题(补充题).

问题　斜率为 1 的直线 L 经过抛物线 $y^2=4x$ 的焦点 F, 且与抛物线相交于 A，B 两点, 求线段 AB 的长.

问题串之一　尝试解决(不止一种解法)：

解法之一 (数形结合)

分析　如图 25.10 所示, 由抛物线的定义可知：

$$|AF|=|AA'|,\qquad |BF|=|BB'|,$$

所以

$$|AB|=|AA'|+|BB'|=x_1+1+x_2+1=x_1+x_2+2,$$

即只要求出 x_1+x_2，即可求出 $|AB|$.

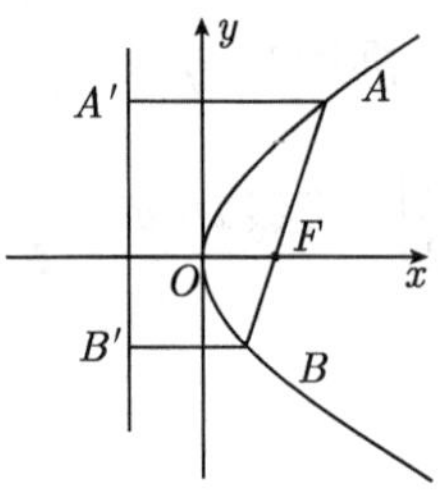

图 25.10

解　因为 $p=2$, 所以焦点 $F(1,0)$, 准线 l：$x=-1$, 则直线 l 的方程为 $y=x-1$，代入 $y^2=4x$，化简得

$$x^2-6x+1=0,\quad \text{所以 } x_1+x_2=6.$$

所以

$$|AB|=|AA'|+|BB'|=x_1+x_2+2=8.$$

所以线段 $|AB|$ 的长为 8.

问题串之二　把原题条件的斜率 $k=1$ 变化为 $k_1=\frac{1}{2}$，$k_2=\frac{1}{4}$，$k_3=2,\cdots$，求相应的 $|A_1B_1|$，$|A_2B_2|$，$|A_3B_3|$，$\cdots$.

问题串之三　试试把上例的条件一般化. (请同学们课后用几何画板或超级几何画板等软件来进行相应的数学探究.)

“ 将上题变为：斜率为 k 的直线 L 经过抛物线 $y^2=2px$ 的焦点 F, 且与抛物线相交于 A、B 两点, 求线段 AB 的长？”

探究结果

(1) 过抛物线焦点的弦长公式：$|AB|=x_1+x_2+p$.

(2) 当直线垂直于 x 轴时，$|AB|=2p$.

(下一节提醒该问题的最后结论, 可以解决 69 页例 4.)

本环节的	教师活动	布置作业.
	学生活动	记录作业.
	设计意图	第 1、2 题是为了巩固本节课所学知识，使学生掌握好抛物线的标准方程；第 3 题是为学生提供更大的思维发展空间，是把课内知识延伸到课外，用本节课所学的知识和探究方法解决“过抛物线焦点的弦长问题”，以培养学生的问题解决能力和数学探究能力.

七、板书设计

略

闪光之点

(一) 目标创新

(1) 使学生掌握数学研究中常用的几种思维方法：类比方法、分类方法、归纳方法，能够用于解决简单的数学问题；

(2) 培养学生自主探究和合作交流的学习习惯.

(二) 教法创新

改变了传统的几乎由教师包办一切的教学模式,让学生自由思维.课堂的重心，从教转到学；从教师主导(讲课)，转到学生主演——主动参加有老师引导下的动手操作，实验对比，数学猜想，探究论证，合作交流.

(三) 数学创新

本节课教学设计环环相扣，分层递进，抓住学生的求知心理，不断制造悬念，给学生提供想象空间，发散学生的思维、培养学生自主探究的能力、激发学生的兴趣.结合教具和实验室设备操作，采用了类比等方法，贯穿数形结合的数学思想，启发、引导学生探索、思辨、发现并运用数学规律.实践如下的教育格言：教育的艺术不在于传授,而在于唤醒、激励和鼓舞! 体现“教师为导演，学生为演员，探究为主线，思维为核心”的教学风格.通过引导学生实验、观察、比较、分析和概括，使学生充分地动手、动口、动脑，参与教学的全过程.

利用几何画板作图的生动形象性，有利于授课时解决作图所出现的难度与理解时抽象性，有利于学生理解抛物线轨迹的形成与延伸过程；通过类比猜想，探究讨论，数形结合等方法，有助于学生学习数学，发现数学的美，引发好奇心；从而摆脱了传统地灌输模式.通过抛物线焦点在准线的不同位置而形成的问题，逐步探讨抛物线的标准方程及其性质，层层深入.课堂上的热身练习与变式练习有效地巩固了所学知识.通过变式练习来发散学生的思维，有助于发散思维与综合能力的培养.

对选修 2-1 的 2.4 节内容进行整体考虑，打乱教材在这一节的系统，以数学思维的训练和培养为主线，设计成探究的问题串，通过学生主动参与实验和探究，逐步解决问题，师生共同抽象概括，构建学生自身的知识体系，形成高认知水平的学习方法.

完善之处

本节课没有考虑到特殊情况发生，如学生课堂纪律或学生在探索过程中有新的发现等.由于课堂时间的关系，本节课较难顾及差生的进度.

建议　以探究问题为主线，整合 2.4 节(抛物线)整节内容，用 2 节课连堂在数学实验室来上，使探究过程比较充分，知识的构建较完整.

(惠州学院数学系　邬振明　提供并点评)

附录　本科生的试教教案(及点评)

课题：抛物线及其标准方程(一)

一、教学内容

抛物线及其标准方程(人教版高中数学选修 2-1 第 64 页至 67 页，第 69 页例 4，1 个课时).

二、教学目标

1. 知识目标

(1) 使学生掌握抛物线的定义，标准方程，理解其推导过程;

(2) 根据定义画出抛物线的草图，明确 p 的几何意义，能解决简单的求抛物线标准方程的问题;

(3) 使学生能熟练地运用坐标，进一步提高学生“应用数学”的水平.

2. 能力目标

(1) 利用教具演示引出抛物线定义(这种直观形象的过程类似于椭圆、双曲线定义引出过程);

(2) 培养学生动手能力、自学能力, 提高教学效果 , 进一步明确抛物线上的点的几何意义;

(3) 培养学生归纳推理或类比推理的能力, 帮助他们形成提出问题和自主探究的能力.

3. 情感目标

(1) 激发学生学习积极性;

(2) 培养思维的变通性和严密性, 培养学生的探索精神和创新个性.

三、数学重点与难点

1. 教学重点

抛物线的定义以及抛物线的标准方程的推导.

2. 教学难点

抛物线概念的形成以及抛物线标准方程的不同形式.

四、教学方法与手段

1. 教学方法

探究、讨论、交流、讲练结合.

2. 教学手段

多媒体、实物投影仪.

五、教学过程设计

(一) 复习引入

(1) 椭圆的第二定义：一动点到定点 F 的距离和它到一条定直线 l 的距离的比是一个 $(0,1)$ 内的常数 e, 那么这个点的轨迹叫做椭圆. 其中定点叫做焦点, 定直线叫做准线, 常数 e 就是离心率(图 25.11).

(2) 双曲线的第二定义：一动点到定点 F 的距离与到一条定直线 l 的距离之比是一个 $(1,+\infty)$ 内的常数 e, 那么这个点的轨迹叫做双曲线. 其中定点叫做双曲线的焦点, 定直线叫做双曲线的准线. 常数 e 是双曲线的离心率(图 25.12).

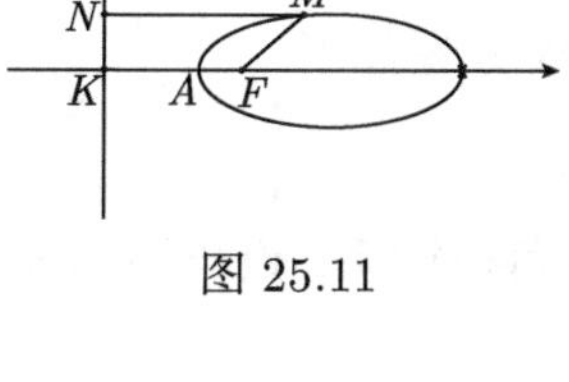

图 25.11

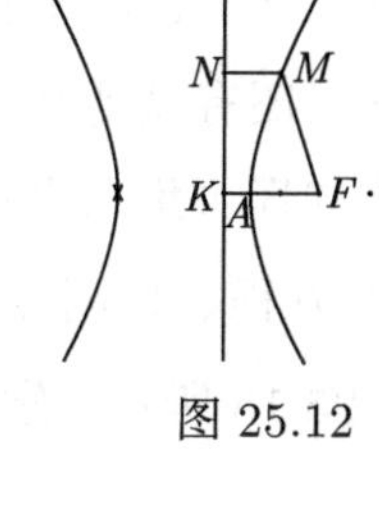

图 25.12

(3) 问题：到定点距离与到定直线距离之比是定值 e 的点的轨迹，当 $0<e<1$ 时是椭圆，当 $e>1$ 时是双曲线. 此时大家会想，当 $e=1$ 时轨迹是什么？

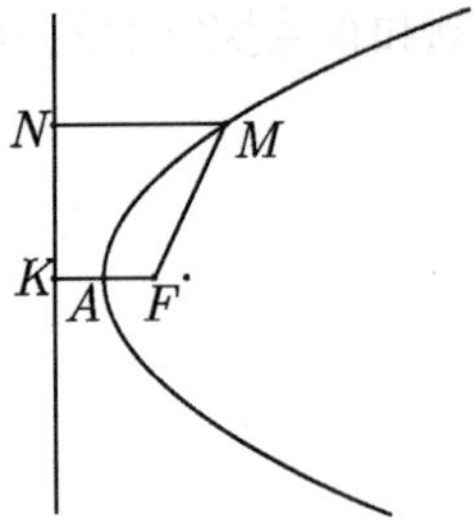

图 25.13

若一动点到定点 F 的距离与到一条定直线 l 的距离之比是一个常数 $e=1$ 时，那么这个点的轨迹是什么曲线？

把一根直尺固定在图板上直线 L 位置，把一块三角板的一条直角边紧靠着真心直尺的边缘，再把一条细绳的一端固定在三角板的另一条直角边的一点 A，取绳长等于点 A 到直角标顶点 C 的长(即点 A 到直线 L 的距离)，并且把绳子的另一端固定在图板上的一点 F. 用铅笔尖扣着绳子，使点 A 到笔尖的一段绳子紧靠着三角板，然后将三角板沿着直尺上下滑动，笔尖就在图板上描出了一条曲线(图 25.13).

(二) 新课讲授

1. 抛物线定义

平面内与一个定点 F 和一条定直线 l 的距离相等的点的轨迹叫做**抛物线**. 定点 F 叫做抛物线的焦点，定直线 l 叫做抛物线的准线.

2. 推导抛物线的标准方程

如图 25.14 所示，建立直角坐标系，设 $|KF|=p\ (p>0)$，那么焦点 F 的坐标为 $\left(\frac{p}{2},0\right)$，准线 l 的方程为 $x=-\frac{p}{2}$，设抛物线上的点 $M(x,\ y)$，则有

$$\sqrt{\left(x-\frac{p}{2}\right)^2+y^2}=\left|x+\frac{p}{2}\right|.$$

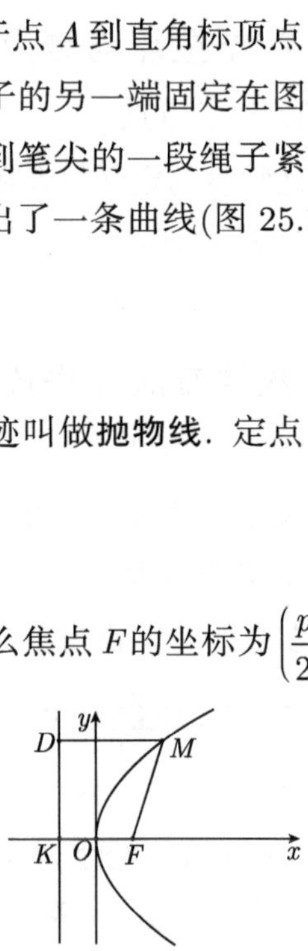

图 25.14

化简方程得　$y^2=2px\ \ (p>0)$.

方程 $y^2=2px\ \ (p>0)$ 叫做抛物线的标准方程.

(1) 它表示的抛物线的焦点在 x 轴的正半轴上，焦点坐标是 $F\left(\frac{p}{2},0\right)$，它的准线方程是 $x=-\frac{p}{2}$.

(2) 一条抛物线，由于它在坐标系的位置不同，方程也不同，有四种不同的情况，所以抛物线的标准方程还有其他几种形式：$y^2=-2px$，$x^2=2py$，$x^2=-2py$.这四种抛物线的图形、标准方程、焦点坐标以及准线方程如下.

3. 抛物线的准线方程、相同点及不同点

准线方程：如图 25.15 所示，分别建立直角坐标系，设出 $|KF|=p\ (p>0)$，则抛物线

的标准方程如下：

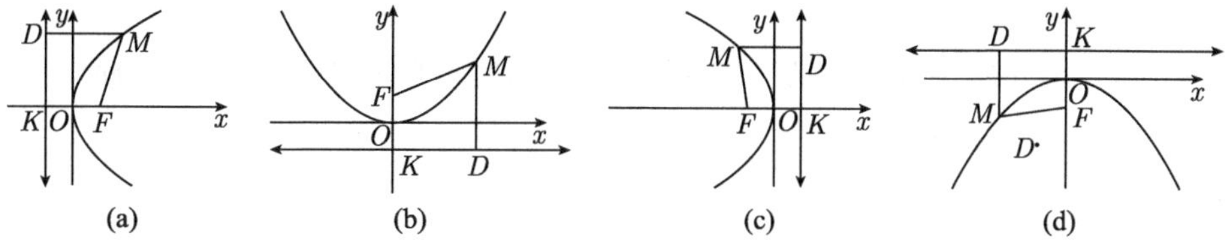

图 25.15

(1) $y^2=2px(p>0)$，焦点：$\left(\frac{p}{2},0\right)$，准线 l：$x=-\frac{p}{2}$(图 25.15(a))；

(2) $x^2=2py(p>0)$，焦点：$\left(0,\frac{p}{2}\right)$，准线 l：$y=-\frac{p}{2}$(图 25.15(b))；

(3) $y^2=-2px(p>0)$，焦点：$\left(-\frac{p}{2},0\right)$，准线 l：$x=\frac{p}{2}$(图 25.15(c))；

(4) $x^2=-2py(p>0)$，焦点：$\left(0,-\frac{p}{2}\right)$，准线 l：$y=\frac{p}{2}$(图 25.15(d)).

相同点：(1) 抛物线都过原点；

(2) 对称轴为坐标轴；

(3) 准线都与对称轴垂直，垂足与焦点在对称轴上关于原点对称。它们到原点的距离都等于一次项系数绝对值的 $\frac{1}{4}$，即 $\frac{2p}{4}=\frac{p}{2}$.

不同点：(1) 图形关于 x 轴对称时，x 为一次项，y 为二次项，方程右端为 $\pm2px$ 、左端为 y^2；图形关于 y 轴对称时，x 为二次项，y 为一次项，方程右端为 $\pm2py$，左端为 x^2 .

(2) 开口方向在 x 轴(或 y 轴)正向时，焦点在 x 轴(或 y 轴)的正半轴上，方程右端取正号；开口在 x 轴(或 y 轴)负向时，焦点在 x 轴(或 y 轴)负半轴时，方程右端取负号.

点评　(1) 建立坐标系是坐标法的思想基础，但不同的建立方式使所得的方程繁简不同，布置学生自己写出推导过程并与课文对照可以培养学生动手能力、自学能力，提高教学效果，进一步明确抛物线上的点的几何意义.

(2) 猜想是数学问题解决中的一类重要方法，请同学们根据推导出的(25.1)的标准方程猜想其他几个结论，非常有利于培养学生归纳推理或类比推理的能力，帮助他们形成良好的直觉思维—数学思维的一种基本形式. 另外让学生推导和猜想出抛物线标准方程所有的四种形式，也比老师直接写出这些方程给学生带来的理解和记忆的效果更好.

(3) 对四种抛物线的图形、标准方程、焦点坐标以及准线方程进行完整的归纳小结，让学生通过对比分析全面深刻地理解和掌握它们.

(三) 讲解范例

例 1　(1) 已知抛物线标准方程是 $y^2=6x$，求它的焦点坐标和准线方程.

(2) 已知抛物线的焦点坐标是 $F(0, -2)$，求它的标准方程.

分析　(1) 在标准方程下焦点坐标和准线方程都是用 p 的代数式表示的，所以只要求出 p 即可;

(2) 求的是标准方程，因此所指抛物线应过原点，结合焦点坐标求出 p，问题易解.

解析　(1) $p=3$，焦点坐标是 $\left(\frac{3}{2},0\right)$，准线方程是 $x=-\frac{3}{2}$.

(2) 焦点在 y 轴负半轴上，$\frac{p}{2}=2$，

所以所求抛物线的标准方程是 $x^2=-8y$.

例 2　已知抛物线的标准方程是(1) $y^2=12x$; (2) $y=12x^2$，求它的焦点坐标和准线方程.

分析　这是关于抛物线标准方程的基本例题，关键是①根据示意图确定属于哪类标准形式，②求出参数 p 的值.

解　(1) $p=6$，焦点坐标是(3, 0)，准线方程是 $x=-3$.

(2) 先化为标准方程 $x^2=\frac{1}{2}y$，$p=\frac{1}{24}$，焦点坐标是 $\left(0,\frac{1}{48}\right)$，准线方程是 $y=-\frac{1}{48}$.

例 3　求满足下列条件的抛物线的标准方程:

(1) 焦点坐标是 $F(-5, 0)$;

(2) 经过点 $A(2, -3)$.

分析　抛物线的标准方程中只有一个参数 p，因此，只要确定了抛物线属于哪类标准形式，再求出 p 值就可以写出其方程，但要注意两解的情况(如第(2)小题).

解　(1) 焦点在 x 轴负半轴上，$\frac{p}{2}=5$，所以所求抛物线的标准方程是 $y^2=-20x$.

(2) 经过点 $A(2, -3)$的抛物线可能有两种标准形式:

$$y^2=2px \text{ 或 } x^2=-2py.$$

点 $A(2, -3)$坐标代入，即 $9=4p$，得 $2p=\frac{9}{2}$;

点 $A(2, -3)$坐标代入 $x^2=-2py$，即 $4=6p$，得 $2p=\frac{4}{3}$;

所以所求抛物线的标准方程是 $y^2=\frac{9}{2}x$ 或 $x^2=-\frac{4}{3}y$.

(四) 课堂练习

1. 求下列抛物线的焦点坐标和准线方程:

(1) $y^2=8x$;　(2) $x^2=4y$;　(3) $2y^2+3x=0$;　(4) $y=-\frac{1}{6}x^2$.

2. 根据下列条件写出抛物线的标准方程:

(1) 焦点是 $F(-2, 0)$;

(2) 准线方程是 $y=\frac{1}{3}$;

(3) 焦点到准线的距离是 4, 焦点在 y 轴上;

(4) 经过点 $A(6, -2)$.

3. 抛物线 $x^2=4y$ 上的点 p 到焦点的距离是 10, 求 p 点坐标.

4. 斜率为 1 的直线经过抛物线 $y^2=4x$ 的焦点 F, 且与抛物线相交于 A, B 两点, 求线段 AB 的长.

课堂练习答案

1. (1) $F(2, 0)$, $x=-2$;　(2) $(0, 1)$, $y=-1$;

(3) $\left(-\frac{3}{8},0\right)$, $x=\frac{3}{8}$;　(4) $\left(0,-\frac{3}{2}\right)$, $y=\frac{3}{2}$.

2. (1) $y^2=-8x$;　(2) $x^2=-\frac{4}{3}y$;　(3) $x^2=8y$ 或 $x^2=-8y$;

(4) $y^2=\frac{2}{3}x$　或　$x^2=-18y$.

3. $(\pm 6, 9)$.

点评　练习时注意

(1) 由焦点位置或准线方程正确判断抛物线标准方程的类型;

(2) p 表示焦点到准线的距离, 故 $p>0$;

(3) 根据图形判断解有几种可能.

4. 引导学生合作讨论师生一起解决.

1) 尝试解决

方法 1　将直线方程与抛物线方程联立, 求出 A, B 两点坐标, 再用两点间距离公式.

方法 2　将直线方程与抛物线方程联立, 求出 A, B 两点横坐标, 再运用抛物线定义, 推出本题的解法并不难, 学习程度中上的学生大都用方法 2.

2) 问题探究

问题 1　同学们能不能不求坐标就可以求出线段 AB 的长?

方法 3 在方法 2 的基础上由韦达定理可实现不解方程就能解决问题的目的.

问题 2 将上题变为：斜率为 k 的直线经过抛物线 $y^2=2px$ 的焦点 F, 且与抛物线相交于 A, B 两点，求线段 AB 的长？

探究结果

(1) 过抛物线焦点的弦长公式;

(2) 当直线垂直于 x 轴时，$|AB|=2p$， 此时 $|AB|$ 叫抛物线的通径，可以让学生进一步理解通径的几何意义.

(五) 小结

小结抛物线的定义、焦点、准线及其方程的概念.

(六) 课后作业

1. (67 页第 1 题变式)根据下列条件写出抛物线的标准方程：

(1) 焦点是 $F(3, 0)$;

(2) 准线方程是 $x=-4$；

(3) 焦点到准线的距离是 4, 焦点在 y 轴上.

2. 求下列抛物线的焦点坐标和准线方程：

(1) $y^2=20x$;　(2) $x^2=\frac{1}{2}y$；　(3) $2y^2+5x=0$;　(4) $x^2+8y=0$.

3. 设抛物线 $y^2=2px(p>0)$ 的焦点为 F, 经过点 F 的直线交抛物线于 A, B 两点，点 C 在抛物线的准线上，且 $BC/\!/x$ 轴，证明直线 AC 经过原点 O.

六、板书设计

抛物线		
一、复习引入	三、抛物线的标准形式的推导	五、课堂练习
二、引出抛物线的相关定义	四、例题讲解	六、课堂小结及课后作业

(惠州学院数学与应用数学(师范)06 级　苟　靓)

对本科生试讲教案的点评(简评)：

闪光点：能够把已学过的椭圆或双曲线的概念(第二定义)有机联系起来展开新课，用“类比”，引发学生的求知欲，引入探究课题.

需改进之处：

(1) 教学目标的准确度有所欠缺，也不够细致；

(2) 重难点的把握欠火候；

(3) 教学过程中对新课程理念的贯彻不到位；

(4) 建议改写成探究课，设计探究的问题主线，逐步展开.

案例 26　空间几何体的体积的教学设计

教案写真

一、教学内容

人教版数学必修(2)第一章“1.3.1 及 1.3.2 空间几何体的表面积与体积”，本课题主要内容是高一几何关于空间几何体的体积公式的推导和简单应用.

二、教学目标

1. 知识与技能

(1) 通过对空间几何体(柱、锥、台和球体)的研究，掌握它们之间的体积关系及其体积公式;

(2) 掌握特殊几何体的体积公式，会用等积法和割补法求空间几何体的体积;

(3) 通过对球的体积公式的推导，了解推导过程中所用的基本数学思想方法:“分割—求和—将近似值化为精确解”，有利于进一步学习微积分和近代数学知识.

2. 过程与方法

(1) 通过创设情境(长方体及其体积)并通过变形引出其他几何体的体积关系;

(2) 通过球的体积公式的推导，认识推导球体积公式 $V=\dfrac{4}{3}\pi R^3$ 的方法.

3. 情感与价值观

通过自主探索和学习，提高空间思维能力和空间想象能力，增强探索问题和解决问题的信心.

三、教学重点与难点

1. 教学重点

推导空间几何体的体积公式所运用的基本思想方法.

2. 教学难点

推导体积公式中空间想象能力的形成.

四、学法和教学用具

1. 学法

学生通过预习阅读教材，了解并初步掌握“分割、求近似值的、再由近似值的和转化为球的体积”的解题方法和步骤，借助上课课件进一步体会.

2. 教学用具

多媒体辅助教学.

五、教学过程

(一) 创设情境

(1) 取一摞书堆放在桌面上，组成一个长方体，观察改变前后的体积是否发生变化(图 26.1(a))?

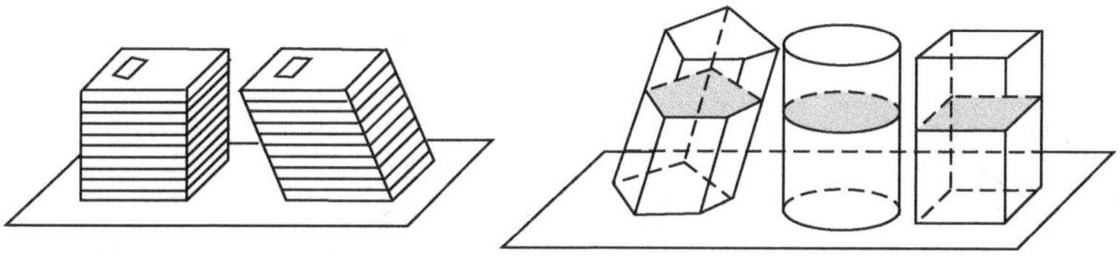

(a)　　(b)

图 26.1

回忆长方体的体积公式 $V_{长方体}=abc$ 或 $V_{长方体}=Sh$.

(2) 如图 26.1(b)所示，沿某一方向均匀推动一下，改变形状，保持高不变，体积是否改变?

(3) 两个底面积相等、高也相等的棱柱，它们的体积是否一样? (祖暅原理：几何体与已知体积的几何体夹在两个平行平面之间，且用平行于这两个平面的任意一个平面去截时，截得的截面面积总相等，则两几何体的体积相等.)

(二) 探究柱、锥、台的体积公式

(1) 棱柱(圆柱)可由多边形(圆)沿某一方向平移得到，因此，两个底面积相等、高也相等的棱柱(圆柱)应该具有相等的体积(图 26.2).

柱体(棱柱、圆柱)的体积等于它的底面积 S 和高 h 的积，即 $V_{柱体}=Sh$.

(2) 类似于柱体：底面积相等、高也相等的两个锥体，它们的体积也相等(图 26.3).

由于棱锥的体积公式可把一个棱柱(图 26.4)分成三个等体积的棱锥(图 26.5)，得到：

由于底面积为 S 、高为 h 的棱柱的体积 $V_{柱体}=Sh$ ，所以 $V_{锥体}=\dfrac{1}{3}Sh$.

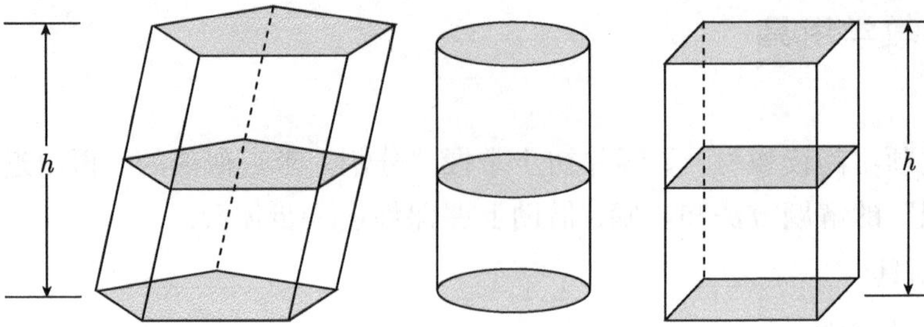

图 26.2

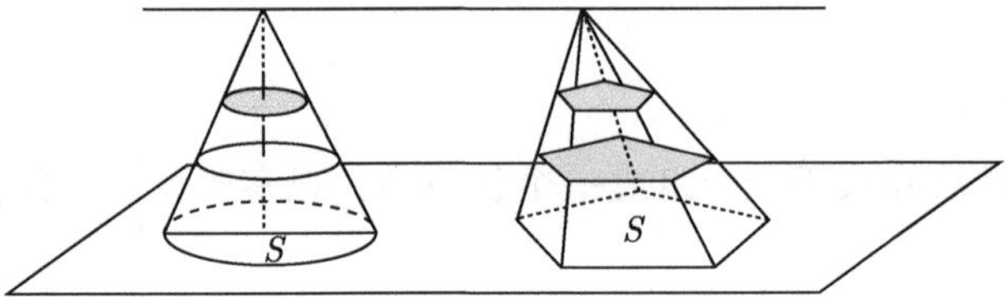

图 26.3

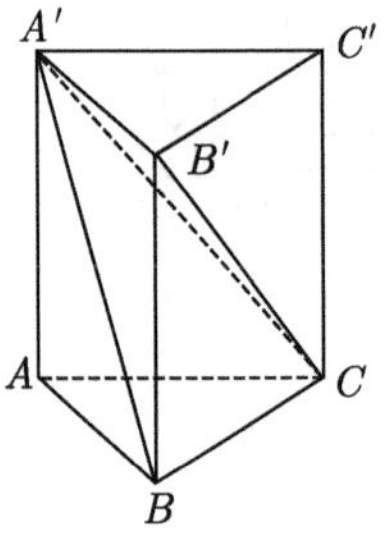

图 26.4

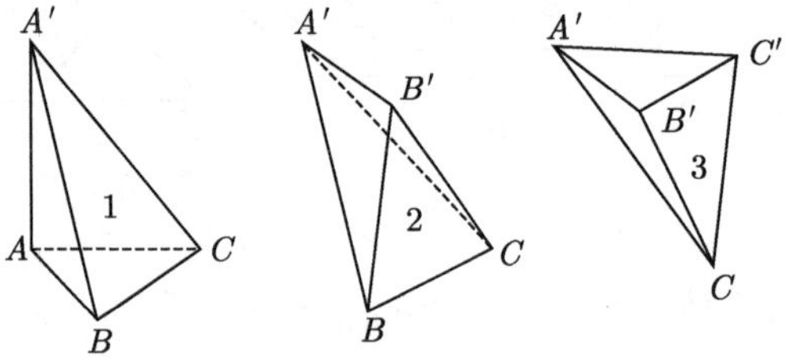

图 26.5

(3) 台体(棱台、圆台)的体积可以转化为锥体的体积来计算. 如果台体的上、下底面面积分别为S'，S，高为h，可以推得它的体积是$V_{台体}=\dfrac{1}{3}h(S+\sqrt{SS'}+S')$. (要求学生以圆台为例, 动手推导该公式. 教师适当提示所用到的相似关系：$\dfrac{h'}{H}=\dfrac{r'}{r}=\sqrt{\dfrac{S'}{S}}$，其中$r'$，$r$为圆台上、下底面半径，$h'$，$H$为以圆台上、下底面为底的圆锥的高.)

(4) 柱体、锥体、台体的体积公式之间关系如下：

$$V_{柱体}=Sh\Leftarrow(S'=S)V_{台体}=\frac{1}{3}h(S+\sqrt{SS'}+S')(S'=0)\Rightarrow V_{锥体}=\frac{1}{3}Sh.$$

(三) 探究球的体积公式

球的体积探究思路一　借助分割思想推导球的体积. (将半球切割成若干的“小圆

片”.)

设球的半径为 R, 将半径 OA 进行 n 等分, 过这些分点作平面把半球切割成 n 层, 每一层都是近似于圆柱形状的“小圆片”, 这些“小圆片”的体积之和就是半球的体积(图 26.6).

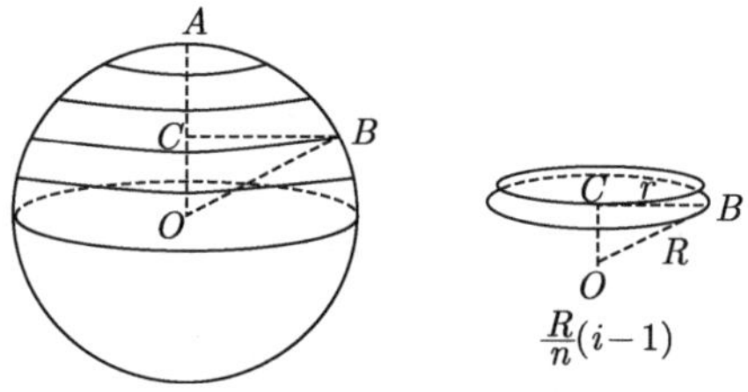

图 26.6

由于“小圆片”近似于圆柱形状, 所以它的体积也近似于圆柱的体积. 它的高就是“小圆片”的厚度 $\dfrac{R}{n}$, 底面就是“小圆片”的下底面.

由勾股定理可得第 i 层(由下向上数)“小圆片”的下底面半径:

$$r_i=\sqrt{R^2-\left[\frac{R}{n}(i-1)\right]^2},\quad i=1,2,3,\cdots,n.$$

第 i 层“小圆片”的体积为

$$V\approx\pi r_i^2\cdot\frac{R}{n}=\frac{\pi R^3}{n}\left[1-\left(\frac{i-1}{n}\right)^2\right],\quad i=1,2,3,\ \cdots,\ n.$$

半球的体积:

$$\begin{aligned}
V_{\text{半球}}&=V_1+V_2+\cdots+V_n\\
&\approx\frac{\pi R^3}{n}\left\{1+\left(1-\frac{1^2}{n^2}\right)+\left(1-\frac{2^2}{n^2}\right)+\cdots+\left[1-\frac{(n-1)^2}{n^2}\right]\right\}\\
&=\frac{\pi R^3}{n}\left[n-\frac{1^2+2^2+\cdots+(n-1)^2}{n^2}\right]\\
&\quad\left(\text{注}:1^2+2^2+\cdots+n^2=\frac{1}{6}n(n+1)(2n+1)\right)\\
&=\frac{\pi R^3}{n}\left[n-\frac{1}{n^2}\cdot\frac{(n-1)n(2n-1)}{6}\right]\\
&=\pi R^3\left(1-\frac{(n-1)(2n-1)}{6n^2}\right)=\pi R^3\left[1-\frac{(1-1/n)(2-1/n)}{6}\right].
\end{aligned}\tag{26.1}$$

n越大，$\frac{1}{n}$就越小，当n无限大时，$\frac{1}{n}$趋向于0，这时，有 $V_{半球}=\frac{2}{3}\pi R^3$. 即当所分的层数不断增加，也就是说，当 n 不断变大时，式(26. 1)越来越接近于半球的体积，如果 n 无限变大，就能由式(26.1)推出半径为 R 的球的体积为 $V=\frac{4}{3}\pi R^3$.

半径是R的球的体积公式：

$$V_{球}=\frac{4}{3}\pi R^3.$$

球的体积探究思路二　可否同样借助分割思想来求球的体积？(将球分割成若干的"小棱锥".)

若将球表面平均分割成 n 个小块，则每小块表面可近似看作一个小平面，将每小块平面作为底面、球心作为顶点便得到 n 个小棱锥,这些小棱锥体积之和可近似为球的体积. 当 n 越大，越接近于球的体积，当 n 趋近于无穷大时就精确到等于球的体积(图 26.7).

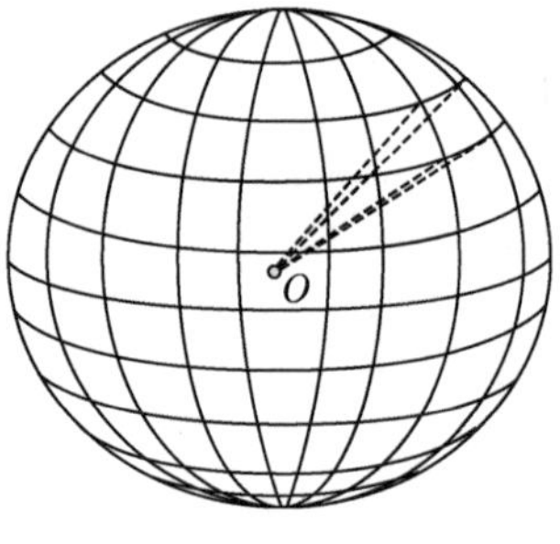

图 26.7

此时，每个小棱锥的高都为球的半径 R，于是

$$V=\frac{1}{3}R(S_1+S_2+S_3+\cdots+S_n).$$

当 n 趋近于无穷大时，这 n 小块平面面积 S_i 之和精确到等于球的表面积. 可是我们现在并不知道球的表面积！(球的表面积正是下一节课的研究目标，此处思路二的探究也为下一节课球的表面积推导作了方法上的准备.)

球的体积探究思路三　借助祖暅原理推导球的体积.

由探究思路一所得结果的启示：

半径为 R 的半球的体积为

$$V=\frac{2}{3}\pi R^3=\pi R^3-\frac{1}{3}\pi R^3.$$

由此，可以大胆猜想：

半径为 R 的半球的体积=底面半径和高都为 R 的圆柱与圆锥体积之差(图 26.8).

运用祖暅原理，探索底面半径和高都为球半径的圆柱、圆锥与半球三者体积之间的关系，得到半径为 R的球的体积公式：

$$V_{球}=\frac{4}{3}\pi R^3.$$

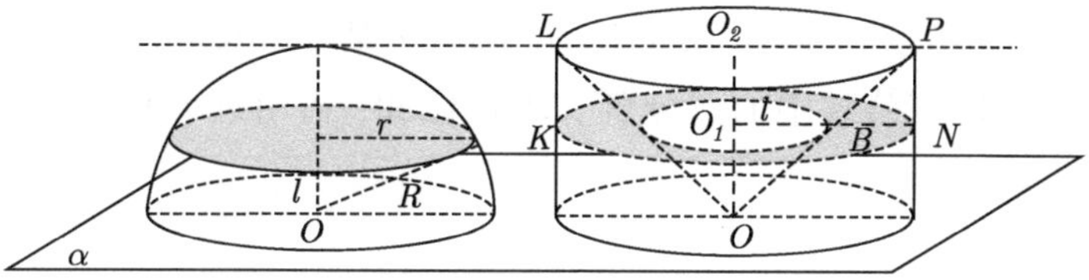

图 26.8

(四) 数学运用

1. 例题讲解

例 1　有一堆相同规格的六角螺帽毛坯共重 5.8kg. 已知底面六边形边长是 12mm, 高是 10mm, 内孔直径是 10mm. 那么约有毛坯多少个 (铁的密度是 7.8g/cm^3)?

分析　运用割补思想, 六角螺帽毛坯的体积是一个正六棱柱的体积与一个圆柱的体积的差, 再由此密度算出一个六角螺帽毛坯的质量即可.

解　因为

$$V_{正六棱柱}=\frac{\sqrt{3}}{4}\times 12^2\times 6\times 10\approx 3.74\times 10^3(\text{mm}^3),$$

$$V_{圆柱}=3.14\times\left(\frac{10}{2}\right)^2\times 10\approx 0.785\times 10^3(\text{mm}^3),$$

所以一个毛坯的体积为

$$V=3.74\times 10^3-0.785\times 10^3\approx 2.96\times 10^3(\text{mm}^3)=2.96(\text{cm}^3).$$

约有毛坯

$$5.8\times 10^3\div(7.8\times 2.96)\approx 251\ (个).$$

答　这堆毛坯约有 251 个.

例 2　某街心花园有许多钢球(钢的密度是 7.9g/cm^3), 每个钢球重 145kg, 并且外径等于 50cm, 试根据以上数据, 判断钢球是实心的还是空心的. 如果是空心的, 请你计算出它的内径.

分析　根据球的外径, 利用球的体积公式, 能够求出球的体积, 再根据钢的密度, 求出质量, 如果质量大于 145kg, 说明是空心的, 145kg 是外径球体积减去内径球体积乘密度所得的质量, 可求内径.

2. 巩固深化、反馈矫正

教材 23 页练习：2, 3.

(五) 课堂小结

(1) 柱、锥、台、球的体积公式及其相互关系.

(2) 几何体的体积的推导的思想方法，以及运用割补思想利用公式解决相关实际问题，了解了推导球的体积公式中的“分割、求近似和，再由近似和转化为准确和”的解题方法.

闪光之点

本教学设计案例目标明确、结构周密，教师教学能够突出两条主线：祖暅原理和分割求和思想在空间几何体的体积推导的运用，教学重点突出.

(1) “台体(棱台、圆台)的体积可以转化为锥体的体积来计算. 如果台体的上、下底面面积分别为 S'，S，高为 h，可以推得它的体积是 $V_{台体}=\dfrac{1}{3}h(S+\sqrt{SS'}+S')$ (要求学生以圆台为例，动手推导该公式. 教师适当提示所用到的相似关系：$\dfrac{h'}{H}=\dfrac{r'}{r}=\sqrt{\dfrac{S'}{S}}$，其中 r'，r 为圆台上、下底面半径，h'，H 为以圆台上、下底面为底的圆锥的高)”. 此处教师重视学生动手计算以体验计算推导过程，使学生不但能知其然，也能够知其所以然.

(2) “**球的体积探究思路三：**借助祖暅原理推导球的体积.” 在球的体积探究思路一、二的基础上引导学生探求其他解法，紧扣教材也充实了教材. 教师在教材的基础上进行了课程的再开发，体现了新课程的理念.

(3) “**球的体积探究思路二：**可否同样借助分割思想来求球的体积？(将球分割成若干的“小棱锥”.)当 n 趋近于无穷大时，这 n 个小棱锥的底面积 S_i 之和精确到等于球的表面积. 可是我们现在并不知道球的表面积!” 此处教师在球的体积探究思路一的基础上，顺势而为，球的表面积正是下一节课的研究目标，此处思路二的探究也为下一节课球的表面积推导作了方法上的准备.

完善之处

(1) 关于“柱、锥、台的体积相互关系”这一环节，教师可以运用运动变化的观点加以引导剖析.

(2) 棱锥的体积公式可把一个棱柱分成三个等体积的棱锥得到——教学过程中在多媒体演示的基础上，还应该进行实物模型演示，以给予学生更进一步的直观认识.

(3) 空间几何体的体积求解的课题引入，还可以考虑介绍物理学的排液法测小球的体积，开拓学生的视野.

(4) “**球的体积探究思路一：**借助分割思想推导球的体积. (将半球切割成若干的“小

圆片”)”，此环节的教学可以考虑从**回忆圆面积公式的推导方法**引入：

把一个半径为 R 的圆分成若干等份，然后重新拼接起来，把一个圆近似看成是边长分别是 R 和 πR 的矩形. 当所分份数不断增加时，精确度就越来越高；当份数无穷大时，就得到了圆的面积公式(图 26.9). 回忆和认识“分割—求近似和—化为精确解”的数学思想方法，使得将半球切割成“小圆片”的思路顺理成章.

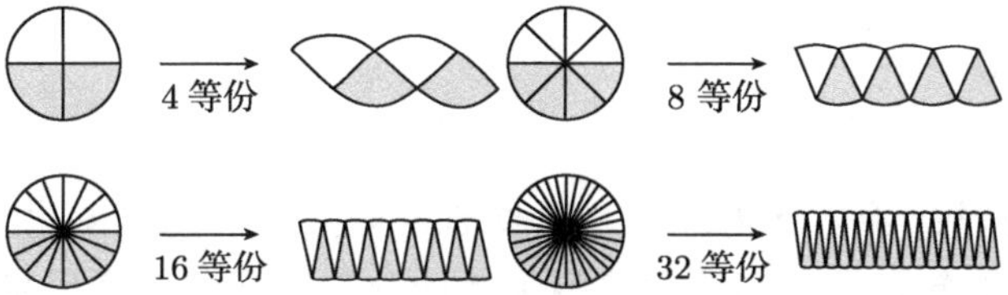

图 26.9

(广州大学数学科学学院　卢建川　提供并点评)

案例 27　凸四边形全等条件的探究的教学设计

教案写真

三角形全等的判定是初中几何学习的重要内容，那么怎样利用三角形全等的判定以及平面几何的有关知识来探究凸四边形全等的条件？这是本节课要探索的课题.

一、教学目标

利用三角形全等的判定和分类讨论的思想，通过类比转化的方法探究凸四边形全等的条件.

二、教学重点与难点

1. 教学重点

利用类比转化的思想和方法探究凸四边形全等的条件.

2. 教学难点

怎样利用已有的知识探索新知(将四边形全等的条件转化为三角形全等的判定)，以及怎样合理的分类进行讨论是探究凸四边形全等的困难所在.

三、教学过程

教师：三角形全等的判定是我们初中几何学习的重要内容，那么怎样利用三角形全等的判定以及平面几何的有关知识来探究凸四边形全等的条件？这是今天我们要探索和解决的问题.

(一) 四组元素对应相等的情形

教师：我们知道在三角形全等的条件中，有六组元素(三组对应边、三组对应角)，其中有三组元素对应相等(至少有一组边对应相等)就可以判定两个三角形全等.对于凸四边形来说，它有八组对应元素(四组对应边、四组对应角)，显然两个凸四边形的四组对应边、四组对应角中，仅有三组元素(或少于三组元素)对应相等，我们无法判定两者全等. 类比三角形全等的条件，很自然我们会猜想凸四边形是否也只要四组元素对应相等就能够全等?

由于任何一个四边形都可以划分为两个三角形, 因此, 有关凸四边形全等的问题完全可以转化为三角形全等的问题来解决, 为此我们只需充分利用三角形全等的判定和方法来讨论和探索凸四边形全等的条件.

师生互动: 教师和学生一起合作和讨论(探索和讨论过程中需要对条件由边到角进行合理的分类), 在教师引导下由学生总结回答并且给出反例.

结论　四组元素对应相等无法证明两个凸四边形全等.

具体讨论如下(共 12 种情形):

1. 四条边对应相等的情形

(1) 四条边对应相等的两个凸四边形不一定全等.

2. 三条边和一个角对应相等的情形

(2) 三条边和一夹角对应相等的两个凸四边形不一定全等.

(3) 三条边和一非夹角对应相等的两个凸四边形不一定全等.

3. 两条边和两个角对应相等的情形

(4) 两条邻边及其夹角对应相等, 并且该夹角的一个邻角对应相等的两个凸四边形不一定全等.

(5) 两条邻边和夹角及其夹角的对角对应相等的两个凸四边形不一定全等.

(6) 两条邻边及其夹角的一个邻角和夹角的对角对应相等的两个凸四边形不一定全等.

(7) 两条邻边及其夹角的两个邻角对应相等的两个凸四边形不一定全等.

(8) 两条对边以及这两边与另外一边所夹的两个邻角对应相等的两个凸四边形不一定全等.

(9) 两条对边及其一组对角对应相等的两个凸四边形不一定全等.

(10) 两条对边以及其中一边上的两个邻角对应相等的两个凸四边形不一定全等.

4. 一条边和三个角对应相等的情形

(11) 一条边和三个角对应相等的两个凸四边形不一定全等.

5. 四个角对应相等的情形

(12) 四个角对应相等的两个凸四边形不一定全等.

注　探究新知是一件十分困难的事情, 教师要引导学生将之转化为三角形全等的判定问题, 同时将各种情形进行合理的分类, 每一种情形的反例都应该给出具体的图形和说明.

(二) 五组元素对应相等的情形

教师：由上面的讨论我们知道，至少需要五组元素对应相等才能判断两个凸四边形全等，类比三角形全等的判定，我们又应该怎样探索凸四边形全等的条件？

下面讨论有五组元素对应相等的情形，比较三角形全等的情形，和前面的讨论类似，我们由边到角逐个分类讨论，比如有四条边对应相等的情形，还需要再加什么条件．类比三角形全等的 SSS 公理，可以得到：

师生互动：(在教师引导下，师生共同探索)

1. 四条边和一个角对应相等的情形

定理 1 (命题 1)　有四条边和一个角对应相等的两个凸四边形全等(SSSSA).

已知：凸四边形 $ABCD$ 和凸四边形 $A'B'C'D'$ 中，$AB = A'B'$，$BC = B'C'$，$CD = C'D'$，$DA = D'A'$，$\angle A = \angle A'$.

求证：凸四边形 $ABCD \cong$ 凸四边形 $A'B'C'D'$ (图略).

(证明略.)

这说明五组元素对应相等完全可以探究到四边形全等的条件.

对于三条边对应相等的情形，可以分下面四种情况讨论，得到：

2. 三条边和两个角对应相等的情形

定理 2 (命题 2)　有三条边和两个夹角对应相等的两个凸四边形全等(SASAS).

已知：凸四边形 $ABCD$ 和凸四边形 $A'B'C'D'$ 中，$AB = A'B'$，$\angle A = \angle A'$，$DA = D'A'$，$\angle B = \angle B'$，$BC = B'C'$.

求证：凸四边形 $ABCD \cong$ 凸四边形四边形 $A'B'C'D'$ (图略).

(连接 BD，$B'D'$，应用定理 1 可证，证明略.)

命题 3　有三条边和两个邻角对应相等，且这两个邻角一个被三边所夹，另一个不被三边所夹的两个凸四边形不一定全等.

反例　如图 27.1 所示，等腰梯形 $ABCD$ 中，过 D 作 $DE /\!/ AB$ 交 BC 于 E，则四边形 $ABCD$ 与四边形 $ABED$ 满足要求，但不全等.

命题 4　有三条边和不被这三条边所夹的两个邻角对应相等的两个凸四边形不一定全等.

反例　如图 27.2 所示，在凸四边形 $ABEF$ 中，以 F 为圆心，FE 为半径作圆弧，过 E 作 AB 的平行线 ED 交圆弧上一点 D，过 D 做 BE 的平行线 DC 交 AB 于 C，则 $AF = AF$，$EF = DF$，$BE = CD$，$\angle A = \angle A$，$\angle B = \angle ACD$，但四边形 $ABEF$ 与四边形 $ACDF$ 不全等.

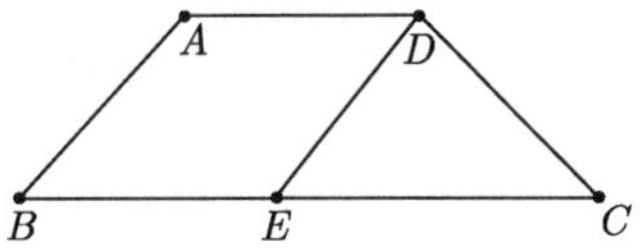

图 27.1

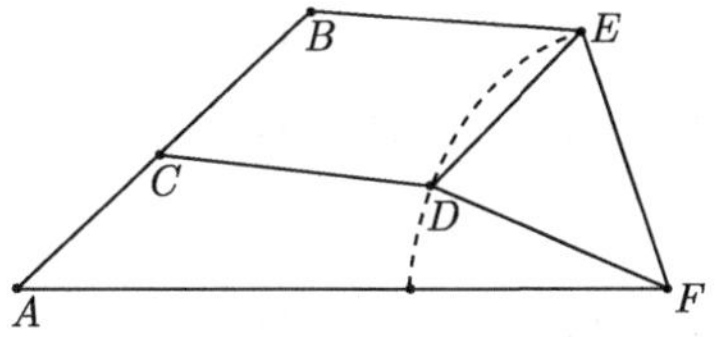

图 27.2

命题 5　有三条边和一组对角对应相等的两个凸四边形不一定全等.

反例　如图 27.3 所示, $\odot O$ 是四边形 $ABCD$ 的外接圆, 在 $\overset{\frown}{CD}$ 上取一点 C' 使 $BC'=BC$, 则四边形 $ABCD$ 与四边形 $ABC'D$ 满足要求, 但不全等.

注　如果时间不够充分也可以将之留予课外让学生继续探究.

对于有两条边对应相等的情形, 类似地可得到

3. 两条边和三个角对应相等的情形

命题 6　有一组对边和三个角对应相等的两个凸四边形不一定全等.

反例　在矩形 $ABCD$ 中(图 27.4), 过 AD 上一点 E 作 EF 平行于 CD, 显然有 $AB=AB$, $CD=EF$, $\angle B=\angle B=90°$, $\angle C=\angle EFB=90°$, $\angle D=\angle AEF=90°$, 但四边形 $ABCD$ 与四边形 $ABEF$ 不全等.

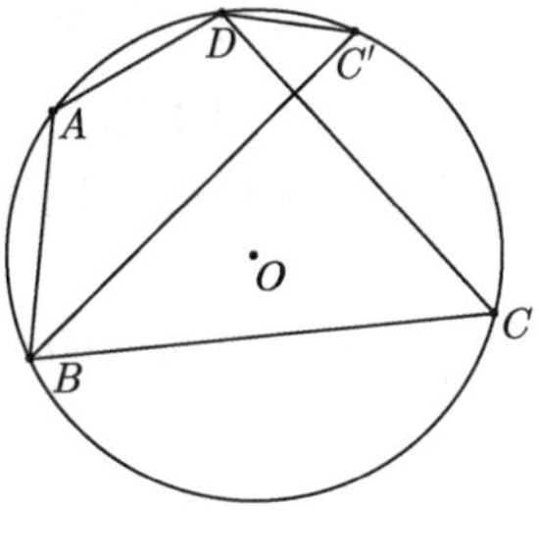

图 27.3

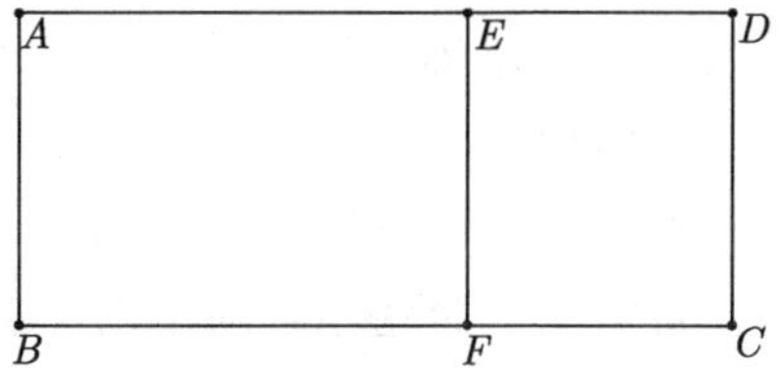

图 27.4

命题 7　有一组邻边和除其夹角以外的三个角对应相等的两个凸四边形全等.

命题 8　有一组邻边和夹角及夹角的对角和邻角对应相等的两个凸四边形全等.

命题 9　有一组邻边和其夹角及这个角的邻角对应相等的两个凸四边形全等.

以上三个命题容易予以证明(过程略), 我们将之归纳为:

定理 3　有一组邻边和三个角对应相等的两个凸四边形全等(SSAAA).

4. 有一条边和四个角对应相等的情形

命题 10　有一条边和四个角对应相等的两个凸四边形不一定全等.

反例　见图 27.4.

另外，四边形和三角形不同的地方还在于它除了对应边和对应角的元素外，还有对角线这个元素，为此我们还应该考虑有对角线这个元素对应相等的情形.这样我们可以继续探索四边形全等的条件.

5. 有对角线对应相等的情形

定理 4　四边和一条对角线对应相等的两个凸四边形全等(SSSSL).

(证明略.)

定理 5　三边和一夹角以及分该夹角的一条对角线对应相等的两个凸四边形全等.

(证明略.)

定理 6　相邻两边和两条对角线对应相等，且对角线互相平分的两个凸四边形全等.

(证明略.)

闪光之点

(1) 上面我们经过由表及里，由浅入深地探索和研究，得到了 6 个判定两个凸四边形全等的判定定理.

(2) 将四边形全等的条件化归为三角形全等的条件是讨论问题的关键，上面探索讨论的研究过程中，我们既用到了三角形全等的基础知识，又运用了数学分类讨论与类比转化的思想. 既培养了数学能力，也培养了自己勇于探索的精神，同时锻炼了合作学习的态度和精神.

(3) 探究的过程也让我们体验了对于一个数学问题结论的猜想和证明的过程，同时也体验了要否定一个命题还必须举出反例才能给以否定.

完善之处

(1) 对新事物的探究和创造其实是很困难的，重要的是我们要善于利用已经掌握的东西，将陌生的问题转化为熟悉的问题或者已经解决的问题，只有这样才能不断地创造出新的东西来.

(2) 当然，不被原来的东西所约束也是创造新事物的重要源泉.

(广西师范学院数学科学学院　赵小云　提供并点评)

案例 28　走进数学建模世界的教学设计

教案写真

一、教学内容

函数模型及其应用(人教版数学必修 ① 3.2 节)(第 4 课时).

教材分析　数学建模是高中数学新课程的新增内容, 但《普通高中数学课程标准(实验)》中没有对数学建模的课时和内容作具体安排, 只是建议将数学建模穿插在相关模块的教学中. 而"3.2 函数模型及其应用"一节只是通过 6 个例子介绍一次函数、二次函数、指数函数、对数函数与幂函数在解决实际问题中的作用, 为以后的数学建模实践打基础, 还未能使学生真正理解数学建模的真实全过程. 本节课通过一个较为真实的数学建模案例, 以弥补教材的这一不足.

学情分析　高一学生在进入本节课的学习之前, 需要熟悉前面已学过的二次函数与三角函数的相关性质.

二、教学目标

1. 知识与技能

(1) 初步理解数学模型、数学建模两个概念;

(2) 掌握框图 2——数学建模的过程.

2. 过程与方法

(1) 经历解决实际问题的全过程, 初步掌握函数模型的思想与方法;

(2) 提高学生通过建立函数模型解决实际问题的能力.

3. 情感态度价值观

(1) 体验将实际问题转化为数学问题的数学化过程;

(2) 感受数学的实用价值, 增强应用意识;

(3) 体会数学以不变应万变的魅力.

三、教学重点与难点

1. 教学重点

框图 2——数学建模的过程.

2. 教学难点

方案二中答案的探究；关键是运用合情推理.

四、教学方法与手段

1. 教学方法

引导探究、讨论交流.

2. 教学手段

计算机、PPT、几何画板.

五、教学流程设计

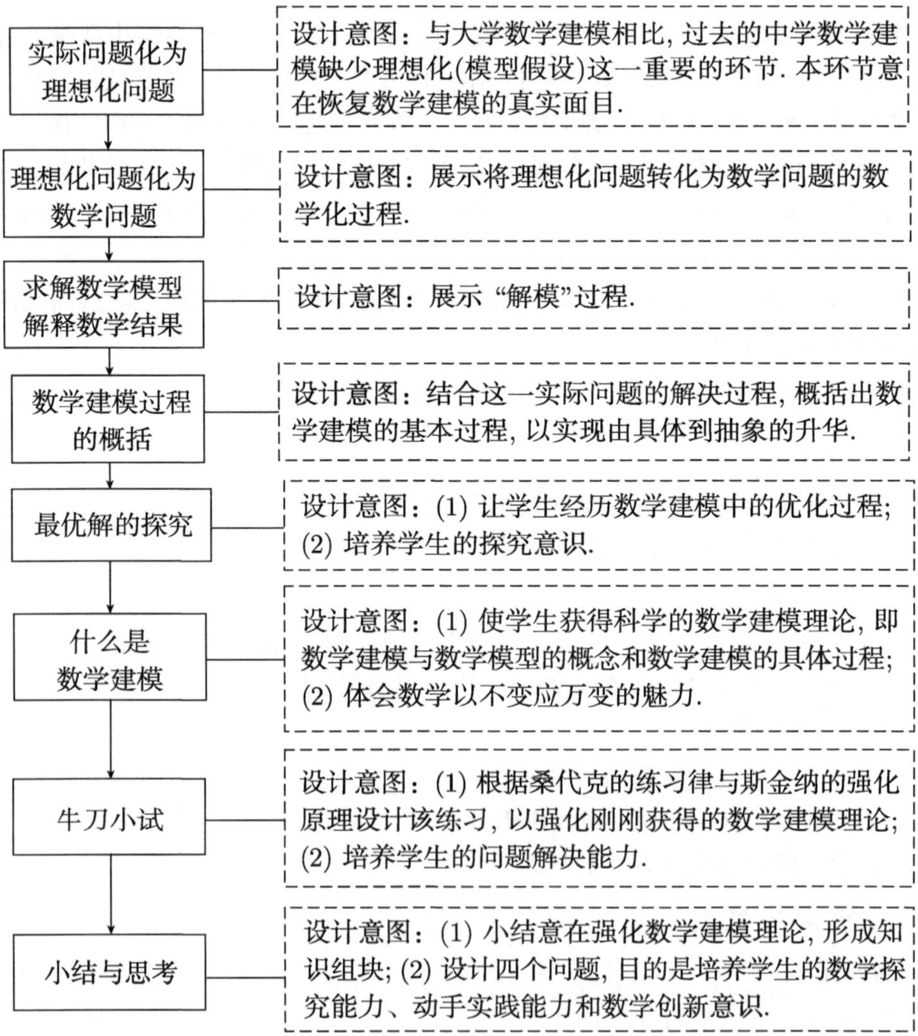

六、教学过程设计

教学环节	教　学　内　容	教师活动	学生活动	设计意图
(一) 实际问题化为理想化问题 (约 2 分钟)	现有宽为 a 的长方形板材(图 28.1)，请将它设计制成一直的开口的长条形水槽，使水槽能通过的流水量最大. 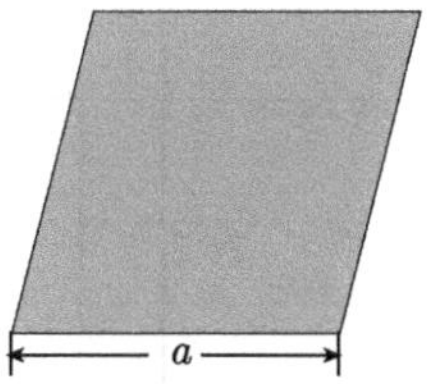 图 28.1 1. 初步理想化 在单位时间内，该水槽能通过的流水量取决于水流速度和它的横截面积. 我们将问题理想化，假定水流速度是一定的. 那么，要在单位时间内获得最大的流水量，就应该将水槽设计成横截面积最大. 于是，问题化归为： 现有宽为 a 的长方形板材，请将它设计制成一开口的长条形水槽，使水槽的横截面积最大. 2. 进一步理想化 如果将水槽的横截面设计成矩形，那么这一实际问题可以转化为理想化问题： 如图 28.2 所示，要建造一个横截面为矩形 $ABCD$ 的水槽，并且 AB, BC, CD 的长度之和等于 a. 问应当怎样设计	教师引导学生阅读理解问题，并将其理想化.	学生听讲思考.	与大学数学建模相比，过去的中学数学建模缺少理想化这一重要的环节. 本环节意在恢复数学建模的真实面目.

<table>
<tr><td></td><td>水槽的深度和宽度,使水槽的横截面积最大?
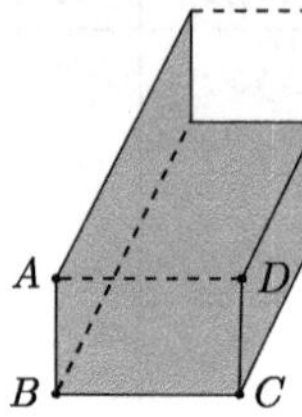
图 28.2</td><td></td><td></td><td></td></tr>
<tr><td>(二)
将理想化问题转化为数学问题
(约 3 分钟)</td><td>1. 寻找变量以及变量之间的关系
在此问题中，水槽的深度是一个变量，宽度是另一个变量，横截面积也是一个变量. 设 $AB=x$ ， $BC=y$. 矩形 $ABCD$ 的面积为 S . 那么，这三个变量之间的关系是 $S=xy$.
变量 S 由两个变量 x 和 y 确定. 如果我们能使面积 S 表达式只由一个变量确定，那么我们研究的问题就可以简化，这就需要寻找两个变量 x 和 y 之间的关系. 显然，$2x+y=a$.
2. 建立数学模型
$$S=x(a-2x).$$
将实际问题转化为一个纯数学问题：
当 x 取何值时，函数 $S=x(a-2x)\left(0<x<\frac{a}{2}\right)$有最大值?</td><td>教师引导讲解.</td><td>学生听讲思考.</td><td>展示将理想化问题转化为数学问题的数学化过程.</td></tr>
</table>

(三) 求解数学模型，解释数学结果 (约 2 分钟)	因为 $$S = x(a-2x) = \frac{a^2}{8} - 2\left(x - \frac{a}{4}\right)^2 \leqslant \frac{a^2}{8},$$ 所以，当 $x = \frac{a}{4}$ 时，S 有最大值 $0.125a^2$. 此时， $$y = a - 2x = \frac{a}{2}.$$ 当水槽的横截面设计成矩形时，只要将深度、宽度分别设计为 $\frac{a}{4}$ 和 $\frac{a}{2}$ 时，可得到最大的横截面积，从而可获得最大的流水量.	教师引导分析讲解.	学生听讲思考求解模型.	展示解模过程.
(四) 数学建模过程 (约 2 分钟)	可将上述数学建模的过程概括为下面的框图 1： 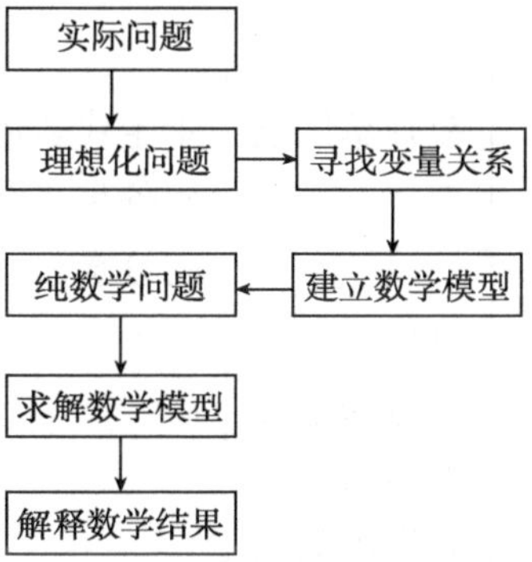 	教师引导讲解.	学生听讲思考.	结合这一实际问题的解决过程，概括出数学建模的基本过程，以实现由具体到抽象的升华.
(五) 最优解的探究 (约 7 分钟)	我们前面的设计是将横截面设计成矩形，将深度、宽度分别设计为 $\frac{a}{4}$ 和 $\frac{a}{2}$ 时，可得到最大的横截面积，如果将水槽的横截面分别按图 28.3 中的五种方案进行设计，结果又如何呢？	教师将学生分成五个小组，并巡视指导学生解决问题.	学生动手探究各自的设计方案.	(1) 让学生经历数学建模中的优化过程； (2) 培养学生的探究意识.

	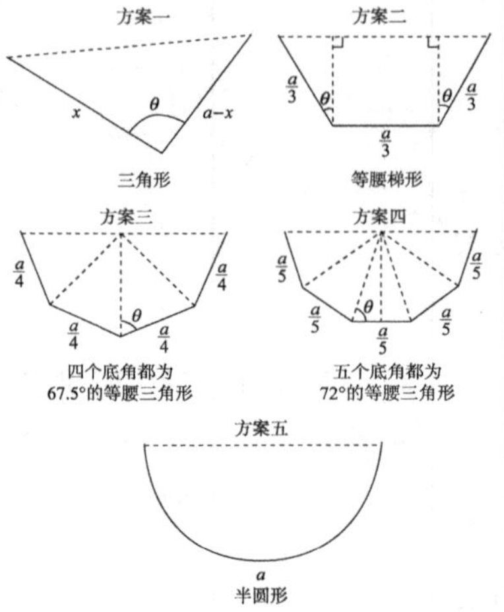 图 28.3	由于缺少导数工具，教师应引导学生运用观察、试算、估算、来探究方案二的答案.		
最优解的探究总结 (约 7 分钟)	下面，我们将全班分成 5 个小组，分别探究五个方案的设计. 最后派代表报告本小组的探究结果. 方案一： $S=\frac{1}{2}x(a-x)\sin\theta\leqslant\frac{1}{2}x(a-x)$ $=\frac{a^2}{8}-\frac{1}{2}\left(x-\frac{1}{2}a\right)^2$ $\leqslant\frac{a^2}{8}=0.125a^2$. 当 $\theta=90°$，且 $x=\frac{1}{2}a$ 时，$S_{\max}=0.125a^2$. 方案二： $S=\frac{1}{2}\left(\frac{2}{3}a+2\cdot\frac{a}{3}\cdot\sin\theta\right)\frac{a}{3}\cos\theta$ $=\frac{a^2}{9}(1+\sin\theta)\cos\theta$, (演示数学实验) $\theta=30°$ 时，$S_{\max}\approx0.144a^2$. 方案三：(四个底角为 67.5°的	教师总结点评. 最后教师演示数学实验发现答案，并指出运用导数工具可以证明我们的答案是正确的.	学生代表讲解各自方案的答案.	通过观察、试算、估算与数学实验，培养学生的合情推理能力和数学发现能力.

	等腰三角形) $$S=4\times\frac{1}{2}\times\frac{a}{4}\times\frac{a}{8}\tan 67.5^\circ \approx 0.151a^2.$$ 方案四：(五个底角为 72° 的等腰三角形) $$S=5\times\frac{1}{2}\times\frac{a}{5}\times\frac{a}{10}\tan 72^\circ \approx 0.154a^2.$$ 方案五：因为 $\pi r=a$, 所以 $r=\frac{a}{\pi}$. 所以 $$S=\frac{1}{2}\pi r^2=\frac{a^2}{2\pi}\approx 0.159a^2.$$ 通过比较以上五种方案和横截面设计为矩形时的情况可以得出，方案五是这个实际问题的最优解，即将水槽的横截面设计为半径为 $\frac{a}{\pi}$ 的半圆形时，从而可获得最大的流水量.			
(六) 什么是数学建模 (约 6 分钟)	以上我们进行了六种设计方案的探究后，才找到了该问题的最优解. 这就表明，数学建模需要对所得到的结果进行检验评价，以确认结果是否合理，是否是较好的结果. 如果结果不满意，就需要重新回到“理想化问题”这一环节. 于是，我们就可以概括出一个较为完善的数学建模过程的框图. 框图 2：	教师讲解概括.	学生听讲思考.	(1) 使学生获得科学的数学建模理论：数学建模与数学模型的概念、数学建模的具体过程；

	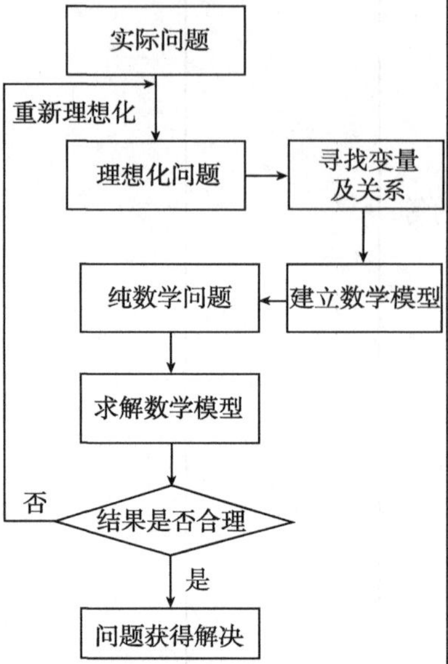			(2) 体会数学以不变应万变的魅力； (3) 弥补《标准》中数学的建模理论的不足.
	根据这个框图，我们就可以来回答什么是数学建模？ 数学建模(mathematical modelling)就是运用数学化的手段从实际问题中提炼、抽象出一个数学模型，求出模型的解，检验模型的合理性，从而使这一实际问题得以解决的过程. 数学模型就是用数学语言符号来描述客观事物的特征及其内在联系的数学结构表达式. 例如，各种函数、方程、不等式、不等式组等都是比较常见的数学模型. 世界上最简单的数学模型是表示数的字母 a .数学模型“a”有两方面的含义： (1) 作为结果，它表示的是一个确定的数值，可以参			

	与运算； (2) 作为过程，它表示的是一个变量：可大可小；可正可负；可以是有理数也可以使无理数. 由于数学模型具有高度的抽象性、概括性和结构的确定性，所以数学模型能以不变应万变. 不管是中文还是英文，一个字所能表达的意义十分有限，但我们的数学模型“a”却可以表示无穷无尽的对象——流动的世界. 又如勾股定理，这一模型可以用来处理数以亿计的实际问题. 从小到斜边长为一微米的直角三角形到大至斜边长为十万八千里的直角三角形，只要是直角三角形，它们都满足同样的结构模型：斜边的平方等于两条直角边的平方之和. 我不知道，这个世界上还有什么学科像数学这样如此简洁，如此概括，如此统一. 我只知道： “数学的魅力在于，她能以稳定的模式驾驭流动的世界！”			
(七) 牛刀小试 (约 14 分钟)	如图 28.4 所示，某房地产公司拥有一块“缺角矩形”荒地 $ABCDE$，边长和方向如图所示，欲在这块地上建一座地基			

	为长方形东西走向的公寓，请划出这块地基，并求地基的最大面积. 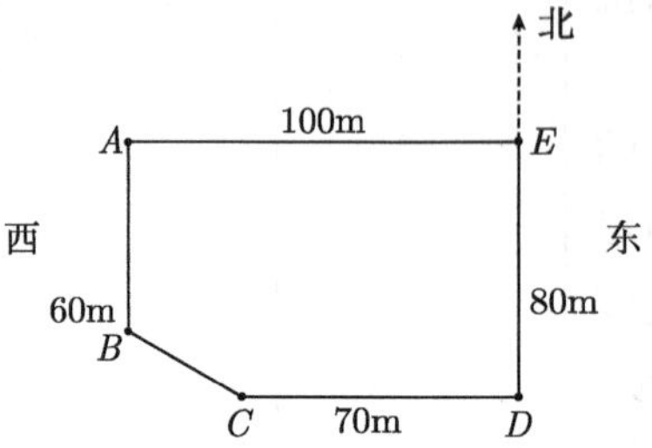 图 28.4 数学实验	教师解释说明问题．最后演示数学实验.	学生动手解决问题.	(1) 根据练习律和强化原理，强化刚刚获得的数学建模理论； (2) 培养学生的问题解决能力.
(八) 小结与课后思考 (约 2 分钟)	1. 小结 这节课，我们通过解决一个实际问题，带大家走进了数学建模世界. 数学建模就是…… 数学模型就是…… 数学建模的具体过程…… 我们还感受到了 “数学的魅力在于，她能以稳定的模式驾驭流动的世界！” 2. 课后思考 (1) 将各方案中的图形沿虚线向上翻折，并观察思考：周长为 $2a$ 的凸多边形，什么时候面积最大? (2) 家庭物理小实验. 先将一条长度固定的柔软丝线的两头连接起来，再将此	教师讲解点化. 教师呈现问题. 问题 (1) 是让学生探究发现周长一定的凸多边形中，正多边形的面积最大.	学生内化数学建模理论. 学生思考准备解决问题. 问题 (2) 是让学生通过动手实践发现周长一定的图形中，圆的面积最大.	1. 小结意在强化数学建模理论，形成知识组块； 2. 设计四个课后思考问题，目的是培养学生的数学探究能力、动手实践能力和数学创新意识.

	封闭的曲线轻轻放在一个蒙有肥皂膜的正方形(边长约 5cm)铁丝框上的肥皂膜上(注意, 别弄破肥皂膜!), 最后用小钉将曲线内的肥皂膜刺破. 你观察到什么现象, 说明了什么问题? (3) 请你帮助吉东皇后解决问题. 吉东是泰雅皇帝的女儿, 历经周折, 逃到非洲, 且成为迦太基的创始人和第一位神奇的皇后. 刚到非洲时, 吉东要在靠海岸线的地方购买“一张兽皮”的土地: 她把兽皮剪成细条, 结成长绳, 剩下的问题是: 如图 28.5 所示. 怎么围, 才会得到最多的土地呢? 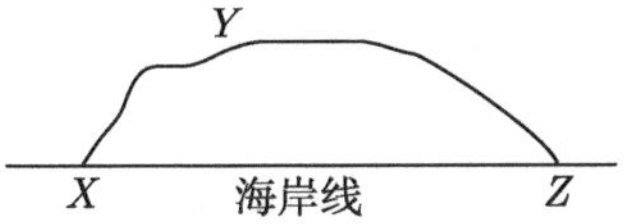 图 28.5 (4) 用数学家的眼光看世界. 音乐家关注声响, 文学家关注人性, 而数学家则本能关注对象的数量关系、空间形式和结构. 用数学家的眼光看世界, 就是从数学的角度观察, 感受, 认识, 描述客观对象, 进而提出创造性的问题. 儿童玩耍时吹出的肥皂			问题 (3) 是等周问题在解决实际问题中的应用. 问题 (4) 是将平面内的等周问题拓展到了空间.

	泡，总是一个个在空中起舞的彩球；水银落在桌面上，总是呈球形滚动；清晨荷萍树叶上的露水，总是聚成一个个晶莹剔透的水珠；冬日里为避寒而盘成一团的看家狗．面对这些现象，物理学家想到了表面张力的作用．以数学家的眼光，你看到了什么？你有什么大胆的猜想？			

七、板书设计

(此略)

致谢：感谢何小亚教授对本文的指导！

参 考 文 献

[1] 何小亚．数学应用题教学的实践与思考．数学通报, 2000, (4).
[2] 何小亚．新课程数学探究案例．数学通讯, 2005, (4).
[3] 中华人民共和国教育部．普通高中数学课程标准．北京：人民教育出版社, 2003.
[4] 何小亚，姚静．中学数学教学设计．北京：科学出版社, 2008.

(华南师范大学数学科学学院　黄泽君)

闪光之点

(1) 数学建模是高中数学新课程的新增内容，但却没有教材，没有具体内容．《标准》中建议由教师灵活掌握，但教师们感到不好把握．本节课通过一个较为真实的数学建模案例，弥补了教材与《标准》的这一不足，并充实完善了《标准》中的数学建模理论.

(2) 与大学数学建模相比，过去的中学数学建模缺少理想化(模型假设) 这一重要的环节．本设计恰好解决了这一问题，恢复了数学建模的真实面目.

(3) 本节课将数学探究、数学实验与数学建模较好地结合在一起，并提供了四个拓展性的课后思考问题.

(4) 向学生展示了普通人难以领会的数学结构之美，即：数学的魅力在于，她能以稳定的模式驾驭流动的世界!

完善之处

本节课的内容较多, 45 分钟的教学时间略显不足, 建议适当增加时间.

【编者按:由中国教育部国际交流司与师范司, 以及东芝公司共同举办的第二届“东芝杯·中国师范大学师范专业理科大学生教学技能创新实践大赛” 2009 年 11 月 15 日在上海落下帷幕. 经过紧张的数学模拟授课、教案评比、即席演讲三项总决赛, 最终华南师范大学的黄泽君夺得冠军, 南京师范大学的向坤获亚军, 陕西师范大学的金涛获季军. 三名获奖选手除了每人获得一台高级笔记本电脑的奖励之外, 还获得免费赴日进行短期访学的机会.】

(华南师范大学数学科学学院 何小亚 提供并点评)

第三篇

数学说课案例

案例 29　代数式的值

说课稿写真

大家好！今天我说课的题目是：代数式的值．我准备从如下几个方面展示：教材分析，教法、学法分析，教学程序设计．

一、教材分析

（一）教材内容的地位和作用

“代数式的值”选自义务教育课程标准实验教科书(人教版)七年级数学(上)第二章，是我个人根据学生的知识基础较差、认知能力不强以及思维品质不够活跃等实际情况而在教学中加以补充的一节课．代数学作为一门学科，它的课题首要的就是研究用字母表示式子的变形规则和解方程的方法．因此，本节课既是算术知识的延续，又为后面知识的学习起着导航作用，即对于代数我们研究什么？如何研究？

（二）教学目标

根据新课标要求和上述教材分析，结合学生的情况，我制定了以下教学目标．

1．知识、能力目标

了解代数式的值的概念，知道代数式求值的书写格式，能区分易混淆语言，清楚代数式求值过程中易出错的地方，会解决简单的问题，并在此基础上应用变式训练进行拔高．

2．情感目标

使学生明白数学来源于生活，学习数学是为了解决实际问题，培养学生科学的学习态度，同时通过多媒体演示激发学生探究数学问题的兴趣．

（三）教学重点、难点

1．教学重点

代数式求值的书写格式．

2. 教学难点

代数式求值的书写格式，变式训练知识的运用.

二、教法、学法分析

本节课涉及的知识点不多，知识的切入点比较低，根据课标的要求，代数式的值的概念属于了解内容，所以本节课较多的时间用在代数式求值知识的运用上. 教师以多媒体为教学平台，通过精心设计的问题串和活动系列，采取精讲多练、讲练结合的方法来落实知识点并不断地制造思维兴奋点，让学生脑、嘴、手动起来，充分调动了学生的学习积极性，达到事半功倍的教学效果. 而学生在教师的鼓励引导下小结方法，克服思维定势，并通过小组讨论、组际竞赛等多种方式增强学习的成就感及自信心，从而培养浓厚的学习兴趣.

三、教学程序设计

教学流程	设计思路与媒体应用分析
（一）创设情境，引入课题 同学们，是不是在座的每一位都喜欢游戏呢？下面我们就进行一个小游戏： **一、传数游戏**　(大屏幕出示规则) 四人做传数游戏，甲报一个数给乙，乙把这个数加 1 传给丙，丙再把所得的数平方后传给丁，丁把所听到的数减 1 报出答案： (1) 请把游戏过程用代数式的程序描述出来。 (2) 看甲报出的数为 19，则丁的答案是多少？ (3) 看丁报出的答案是 35，则甲传给乙的数是多少？ （二）探索交流，获得新知 引导学生回忆游戏的过程，点出课题并总结代数式的值的概念. 由于有了前面的铺垫，立刻就有同学回答. 板书课题并投影显示概念.	究竟如何引入新课呢？如果直接点题引入新课，可能较为平淡，引发不起学生更大的学习兴趣. 这或许对学生参与这节课学习的积极性略有影响. 因此，我在一开始便用设问的方式，从学生喜爱游戏这个话题入手，一下引起学生的兴趣，为引出课题打下伏笔. 从实践的角度下定义,便于学生理解记忆. 而对于数学概念的学习，要关注概念的实际背景与形成过程，克服机械记忆的学习方式. 以往我们在课堂教学中都是老师讲解例题然后学生演练，学生往往被动接受，忽略了学生为主体的教育目标. 本课改为学生运用新知自主探索，教师协助指引. 演练过程中学生往往不会想到代数式中字母取值的不确定性，而在代数式求值过程中忽略强调字母取值的条件，待他们板演后

掌握了代数式的值的概念，我们来演练几道小题，看看大家是否可以熟练应用．哪位同学愿意到黑板上做出你的答案？

二、夯实基础：

例 1 当 $a=2, b=-1, c=-3$ 时，求下列各代数式的值：

(1) b^2-4ac;

(2) $a^2+2ab+b^2$;

(3) $(a+b)^2$.

观察(2)(3)两题的结果，你有什么想法？

学生实际演算后会回答：相等．

那么你能用简便方法算出当 $a=0.125, b=0.875$ 时 $a^2+2ab+b^2$ 的值吗？

那么这道题我们又该怎么做呢？

例 2 求代数式 $3a+abc-\frac{1}{3}c^2-3a+\frac{1}{3}c^2$ 的值，其中 $a=-\frac{1}{6}, b=2, c=-3$.

三、小试牛刀：

1. 判断题：

( ) ① 当 $x=\frac{1}{2}$ 时，$3x^2=3\left(\frac{1}{2}\right)^2=3\frac{1}{4}$；

( ) ② 当 $x=-2$ 时，$3x^2=3-2^2=-1$.

2. 填空题：

(1) 若梯形的上底为 a，下底为 b，高为 h，则梯形面积为____________，当 $a=2\text{cm}, b=4\text{cm}, h=3\text{cm}$ 时，梯形的面积为________；

(2) M 表示 a 与 b 的和的平方，N 表示 a 与 b 的平方的和，p 表示 a、b 的平方和，则当 $a=7, b=-5$ 时，$M-N+p$ 的值是______.

小结：

与同学们一起检验，对演练有误的同学提示更正，对正确的同学加以表扬．可充分调动学生的学习积极性．

学生演算完后会很容易就发现答案，这个设计为引出下一题打下伏笔．

由于有前面的铺垫学生很快会回答出答案．为下一题再作铺垫．

由学生板演习题，尤其是例 2 一题有意识的选择平时不够细心的同学板演，就会出现因没有注意到可以使用简便算法而使计算变得很复杂的情况，这是多数同学都有可能忽略的问题，师生共同分析比较后可进一步加强学生对所学知识的感性认识．

这里设置的几个题目，既有来自于数学知识本身，也有跨学科间的联系．通过对问题的解答，进一步巩固了代数式的值的概念，还加强了学生运用数学知识解决实际问题的能力．

自然设问，符合常理，进一步激起了学生探究的欲望．提问时遵循了学生的思维规律，并给予了学生充分的时间，让他们自己去交流，去体会知识的形成过程．

经过这些习题的演练，我们来总结一下，你觉得求代数式的值应该分哪些步骤？应该注意什么？ **四、变式训练** **例 3**　若 $x+2y^2+5$ 的值为 7，求代数式 $3x+6y^2+4$ 的值. 练习： (1) 若 $x+5y=4$，求 $2x+7+10y$. (2) 若 $\frac{x-y}{x+y}=2$，求 $\frac{x+y}{x-y}-2\frac{x-y}{x+y}$. (3) $x+y=-4$, $xy=-12$, 求 $\frac{y+1}{x+1}+\frac{x+1}{y+1}$ 的值. (三) 课堂小结 教师提问：(1)(2)(3)(4) 让学生自己回忆总结本节课学习的内容. (四) 布置作业	若学生配合较好，可以继续探究，并适当加大难度. 这里包括例题共设计了四道题，前三道题既有趣味性，又复习了本节课的内容. 第四题是一个动手实验的题目，提供给学有余力的学生，充分体现了分层教学的思想. 总结性提问的问题包括了本节课的学习内容，让学生自己对这节课进行评价，学会反思，还为下一节课的学习埋下伏笔. 课外作业注重发挥学生的主观能动性，让不同的学生都得到不同的发展.

四、板书设计

代数式的值		
一、定义	四、小试牛刀	七、练习
二、例 1	五、阶段小结	八、总结
三、例 2	六、例 3	九、作业

(齐齐哈尔阳光高中初中部　孙玉涵)

闪光之点

(1) 忠实于教材，但不囿于教材. 对教材进行合理的取舍与补充，一部分练习取自于教材，一部分内容(如概念的引入)有别于教材. 体现了教师“用教材教”而不是“教教材”的教学观.

(2) 设计系列问题来展开教学, 符合学生的认知规律. 问题系列不仅激发了学生思维的火花, 而且发展了学生的能力, 培养了学生应用数学知识解决实际问题的意识.

(3) 重视知识的产生过程, 使学生有自己的数学体验. 通过这种体验, 使学生学到数学的思想方法, 并进一步培养学生的数学情感.

完善之处

(1) 提出的教学重点和难点是“代数式求值的书写格式”, 但是在具体教学过程中, 如何解决重点和难度问题却未提及. 也就是说教师在说课中虽提出了教学问题却没有去解决这个教学问题.

(2) 学法应该是教法的基础, 制定教法首先要研究学法. 教师在分析学生求“代数式的值”面临的主要心理困难, 以及由此应采取怎样的教学对策方面, 则稍嫌不够.

(3) 板书设计只是一个标题的排列, 可以再细化一些.

(广东第二师范学院　谢明初　提供并点评)

案例 30　四边形内角和

说课稿写真

各位专家、各位老师：

大家好！我是海宁市实验初中的数学教师方王兴．今天，我说课的内容，选自浙江教育出版社《数学》八年级下册第五章第一节——多边形．

下面，我从教学内容的分析、教学目标的确定、教学过程的设计等几个方面来说明这堂课信息技术与《数学》学科整合的设计思路和教学意图．

一、教学内容分析

1．地位与作用

四边形是最基本的平面图形之一，四边形的学习与三角形有着密切的联系，四边形是三角形的应用和深化，也为后面学习平行四边形作准备，所以它既是前面所学知识的延续，又是后面学习的基础，具有承上启下的作用．且本节内容与现实生活联系紧密，能引起学生的关注和兴趣，也能促进学生的实际应用能力．

2．学生分析

根据八年级学生的年龄特点，他们喜欢新鲜事物，有强烈的好奇心，思维活跃，且有一定的自主、合作、探究的学习能力，能比较熟练使用 Internet．

3．环境分析

(1) 学校拥有多媒体网络教室；

(2) 借助东北师范大学理想信息化教育平台，专门为本课制作的自主学习专题网站．

二、教学目标

1．知识与技能

使学生理解四边形的有关概念；

使学生掌握四边形内角和定理及外角和定理的证明及简单应用．

2．过程与方法

通过东北师范大学理想信息化教育平台让学生亲身参与四边形内角和定理探索过

程, 体验把四边形问题转化为三角形问题来解决的化归思想.

3. 情感态度与价值观

通过搜集海宁建筑物相关的图片和合作探究、交流讨论等活动培养学生爱祖国爱家乡的情感和合作的精神, 增强集体责任感.

三、教学重点与难点

1. 教学重点

探索和证明四边形内角和定理.

2. 教学难点

(1) 学生已知道四边形内角和等于 360°, 传统的数学教学已难以激发兴趣.

(2) 四边形内角和定理的证明思路不易形成.

四、教学方法

综合来讲, 这一节课的教学适用信息技术也需要信息技术. 我利用东北师范大学理想信息化教育平台, 组织学生自主学习和合作探究等方法进行教与学.

五、教学过程

通过“创设情境、导入新课—自主学习、合作探究、交流讨论、得出结论—探索四边形的外角和定理—运用新知、巩固新知—归纳小结、提高认识”等环节进行教学.

(一) 创设情景、导入新课

(1) 课前两天布置学生利用互联网搜集与海宁建筑物相关的图片, 并对图片进行分析有哪些我们熟悉的几何图形.

(2) 进入东北师范大学的理想教育自主学习平台专题网站, 上传图片. 利用学生的图片创设情景, 这一环节设计我主要考虑让学生体会家乡的美丽, 激发学生对家乡的热爱. 从这些美丽的图片中认识几何图形, 这样做也让学生深刻体会到数学来自生活实际, 从而提高学生学习数学的兴趣, 提高了课堂效率. 学生回答的几何图形有三角形、平行四边形、长方形、四边形、五边形、六边形等后, 进而回顾三角形的有关知识. 根据三角形的有关知识类比出四边形的定义、边角等有关知识.

(二) 自主学习、合作探究、交流讨论、得出结论

(1) 由于学生已知道四边形的内角和为 360°, 因此利用东北师范大学的理想教育自主学习平台中链接几何画板软件来验证这一结论是否正确.

① 任意画一个四边形, 后度量四个内角, 计算出四个内角和, 观察: 四边形的内角

和是否为 360°.

② 继续操作，拖动四边形的一个顶点，改变四边形的形状，观察：四边形的内角和是否为 360°？在变化过程中发现有时内角和不是 360°，从而指出凹凸四边形的概念，强调我们研究的是凸四边形. 那么凹四边形内角和不是 360°吗？

这也激发了学生继续探究的愿望，进一步提高学生学习数学的兴趣.

(2) 但我们从实验中得出的结论可否普遍适用，一般必须经过逻辑证明才行. 如何证明这个定理是个难点，由于已出现与三角形做类比，故学生能受到启发把问题化归为三角形来解决. 如何转化，你能探索出几种方法？

学生在网上继续利用几何画板进行探究，交流讨论，发布论点，疑难交流，根据点 E 的不同位置证明这个定理.

利用信息技术通过让学生自主探索四边形的内角和的不同证法，再一次让学生经历“数学化”的活动，使学生亲身经历知识的发生、发现过程，同时通过合作交流，学生之间、师生之间的各种观点真正地交锋、碰撞，拓宽了思维探索的空间，激发了创新的灵感. 师生关系得以改变，成为真正的合作者，学生真正成为学习的主人，展示网络的强大优势. 传统教学难以达到这种水平.

(三) 探索四边形的外角和定理

(四) 运用新知、巩固新知

学生应用新知识尝试解决问题，利用东北师范大学理想信息化教育平台中的测试平台，我设计五组练习，从基础到提高，用游戏中的闯关形式呈现. 每一位同学根据自己的学习水平选择做题，让每一位学生都有成功的体验，而且也可以在课后继续体验更大地成功.

(五) 归纳小结、提高认识

利用网络让学生谈谈对本节课的学习内容和学习方式有何感想？

也可以课后在交流平台上留言.

六、学习反馈

通过这节课的教学使我体会到：信息技术恰当地使用，有机地整合，能使学生对学数学更感兴趣，能充分调动学生学习的积极性. 后来了解到，不少同学课后自己探究出：五边形、六边形的内角和，甚至 n 边形的内角和，n 边形的外角和.

合理地利用信息技术改变了学生老师学习的方法，有效地提高课堂效率，有利于突破难点，拓宽了学生思维探索的空间，提高学生的实践能力. 使每一位学生都能获得成功的体验.

教学全过程不仅局限于课堂 40 分钟内. 做到课前收集信息、筛选信息; 课上交流信息、处理信息; 课后整理、存储信息, 实现了课堂的延展.

(海宁市实验初中　方王兴)

闪光之点

(1) 教学思路非常清晰, 从知识的引入到知识的理解到知识的应用, 充分体现学生学习的认知规律.

(2) 把教学重点确定为“探索和证明四边形内角和定理”, 学习难点定位于“形成四边形内角和定理”, 并采用多媒体信息技术辅助教学, 从具体到一般, 从感性到理性, 充分体现教师对教材的深入理解和教学方法的准确把握.

(3) 多媒体信息技术的引用并不停留于形式, 而是基于对学生学习心理的分析和对数学内容的剖析, 引导学生对四边形内角和进行探究, 展示数学结论形成和发展过程, 说明教师能根据具体教学内容落实“数学课程标准”的理念与要求.

完善之处

作为说课稿, 除了讲清自己的教学思路以外, 还应讲清支持这种教学思路的理论依据, 也就是说, 既要指明“我是如何做的”, 也要阐明“我为什么要这样去做”, 对本节课, 如能用建构主义、情境认知理论去分析各个教学环节, 将会使说课站在一个更高的层面.

(广东第二师范学院　谢明初　提供并点评)

案例 31　概率的意义

说课稿写真

“概率的意义”是人教版九年级上册第二十五章概率初步第一节的内容．下面将从背景分析、目标分析、过程分析、教法分析、评价分析五个方面对本节课的设计进行说明．

一、背景分析

（一）教材分析

按照教学内容交叉编排、螺旋上升的方式，本章是在统计的基础上展开对概率的研究的，而本节又是从频率的角度来解释概率，其核心内容是介绍实验概率的意义，即当试验次数较大时，频率渐趋稳定的那个常数就叫概率．本节课的学习，将为后面学习理论概率的意义和用列举法求概率打下基础．因此，概率的正确理解和它在实际中的应用是本次教学的重点．

（二）学情分析

(1) 学生初学概率，面对概率意义的描述，他们会感到困惑：概率是什么，是否就是频率？因此辩证理解频率和概率的关系是教学中的一大难点．

(2) 由于本节课内容非常贴近生活，因此丰富的问题情境会激发学生浓厚的兴趣，但必须认识到学生过去的生活经验也会对这节课的学习带来障碍，因此正确理解每次试验结果的随机性与大量随机试验结果的规律性是教学中的又一大难点．

二、目标分析

根据背景分析和学生的认知特点，将本节课的教学目标设置为以下几方面．

1．知识技能

(1) 理解概率的含义并能通过大量重复试验确定概率．

(2) 能用概率知识正确理解和解释现实生活中与概率相关的问题．

2. 过程方法

(1) 经历用试验的方法获得概率的过程，培养学生的合作交流意识和动手能力.

(2) 在由“试验形成概率的定义”的过程中培养学生分析问题的能力和抽象思维的能力.

3. 情感态度与价值观

(1) 利用生活素材和数学史上的著名例子，激发学生学习数学的热情和兴趣.

(2) 结合随机试验的随机性和规律性，让学生了解偶然性寓于必然性之中的辩证唯物主义思想.

三、过程分析

为达到上述教学目标，教学中，设置五个教学环节(图 31.1).

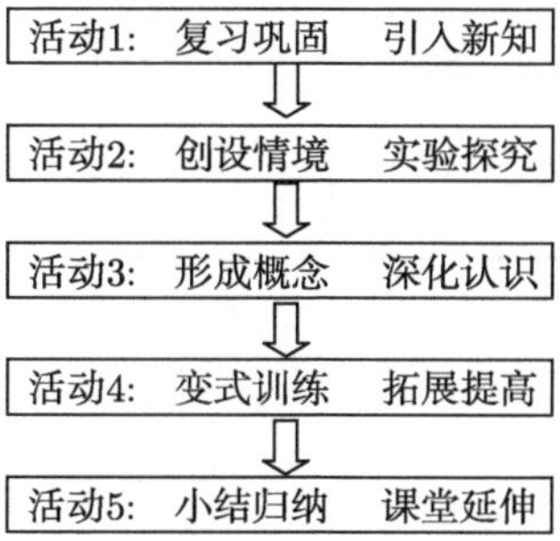

图 31.1　流程图

下面重点谈谈整个教学过程：

(一) 复习巩固 引入新知

多媒体展示图片和问题：下列事件中，哪些是随机事件，哪些是必然发生的，哪些是不可能发生的. 通过生动的实物图片和生活情境，一方面突出复习随机事件的判断，另一方面，可引出本节课的中心问题：随机事件发生的可能性有多大呢？如遇上红灯、生个儿子、天气晴好等. 自然地把学生引入到随机事件的概率的探究中来.

(二) 创设情境 实验探究

要研究随机事件的概率，抛掷硬币的试验既典型又方便，但如果教师简单直接说要抛掷硬币，难免让学生觉得被老师牵着走，兴趣不大. 在这里，可借助于学生具有的课外知识——对世界杯的了解，让学生先看到世界杯的冠军奖杯，自然想到世界杯足球比赛，再给一幅图，让学生猜想到这是在由抛掷硬币决定哪个队先开球. 然后，顺势提问：

这种决定方法对比赛双方公平吗？为什么？

这个问题，问到了学生的心坎上，直觉判断：公平. 可是，为什么呢？学生暂时答不上来. 怎么办？能否用试验来验证？学生颇感怀疑.

无独有偶，历史上有几位著名的数学家都做过这样的试验，今天抛掷的结果会与他们一致吗？

第一步：分组试验

将全班分十组，要求每组掷一枚硬币 60 次，并把试验数据记录在表格中.

分析试验结果：

提问 ①：各小组正面朝上的频率一样吗？是否为 0.5？

提问 ②：如果把全班十组结果进行累计，正面朝上的频率会有什么规律？

设计意图：

通过提问 1：引导学生认识到随机事件的发生具有偶然性.

通过提问 2：引导学生发现在次数逐渐增大的情况下，频率数值渐趋稳定.

第二步：比较试验

表 31.1

试验者	抛掷次数(n)	正面向上的次数(频数 m)	频率$\left(\dfrac{m}{n}\right)$
棣莫弗	2048	1061	0.5181
布丰	4040	2048	0.5069
费勒	10000	4979	0.4979
皮尔逊	12000	6019	0.5016
皮尔逊	24000	12012	0.5005

表 31.1 让学生既了解到一些数学家的故事、感受到他们为追求真理而不懈努力的精神(比如皮尔逊投了 24000 次，可想而知需要大量时间)，又惊喜的看到：几位数学家的试验结果跟今天的试验结果大致相同——大量试验次数下频率数值稳定于 0.5. 学生很有成就感，老师趁此鼓励:今天，你们就可以做出数学家做的事，那么明天，你们就是未来的数学家.

第三步：模拟试验

输入次数，电脑很快地抛掷硬币，得到正面朝上的频数和频率，并同时画出了频率随试验次数增大而变化的曲线图.

学生一方面惊叹于信息技术为数学研究带来的方便(像这样的抛掷硬币，省时省力、直观形象)，另一方面认识到：尽管是随机试验，尽管每一次事件的发生具有偶然性，但随着试验次数的增加，正面朝上的频率曲线越来越平稳，即稳定于 0.5.

以上分三步实施的试验说明："正面向上"的频率稳定于 0.5，"反面向上"的频率也稳定于 0.5. 由两个频率稳定得到的常数相等说明两者发生的可能性相等，从而验证了猜想，判断公平的直觉是对的.

到这时，学生已经看到：大量重复试验下，任意抛掷硬币"正面朝上"这个随机事件发生的频率逐渐稳定到的常数刻画了随机事件发生的可能性的大小.

(三) 形成概念 深化认识

一般地，在大量重复试验中，如果事件 A 发生的频率 $\frac{m}{n}$ 会稳定在某个常数 p 附近，那么这个常数 p 叫做事件 A 的概率，记作 $P(A)=p$. 其中 m 是事件 A 发生的频数，n 是试验次数.

思考 ①：概率的取值范围是什么呢？

大部分学生能得出 $0<p<1$. 教师预计到：只有少数同学可以想到 p 等于 0 和 1，为给这部分同学表现的机会，教师要他们来解释：什么时候概率 p 等于 0，1？这样，教师既完善了知识，又让这部分同学体验到思维严密的成就感，还激起其他同学的好胜心理.

思考 ②：定义中的"频率"和"概率"有何区别？

结合投币试验，同学知道各小组试验算出的频率不一定等于概率. 区别就是：频率不一定等于概率，概率是频率趋于稳定的那个值.

你会求吗？

例 对某电视机厂生产的电视机进行抽样检测的数据见表 31.2.

表 31.2

抽取台数	50	100	200	300	500	1000
优等品数	45	92	192	285	478	954
频　　率						

(1) 计算表中优等品的频率(精确到 0.01)；

(2) 该厂生产的电视机优等品的概率是多少(精确到 0.01)？

这个例题，是利用抽样检测这种大量重复试验，让学生先计算优等品的频率，然后观察频率稳定在哪个常数附近，从而选取这个常数作为优等品的概率. 通过例题，使学生更具体地理解概率，巩固概率和频率的关系即频率不一定等于概率，比如频率有 0.92、0.96(表 31.3)，概率为 0.95. 突破难点一. 同时也让学生看到进行大量重复试验是确定概率的一种方法.

表 31.3

抽取台数	50	100	200	300	500	1000
优等品数	45	92	192	285	478	954
频　　率	0.90	0.92	0.96	0.95	0.96	0.95

(四) 变式训练 拓展提高

听两段情境对话, 分组讨论对错并说明理由：

情境

(1) 甲：我知道掷硬币时, “正面向上”的概率是 0.5;

乙：噢, 那我连掷硬币 10 次, 一定会有 5 次正面向上.

(2) 甲：天气预报说明天降水概率为 90%;

乙：我知道了, 明天肯定会下雨, 要不然就是天气预报不准.

对这两个情境, 判断对与错并不难, 难就难在如何准确的用概率知识理解. 学生讨论时, 教师深入各组, 及时点拨, 澄清学生可能存在的错误认识.

设计意图：情境(1)强调概率是针对大量试验而言的, 大量试验反映的规律并非在每次试验中一定存在. 情境(2)突出概率从数量上刻画了一个随机事件发生的可能性大小. 用这两个情境使学生正确理解大量随机试验结果的规律性和每次试验结果的随机性, 突破难点二.

(五) 小结归纳 课堂延伸

小结归纳：

(1) 学生分组讨论, 谈本次课收获与疑问, 学生之间相互补充, 相互释疑;

(2) 教师表扬课堂上参与积极、表现精彩的小组和个人;

(3) 教师引导学生再一次理解概率的意义, 揭示频率与概率的联系与区别.

课堂上的时间总是有限的, 而知识的触觉是多方位的. 为巩固本课知识, 多角度提升能力, 设置课堂延伸：

(1) 144 页：5, 6.

进一步巩固由大量重复试验所得数据计算频率进而确定概率的方法.

(2) 上网搜索并阅读有关姚明参加 NBA 以来罚球数据的统计, 并根据你搜索到的数据, 指出姚明在 NBA 比赛中罚球命中的概率.

提高学生利用网络资源的意识和处理信息能力, 让学生再一次感悟概率的意义和在生活中的应用.

四、方法分析

(1) 为了激活学生的课堂思维, 体会随机现象特点, 采用情境激趣法, 营造学习氛围.

(2) 为了让学生把对随机事件的直觉思维过渡为理性认识, 采用实验探究法, 并且分三步实施: 分组试验、比较试验、模拟试验, 让学生更清晰地看到随着试验次数的增加, 频率趋于稳定, 从而更好的理解概率意义, 突出重点.

(3) 为了突破难点——理解好频率与概率、随机性与规律性的关系, 采用小组讨论法和启发点拨法.

(4) 教学手段方面: 利用多媒体技术, 引用情境对话、制作电脑模拟试验, 让学生感受信息技术为数学学习带来的方便, 突出表现数学内在美.

五、评价分析

(1) 教学内容上: 关注教材的变化, 概率统计内容在新教材里地位得到加强, 但也有一个逐步渗透学习的过程.

熟悉问题情境 ⇒ 激发学习动机
易误解的例子 ⇒ 加强概念理解
著名数学史料 ⇒ 延续求知热情

(2) 教学理念上: 始终贯彻以学生为中心的教育理念. 关注学生的认知过程, 重视学生的合作与讨论, 随时发现、肯定学生的闪光点, 让学生及时享受成功的愉悦. 同时, 结合学生暴露出的思想或方法上的问题, 给予适时点拨.

(3) 教学预想: 课堂是一个动态的过程, 为使严谨的课堂更具弹性, 还做了其他准备, 比如气象部门怎样计算得出降水概率, 姚明参加 NBA 以来罚球数据的原始资料及分析等学生感兴趣的且与本节课相关的问题, 以便适时的给学生拓宽知识, 让学生更充分地感受到数学知识在生产、生活、娱乐、服务等方面的广泛应用.

闪光之点

(1) 作者对背景分析十分透彻, 特别在学情分析中提到了“辩证理解频率和概率的关系是教学中的一大难点”以及“正确理解每次试验结果的随机性与大量随机试验结果的规律性是教学中的又一大难点”.

(2) 通过创设情景, 引发学生探索的兴趣, 让学生动手实验引出“概率”这一概念, 自然而容易被接受 .

(3) 通过模拟实验, 有助于学生区分“概率”与“频率”, 有利于学生形成概念.

(4) 提问“概率的取值范围”时，及时捕捉住学生的闪光点“p 等于 0 和 1”，完善了学生的认知结构.

(5) 变式训练的安排，拉近了数学与生活的距离，让学生更充分地感受到数学知识在生产、生活、娱乐、服务等方面的广泛应用.

完善之处

(1)“分组试验—比较实验—模拟实验”大量实验同在一节课出现，可能导致课堂时间难以把握.

(2) 教学过程中大量使用多媒体技术，虽然为数学学习带来方便，但却有一定的局限性，不能很好适用于大多数地方性学校.

(3) 可以进一步精选一些与学生生活密切的例子，让学生进一步理解随机现象以及隐藏在其背后的规律性. 教师在小结中应该进一步重申：本节课并没有给出一个概率的求法，而是只提出了“概率”的概念，即当试验次数较大时，频率渐趋稳定的那个常数就叫概率；其实质是实验概率的意义.

(广州大学数学科学学院　卢建川　提供并点评)

案例 32　回归分析的基本思想及其初步应用

说课稿写真

授课类型　新授课.

教材　人民教育出版社 A 版选修 1-2, 第一章统计案例 1.1 小节(共计 4 课时第 1 课时).

一、教材分析

(一)"回归分析"在《数学 3(必修)》和《选修 1-2》中内容的比较

数学 3——统计

(1) 画散点图;

(2) 了解最小二乘法的思想;

(3) 求回归直线方程 $y = bx + a$;

(4) 用回归直线方程解决应用问题.

选修 1-2——统计案例

(5) 引入线性回归模型 $y = bx + a + e$;

(6) 了解模型中随机误差项 e 产生的原因;

(7) 了解相关指数 R^2 和模型拟合的效果之间的关系;　(阴影部分为本节课所学)

(8) 了解残差图的作用;

(9) 利用线性回归模型解决一类非线性回归问题;

(10) 正确理解分析方法与结果.

本节通过典型案例"女大学生身高和体重的关系"进一进讨论一元线性回归模型,分析产生模型中随机误差项的原因, 并从相关系数的角度研究了两个度量间线性相关关系的强弱, 从而让学生了解在什么情况下可以考虑使用线性回归模型. 此外, 教科书还介绍了一元线性回归模型的偏差平方和分解的思想, 从而给出相关指数的含义, 即相关指数越大, 模型拟合的效果越好.

(二) 地位与作用

本节课是人教A版选修1-2第一章第一节回归分析的基本思想及其初步应用的第一课时内容. 整节共计4课时, 第一课时: 侧重了解偏差平方和分解思想和相关指数的含义; 第二课时: 侧重学习残差分析和建立回归模型的基本步骤; 第三课时: 介绍两个变量非线性相关关系; 第四课时: 回归分析的应用.

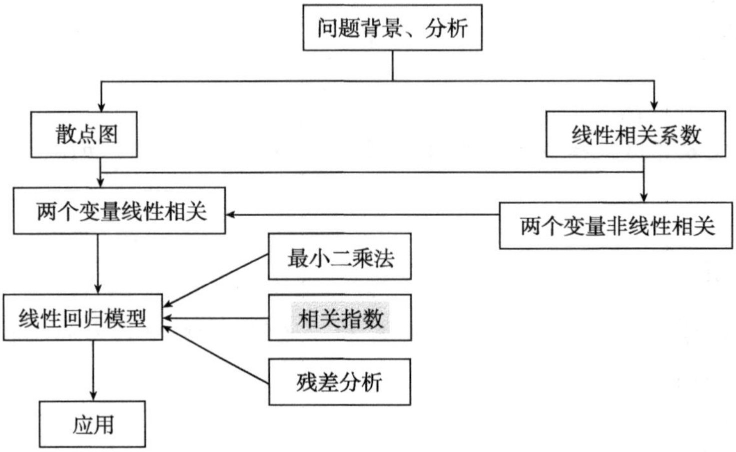

(三) 教学重点与难点

整节教学内容概念很多, 且是学生相对不熟悉的领域, 所需课时约为4课时.本课时的重点难点确定如下:

1. 教学重点

(1) 了解线性回归模型与函数模型的差异; (由问题2 解决)

(2) 了解判断利用相关指数刻画模型拟合效果的方法; (由问题5,6,7 解决)

2. 教学难点

(1) 解释残差变量的含义; (由问题2 解决)

(2) 了解偏差平方和分解的思想. (由问题3,4 解决)

二、目标分析

本节课是在《数学3(必修)》之后, 学生已经学习了两个变量之间的相关关系, 包括画散点图, 求回归直线方程, 利用回归直线方程进行预报等内容后, 进一步介绍回归模型的基本思想及其初步应用.

(一) 基本知识

通过本节的学习，了解回归分析的基本思想，会对两个变量进行回归分析，明确建立回归模型的基本步骤，并对具体问题进行回归分析，解决实际应用问题.本节课受课时所限，侧重了解判断利用相关指数刻画模型拟合效果的方法.

(二) 基本技能

(1) 让学生通过实际问题去理解回归分析的必要性；

(2) 从散点图中点的分布上我们发现直接求回归直线方程存在明显的不足，从中引导学生去发现解决问题的新思路—进行回归分析，进而介绍利用 R^2 来表示解释变量对于预报变量变化的贡献率，从中选择较为合理的回归方程，最后是建立回归模型基本步骤.

(三) 基本思想与方法

(1) 统计思想，明确回归分析的基本思想；

(2) 函数思想，建立函数模型进行拟合；

(3) 数形结合的方法.

(四) 基本态度

通过本节课的学习，培养学生利用整体的观点和互相联系的观点，来分析问题，进一步加强数学的应用意识，增强学生学好数学、用好数学的信心. 加强与现实生活的联系，以科学的态度评价两个变量的相关关系. 教学中适当地增加学生合作与交流的机会，多从实际生活中找出例子，使学生在学习的同时. 体会与他人合作的重要性，理解处理问题的方法与结论的联系，形成实事求是的严谨的治学态度和锲而不舍的求学精神.培养学生运用所学知识，解决实际问题的能力.

三、学情分析

在知识方面，对必修 3 中的线性回归知识有所了解，会抽取样本、会画散点图、会求出线性回归方程，新知教学有较好的基础；

在技能方面，学生已接触过随机数学，感受到随机数学和确定性数学的不同，并对最小二乘法、统计思想有所了解.面对高二文科学生，有一定的概括能力和抽象思维能力；并具有相当的综合知识；

在情感方面，求知的欲望强烈，喜欢探求真知，具有积极的情感态度.

四、教法学法分析

(一) 教学结构

本课分三大部分，其中第二部分“怎么学”是面对一个大问题分成八个小步进行，由环环相扣的八个问题引领，每一小步靠近一点，每个问题之后都有相应的一个结论，积累这些结论进而最终解决大问题.

学什么 ————→ 怎么学 ————→ 效果怎样

(大问题，复习引入)　(新课把一个大问题分解成八个小问题，步步靠近)　(学生练习与小结作业)

1. 一个大问题(教材第 2 页例 1)

探究问题　从某大学中随机选取 8 名女大学生，根据她们的身高和体重，你能较好地预测身高 172cm 的女大学生的体重吗？

提问　怎样求出回归方程？

2. 八个小步骤

问题 1　为什么我们选择线性回归模型？

问题 2　利用回归直线计算出的值是 172cm 女大学生的体重吗？为什么？

问题 3　如果不受解释变量(身高)和随机误差 e 的影响，预报变量(体重)会是什么样的？

问题 4　如何刻画预报变量(体重)的总的变化？

问题 5　预报变量(体重)有多少来自于解释变量(身高)？有多少来自于随机误差？

问题 6　怎样定量描述由解释变量带来的效应所占的比例？

问题 7　如何刻画回归模型拟合效果的好坏？

问题 8　利用线性回归方程，能较好地进行预测 172cm 女大学生的体重吗？

(二) 合作学习

本课时学习概念较多，学生很容易发生前后混淆、张冠李戴等问题，面对较难区分和较难理解的思想，本课用师生合作的学习方式，由教师代替学生把想提出的问题展示出来，再由全体学生通过动手、阅读、分析等方法进一步学习，体现师生的“双主体”地位.

(三) 教学手段

本课积极将数学课程与信息技术进行整合，采用多种技术手段，特点主要体现如下：

(1) 以 powerpoint 为操作平台，界面活泼，操作简单，能有效支持多种其他技术；

(2) 教师用 excel 图表展示，直观形象，节约时间，帮助学生顺利完成学习内容.

五、过程分析

(一) 复习导入——学什么

探究　例 1. 从某大学中随机选取 8 名女大学生，根据女大学生的身高体重(表 32.1)能否较好地预报身高为 172 cm 的女大学生的体重？

表 32.1

编号	1	2	3	4	5	6	7	8
身高/cm	165	165	157	170	175	165	155	170
体重/kg	48	57	50	54	64	61	43	59

提问　怎样求出回归方程？

(1) 随机抽样列表.

(2) 画散点图.

解　由于问题中要求根据身高预报体重，因此选取身高为自变量 x，体重为因变量 y. 作散点图(图 32.1).

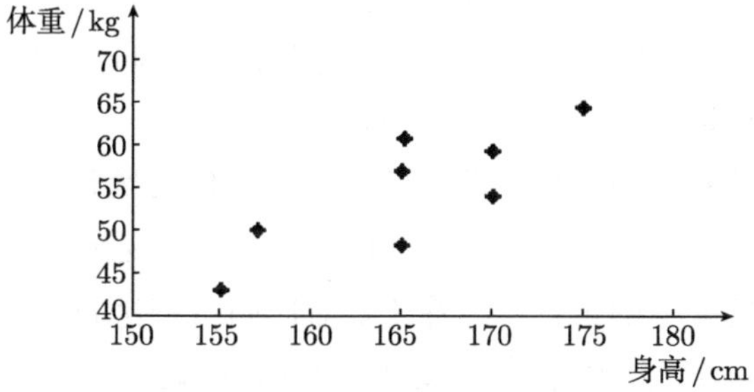

图 32.1

教师活动：教学生面对简单数据可利用画表格计算的方法求出样本点中心、最小二乘估计斜率和截距，若面对众多数据，仍然可以使用 excel 表格辅助完成.

(3) 我们知道其回归方程的截距和斜率的最小二乘估计公式分别为

$$\hat{a}=\overline{y}-\hat{b}\overline{x}, \tag{32.1}$$

$$\hat{b}=\frac{\sum_{i=1}^{n}(x_i-\overline{x})(y_i-\overline{y})}{\sum_{i=1}^{n}(x_i-\overline{x})^2}, \tag{32.2}$$

其中 $\overline{x}=\frac{1}{n}\sum_{i=1}^{n}x_i,\overline{y}=\frac{1}{n}\sum_{i=1}^{n}y_i$，$(\overline{x},\overline{y})$成为样本点的中心.

注　回归直线过样本中心.

根据公式(32.1)和(32.2)，可以得到 $\hat{b}=0.849,\hat{a}=-85.712$. 于是得到回归方程 $\hat{y}=0849x-85.712$.

探究问题　从某大学中随机选取 8 名女大学生，根据她们的身高和体重，你能较好地预测身高 172cm 的女大学生的体重吗?

设计意图　(1) 让学生回忆统计学的步骤和随机抽样、分层抽样、系统抽样的使用条件.

(2) 指导学生感知画散点图的作用，并使用 excel 图表教学生如何使用计算机辅助处理众多数据.

(3) 教学生面对简单数据可利用画表格计算的方法求出样本点中心、最小二乘估计斜率和截距，若面对众多数据，仍然可以使用 excel 表格辅助完成.

(4) 以上主要是为了帮助学生复习“必修 3”所学内容，为本节课做好知识上的准备. 同时也展示出完整的统计步骤.

了解统计思想，认识“回归分析”的含义.

自变量取值一定时，因变量的取值带有一定随机性的两个变量之间的关系叫做**相关关系**. 对具有相关关系的两个变量进行统计分析的方法叫**回归分析**.

其主要内容和步骤是：

首先根据理论和对问题的分析判断，将变量分为自变量和因变量；

其次，设法找出合适的数学方程式(即回归模型)描述变量间的关系；

由于涉及的变量具有不确定性，接着还要对回归模型进行统计检验；

统计检验通过后，最后是利用回归模型，根据自变量去估计、预测因变量.

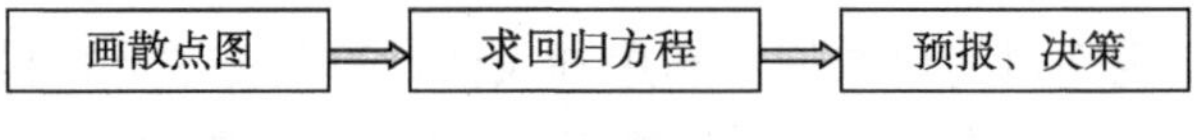

比较必修 3 与选修 1-2 所学统计知识的不同.

设计意图　让学生清楚地认识到自己的基础知识有哪些，自己将学习的目标是什么，本课时侧重学习的对象有什么，以利于提纲挈领，始终抓住本课学习的重点难点所在.

(二) 新课讲授——怎样学

问题 1　为什么我们选择线性回归模型?

从散点图可以看出，体重与身高具有正的线性相关关系. 如何描述它们之间线性相关关系的强弱？

在“必修 3”中，我们介绍了用相关系数来衡量两个变量之间线性相关关系的方法. 本相关系数的具体计算公式为

$$r=\frac{\sum_{i=1}^{n}(x_i-\overline{x})(y_i-\overline{y})}{\sqrt{\sum_{i=1}^{n}(x_i-\overline{x})^2\sum_{i=1}^{n}(y_i-\overline{y})^2}}.$$

$r>0$ 表明两个变量正相关；$r<0$ 表明两个变量负相关. r 的绝对值越接近 1，表明两个变量的线性相关性越强；r 的绝对值接近于 0，表明两个变量之间几乎不存在线性相关关系. 通常，当 r 的绝对值大于 0.75 时认为两个变量有很强的线性相关关系.

学生活动：

结论 在本例中，可以计算出 $r=0.798$. 这表明体重与身高有很强的线性相关关系，从而也表明我们建立的回归模型是有意义的.

教师活动：让学生观察以下几幅图像，认识各种线性相关关系.

设计意图 这里重点介绍了相关系数 r 的知识，让学生理解相关性检验的方法和必要性，以做好寻找与相关指数 R^2 的区别和联系的准备.

问题 2 利用回归直线计算出的值是 172cm 女大学生的体重吗？为什么？

教师给出图表，如图 32.2 所示.

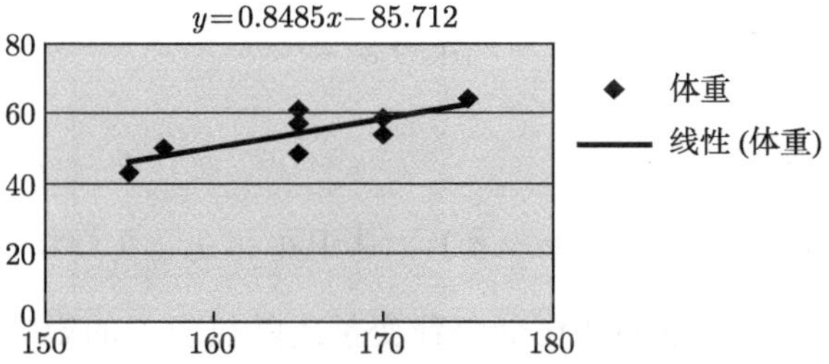

图 32.2

学生由图可知，相同的身高，函数值不同，所以不能严格刻画.

同函数 $y=bx+a$ 相比，线性回归模型 $y=bx+a+e$ 增加了随机误差项 e，因变量 y 的值由自变量 x 和随机误差项 e 共同确定，即自变量 x 只能解析部分 y 的变化.

学生活动：

结论 一次函数模型是线性回归模型的特殊形式，线性回归模型是一次函数模型的一般形式.

教师提问：那么，残差变量 e 是从哪里来的？

学生讨论：(得出结论)

(1) 用线性回归模型近似真实模型时的误差；

(2) 其他的因素影响(如体育锻炼、饮食习惯、遗传基因)；

(3) 观测误差(使用工具等).

设计意图　(1) 区分线性回归模型与函数模型的差异是十分必要的一环，是让学生从确定性数学向不确定性数学过渡的重要方法，也为认识残差的客观存在做出了解释.

(2) 认识统计的随机性，感受确定性数学与随机数学的不同.

问题 3　如果不受解释变量(身高)和随机误差 e 的影响，预报变量(体重)会是什么样的？

学生自己思考并作图，教师巡查后给出图像(图 32.3).

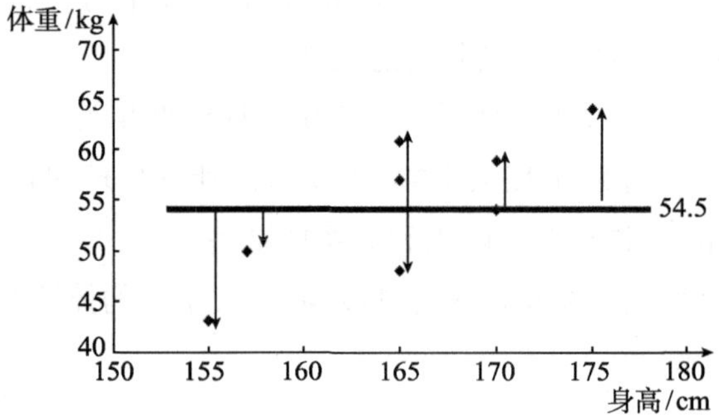

图 32.3

教师分析，学生观察

$$y_i-\overline{y}=(\hat{y}_i-\overline{y})+(y_i-\hat{y}_i)，\quad 其中\ \hat{e}_i=y_i-\hat{y}_i\ 称作残差.$$

学生活动结论　预报变量的变化受解释变量或随机误差的影响.

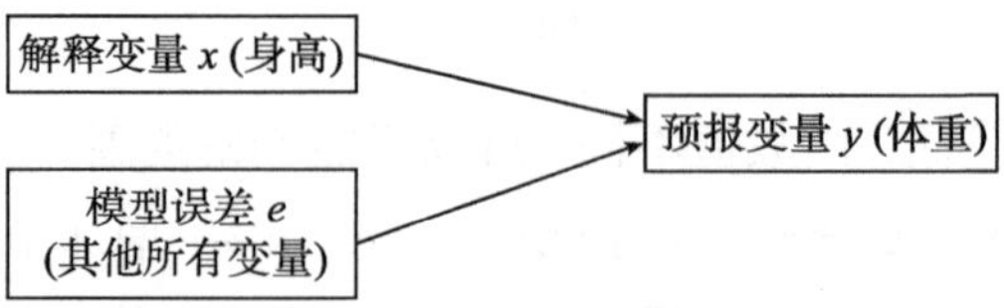

设计意图　引领学生认识到预报变量的确受到解释变量和随机误差的共同影响，为理解偏差平方的分解思想作点铺垫.

问题 4　如何刻画预报变量(体重)的总的变化？

教师分析：

求 $\sum_{i=1}^{n}(y_i-\overline{y})$，

↓

求 $\sum_{i=1}^{n}|y_i-\overline{y}|$，

↓

求 $\sum_{i=1}^{n}(y_i-\overline{y})^2$，

↓

$$\begin{aligned}\sum_{i=1}^{n}(y_i-\overline{y})^2&=\sum_{i=1}^{n}(y_i-\hat{y}_i+\hat{y}_i-\overline{y})^2\\&=\sum_{i=1}^{n}(\hat{y}_i-\overline{y})^2+\sum_{i=1}^{n}(y_i-\hat{y})^2+2\sum_{i=1}^{n}(\hat{y}_i-\overline{y})(y_i-\hat{y}_i),\end{aligned}$$

经计算

$$2\sum_{i=1}^{n}(\hat{y}_i-\overline{y})(y_i-\hat{y}_i)=0,$$

所以

$$\sum_{i=1}^{n}(y_i-\overline{y})^2=\sum_{i=1}^{n}(\hat{y}_i-\overline{y})^2+\sum_{i=1}^{n}(y_i-\hat{y})^2,$$

其中

$$\mathrm{SS_T}=\sum_{i=1}^{n}(y_i-\overline{y})^2 \text{ 称作总偏差平方和,}$$

$$\mathrm{SS_R}=\sum_{i=1}^{n}(\hat{y}_i-\overline{y})^2 \text{ 称作回归平方和,}$$

$$\mathrm{SS_E}=\sum_{i=1}^{n}(y_i-\hat{y})^2 \text{ 称作残差平方和,}$$

即

$$\underset{\text{(预报变量的变化程度)}}{\text{总偏差平方和}} = \underset{\text{(由解释变量带来)}}{\text{回归平方和}} + \underset{\text{(由随机变量带来)}}{\text{残差平方和}},$$

设计意图　了解偏差平方和分解或公式的来源和公式，体会分解思想.

问题 5　预报变量(体重)有多少来自于解释变量(身高)？有多少来自于随机误差？

教师：回到例题 1，请大家阅读课本 5-7 页的内容.

学生：阅读，并得到以下数据：

总偏差平方和：

$$\sum_{i=1}^{n}(y_i-\overline{y})^2=354\,,$$

残差平方和：

$$\sum_{i=1}^{n}(y_i-\hat{y})^2=128.361\,,$$

回归平方和：

$$354-128.361=225.639.$$

学生得到结论：身高对体重的效应比随机误差的效应大得多(表 32.2).

表 32.2

来源	平方和	比例
解释变量(身高)	225.639	0.64
随机误差(e)	128.361	0.36
总计	354	1.00

设计意图　以一个具体实例体会偏差平方和的分解思想，回归课本，帮助学生领会，加深印象.

问题 6　怎样定量描述由解释变量带来的效应所占的比例？

$$R^2=\frac{\sum_{i=1}^{n}(y_i-\overline{y})^2-\sum_{i=1}^{n}(y_i-\hat{y}_i)^2}{\sum_{i=1}^{n}(y_i-\overline{y})^2}=\frac{\text{总偏差平方和}-\text{总差平方和}}{\text{总偏差平方和}}=\frac{\text{回总平方和}}{\text{总偏差平方和}},$$

$$R^2=1-\frac{\sum_{i=1}^{n}(y_i-\hat{y}_i)^2}{\sum_{i=1}^{n}(y_i-\overline{y})^2}=1-\frac{\text{总差平方和}}{\text{总偏差平方和}}.$$

结论　在线性回归模型中，相关系数 R^2 表示解释变量对预报变量变化的贡献率.

设计意图　从数学推导中获得 R^2 的计算公式，让学生进一步认识 R^2 的功能与含义.

问题 7　如何刻画回归模型拟合效果的好坏？

教师分析：(回到上一问题)

学生观察得出结论：

(1) R^2越大，残差平方和越小，线性回归模型拟合效果越好.

(2) 在线性回归模型中，$R^2 = r^2$，所以 $0 \leqslant R^2 \leqslant 1$.

当 $r = \pm 0.9$ 时，$R^2 = 0.81$；

当 $r = \pm 0.75$ 时，$R^2 \approx 0.56$.

(3) 一组数据多种不同回归方程进行分析，可通过比较 R^2 来作出选择，即选择 R^2 大的模型.

教师提问：如图 32.4 所示，用线性回归模型好还是用非线性回归模型好？使用指数函数模型好还是使用二次函数模型好？

学生思考讨论.

结论　这时就需要一个区分模型拟合效果好坏的指标——相关指数 R^2.

设计意图　(1) 引出本节课的高潮，让学生清楚地认识到利用相关指数 R^2 如何判断回归模型拟合的效果；

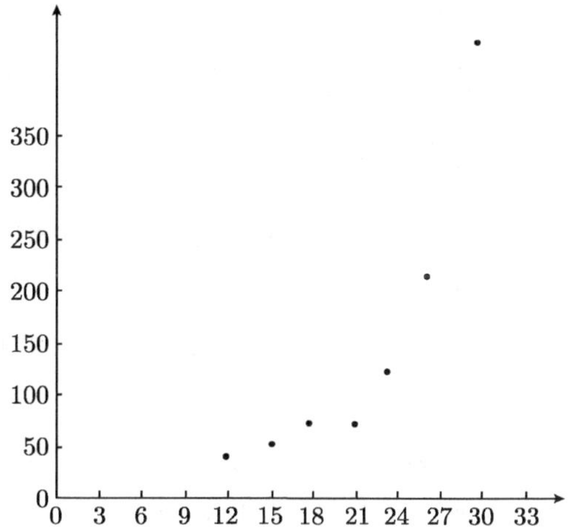

图 32.4

(2) 让学生明白使用相关指数 R^2 的必要性,并为引出后继课程作准备.

问题 8　利用线性回归方程，能较好地进行预测 172cm 女大学生的体重吗？

学生解回归方程

$$\hat{y} = 0.849x - 85.712,$$

$$r = 0.798 > 0.75 \quad (\text{说明所建立的线性回归模型有意义}),$$

$$R^2 = 1 - \frac{128.361}{354} = 0.64 > 0.56 \quad (\text{认为该组数据用线性回归模型还是比较有效的}).$$

故可预测出 172cm 女大学生们的平均体重为

$$\hat{y} = 0.849 \times 172 - 85.712 = 60.316 \quad (\text{kg}).$$

设计意图　再次回归本节的总问题，解决一个实际问题，使学生体会统计中回归分析的必要性.

(三) 学生练习——学得怎么样

考考你自己

如果发现散点图中所有的样本点全在一条直线上，请回答下列问题：

(1) 解释变量和预报变量的关系是什么？

(2) 残差平方和是多少?

(3) 解释变量和预报变量之间的相关系数是多少?

设计意图 当堂课的自我检测，有利于学生及时回忆所学内容，同时突出教学重点.本课特点是有较多的统计中的概念，数据计算也比较庞大，利用课堂时间详细计算一道完整题目，时间不允许.考虑到以上实际，选择了此题，该题目难度不大，却很好地解释了一次函数与线性回归模型之间的关系，强化了课堂所学的多个概念.

(四) 小结与作业

1. 相关概念

回归分析、随机误差(e)、预报变量(y)、解释变量(x)、相关系数(r)、总偏差平方和(SS_T)、残差($\hat{e}$)、残差平方和(SS_E)、回归平方和(SS_R)、相关指数(R^2).

2. 如何刻画线性回归模型拟合效果的好坏

r 越大, x 与 y 线性相关关系越强, R^2 越大，残差平方和越小，模型拟合越好.

还有没有其他量可以说明回归模型的拟合效果？——下节课谈.

作业 课本 13 页习题 1.1：1.

设计意图 小结与作业是“学得怎么样”的又一个延伸，实现对所学内容的反复巩固，通过课后学生的亲手操作，加深对回归分析的理解与应用.

六、评价分析

(一) 评价模式

围绕教学目标的落实情况，以过程性评价为主，形成性评价为辅，采取及时点评、延时点评与学生自评三结合.既充分肯定学生的思维，赞扬学生的创造性，激励学生的思辨，又必须以科学的态度引导学生服从理性，追求真理.

(二) 主要手段

(1) 通过教学过程进行点评和互评，考察学生对回归分析思想的掌握情况；考察学生归纳，抽象和概括的能力是否形成，并进行有针对性的及时调整和补充.

(2) 通过“考考你自己”考察学生是否突破了难点,及时调整“问题”导向.

(3) 通过小结和作业的完成情况，考察的总体知识结构的同化过程是否完成，学生解决实际问题的能力是否形成. 调整和补充下一课时的教程.

闪光之点

(1) 从教材分析、目标分析、学情分析、教法学法分析、过程分析、评价分析这六个方面进行说课是比较恰当和比较全面的.

(2) 在教材分析部分, 做到了纵横联系, 全局把握, 系统分析.

(3) 在过程分析部分, 以学什么、怎么学、学得怎样为主干, 以八个问题为核心内容, 以设计意图揭示深层内涵, 思路非常清晰.

完善之处

目标分析与内容部分存在的问题:

(1) 600 字的目标分析不但啰嗦, 而且看不出是几点知识? 几点技能? 几条态度? 统计的什么思想? 回归分析的基本思想是什么? 如果老师都写不出来, 那么在课堂上这些目标能落实吗? 学生又能真正习得多少呢?

(2) 将目标分为基本知识、基本技能、基本思想方法、基本态度四个维度的科学性本身就值得商榷. 但更令人遗憾的是, 案例中四个维度的具体内容之间出现诸如思想、技能、解决问题当知识; 知识的理解当技能; 能力当态度这些互相窜位的混乱局面. 这是由于对教学目标的内涵、外延认识的模糊而导致的问题. 建议按数学新课程的三维目标体系来写教学目标.

(3) 问题 5:"预报变量(体重)有多少来自于解释变量(身高)? 有多少来自于随机误差? 是不恰当的, 应改为:"体重的变异或变化有多少是由身高来解释的?"

回归分析模型有一个假设被作者忽略了, 即假设自变量是准确无误的, 因变量才是有误差的, 且误差相互独立. 当然, 结构方程理论否定了这一假设, 认为自变量、因变量同时有误差, 并成功地进行了数据处理.

数学新课程已经实施了十年, 但许多教师, 包括专业的数学教育研究者, 仍未能明确数学三维目标的内涵外延. 众多的数学教育杂志上的优秀教案, 不少国家级、省级的获奖教案, 都出现了目标内涵不清楚、目标窜位、目标层次要求不清楚、目标空洞无物、目标与内容不协调、目标与学生实际不符等硬伤.

关于数学三维目标的内涵、外延, 请参看文献: 何小亚、姚静.中学数学教学设计. 科学出版社, 2008.7: 20-22 页. 建议读者以此为标准修改案例中的教学目标.

(华南师范大学数学科学学院　何小亚　提供并点评)

案例 33　点到直线的距离公式

说课稿写真

人教版数学必修(2)第三章“3.3.3 点到直线的距离”，主要内容是高一几何关于点到直线的距离公式的推导和公式的简单应用.

下面将通过教材分析、目标分析、教法学法、教学程序和教学评价五个部分，阐述本课的教学设计.

一、教材与学情分析

（一）地位与作用

本节对“点到直线的距离”的认识，是从初中平面几何的定性分析，过渡到了高中解析几何的定量计算研究．对本节的研究，既是两点间距离公式的继续,又为两条平行直线间距离的确定以及后面直线与圆的位置关系和圆锥曲线的进一步学习，奠定了基础，具有承上启下的重要作用.

（二）学情分析

(1) 知识与能力：学生已经学习了两点之间的距离公式，具备直线的有关知识，如交点、垂直、三角形、两点间距离公式等．学生对坐标法解决几何问题有了初步的认识.

(2) 学生实际：学生基础扎实、思维活跃，但解题能力特别是抽象思维的能力比较欠缺，需要老师循序渐进的引导.

二、目标分析

（一）教学目标

根据新课程标准的理念,以及上述教材结构与内容的分析，考虑到学生已有的知识结构及心理特征，制定如下三维教学目标.

1. 知识与技能（直接性目标）

(1) 让学生理解点到直线距离公式的推导过程，掌握点到直线距离公式及其简单应用;

(2) 通过由特殊到一般的归纳，培养学生探索问题的能力.

2. 过程与方法 (发展性目标)

(1) 通过推导公式方法的发现，培养学生观察发现、分析归纳、抽象概括、数学表达等基本数学思维能力；

(2) 在推导过程中，渗透数形结合、转化化归等数学思想以及特殊与一般的方法.

3. 情感态度价值观 (可持续性目标)

引导学生用联系与转化的观点看问题，体验在探索问题的过程中的受挫感和成功感，培养合作意识和创新精神. 同时感受数学的形式美与简洁美，从而激发学习兴趣.

(二) 教学重点与难点

根据教学目标，教学应有一个让学生参与实践—探索发现—总结归纳的探索认知过程. 特确定如下重点与难点.

1. 教学重点

点到直线距离公式和简单应用.

2. 教学难点

点到直线距离公式的推导.

难点的确定 根据学生的认知水平，学生比较容易接受具体的、特殊的事物，而对抽象的含字母的点与直线方程的接受需要一个过程. 所以把对公式的推导确定为本节课的难点；

难点的突破 本课在设计上采用了由特殊到一般、从具体到抽象的教学思路，采用探究式教学方法，利用归纳的思想，由浅入深，让学生自主探究，分析、整理出推导公式的不同思路. 同时，借助于多媒体的直观演示，帮助学生理解，并通过逐步深入的课堂练习，师生互动、讲练结合，从而突出重点、突破教学难点.

三、教法学法

数学是发展学生思维、培养学生良好意志品质和美好情感的重要学科，在教学中，我们不仅要使学生获得知识、提高解题能力，还要让学生在教师的启发引导下学会学习、乐于学习，感受数学学科的人文思想，使学生在学习中培养坚强的意志品质、形成良好的道德情感. 为此设计如下教法和学法.

(一) 教学方法

在“以生为本”理念的指导下，充分体现课堂教学中“教师为主导，学生为主体”

的教学关系和“以人为本, 以学定教”的教学理念, 构建学生主动的学习活动过程. 在教学策略上采用: 创设问题情境—学生自主探究—归纳与总结—反思与评价组成的探究式教学策略, 并使用计算机多媒体和实物投影仪作为辅助教具, 提高课堂效率. 本节课难点在于公式的推导, 所以利用探究式教学以及多媒体帮助分散难点, 更符合学生的认知规律. 同时在教学中注意关注整个过程和全体学生, 充分调动学生积极参与教学过程的每个环节.

(二) 学法指导

新课标的理念倡导“以人为本”, 强调“以学生发展为核心”. 因此本节课给学生提供以下 4 种学习的机会:

(1) 提供观察、思考的机会: 用亲切的语言鼓励学生观察并要求学生用自己的语言进行归纳;

(2) 提供操作、尝试、合作的机会: 鼓励学生思考, 发现问题, 讨论问题, 解决问题;

(3) 提供表达、交流的机会: 鼓励学生敢想敢说, 设置问题促使学生愿想愿说;

(4) 提供成功的机会: 赞赏学生提出的问题, 让学生在课堂中能更多地体验成功的乐趣.

四、教学程序

“数学是思维的体操”, 课程标准指出, 教学中应注意沟通各部分内容之间的联系, 通过类比、联想、知识的迁移和应用等方式, 使学生体会知识间的有机联系, 感受数学的整体性. 课标又指出, 鼓励学生积极参与教学活动. 为此, 在具体教学过程中, 把本节课分为以下: “创设情境, 提出问题—互动交流, 探究问题—概括归纳, 解决问题—课堂训练, 简单应用—学生体会, 教师点评—课外作业, 巩固提高”六个阶段来完成.

(一) 第一阶段　创设情境, 提出问题

1. 这一环节要解决的主要问题

创设情境, 引导学生由直观的实际问题转化为数学问题, 揭示本课任务.

2. 具体教学安排

由学生熟知的运动实例引出本课课题“点到直线的距离”.

设计意图　以学生熟悉的实际生活为教学背景, 引入新课, 有效激发学生的学习兴趣.

(二) 第二阶段　互动交流, 探究问题

1. 这一环节要解决的主要问题

充分发挥学生的主体作用, 引导学生发现点到直线距离公式的推导方法, 并推导出公式. 在公式的推导过程中, 围绕两条线索：明线为知识的学习, 暗线为特殊与一般的逻辑方法以及转化、数形结合等数学思想的渗透.

设计意图 尊重教材但不照搬, 创造性的使用教材, 符合学生从特殊到一般, 循序渐进的认知规律. 一题多解使发散思维得到训练. 同时培养了学生的情操, 体验“快乐—受挫—希望—成功”的过程.

2. 具体教学安排：

(1) 第一步：复习定义, 解决实例.

首先, 由学生回答, 初中有关“点到直线的距离”的定义：过点 P 作直线 l 的垂线, 垂足为 Q 点, 线段 PQ 的长度叫做点 P 到直线 l 的距离.

设计意图 引导学生复习旧知识, 为新课的学习打下基础.

然后提问：怎样用解析几何方法求解点到直线距离?

给出具体实例：求点 $P(1, 2)$到直线 $l: 2x + y + 1 = 0$ 的距离.

由定义, 学生容易想到解法, 并进行解答, 很快得到答案, 给予学生肯定的评价.

设计意图 由定义出发解决具体的点到直线的距离, 简单明了, 思路自然, 学生易于接受, 而且为下面点到直线距离公式的推导作了铺垫.

(2) 第二步：师生互动, 分析思路.

抛出问题：求点 $P(x_0, y_0)$ 到直线 $l: Ax + By + C = 0(AB \neq 0)$ 的距离?

由于思维的局限性, 以及实例产生的思维定势, 容易想到思路一：如图 33.1 所示, 过 P 作 $PQ \perp l$ 于 Q 点, 根据点斜式写出直线 PQ 方程, 由 PQ 与 l 联立方程组解得 Q 点坐标, 然后利用两点距离公式求得.

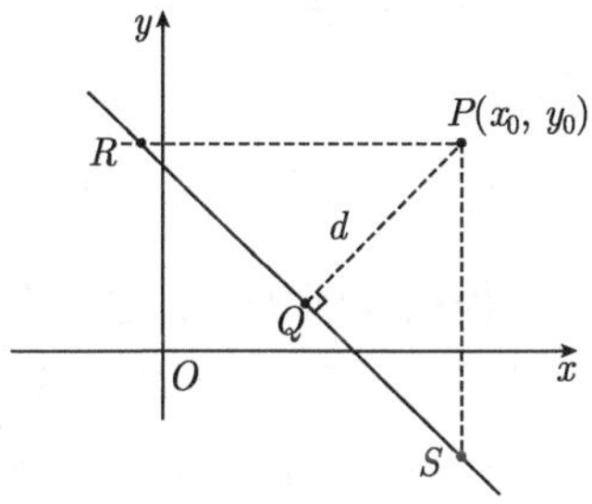

图 33.1

及时评价这种方法思路自然, 是一种基本的解决办法, 呈现解题流程, 并让学生动手操作.

设计意图 思路一是推导公式的基本办法, 但是合理不合情, 计算太复杂. 让学生实践体会, 也为今后圆锥曲线的学习做准备, 即如何优化解题. 同时较多的同学在有限的时间里并不能得到准确的答案, 使学生经历了挫折教育. 学生会发现这种解法的缺陷, 于是愿意探求其他更优的解法.

继续引导学生探求其他解法, 逐步提问, 层层深入：

① 不求点 Q 的坐标行吗? (行.)

② 线段 PQ 的长度如何求? (引导学生想到构造三角形)

③ 如何构造? (学生讨论)

当然由于学生程度的不同,可以构造得到多种直角三角形(如图 33.1 所示，大的 $\triangle PRS$, 小的 $\triangle PRQ$，$\triangle PSQ$)，从而产生不同的解决办法．让学生分析比较，整理出两种常规的思路.

思路二：$\triangle PRS$ 中用等面积法.

思路三：$\triangle PSQ$ 中，求 $\angle SPQ$，用边角关系.

(或 $\triangle PRQ$ 中解决，只是角的关系有所不同，而且直线位置的变化也对解题造成影响，布置研究性作业．)

设计意图　在探究公式的过程当中，采用开放式教学，充分发挥学生的主观能动性，拓宽思维．通过师生互动，从思路一的“自然接受”→思路二的“巧妙构造”→思路三的“奇特变化”，使学生看到希望．在实际教学中，可能会遇到其他解法，应鼓励学生积极发表自己的意见，锻炼学生的胆量与表达能力，亦可留作课后思考，具体处理视课堂情况灵活处理.

(3) 第三步：分工合作，具体操作.

学生已经有了解决问题的思路，下面应该动手操作，进行分组练习．在学生求解过程中，教师巡视，观看学生解题，了解情况，根据课堂时间的实际情况，选取做好的学生的解题过程用实物投影仪显示．这样不仅能让全体学生看到不同思路的具体解法，还能得出最佳解题方案，接着展示最佳解题方案的规范步骤．目的让学生有良好的规范的书面表达习惯，起到教师典范的作用.

设计意图　培养学生的具体操作和运算能力，自主学习和合作学习的能力，并感受成功.

(三) 第三阶段　概括归纳，解决问题

提出提问:① 上述结论是在条件 $AB \neq 0$ 成立时得出的，对 $A = 0$ 或 $B = 0$ 成立吗？② 点 P 在直线 l 上成立吗？③ 公式结构特点是什么？用公式时直线方程是什么形式？

通过学生的讨论，使学生了解公式适用的范围：任意点、任意直线．认识公式的形式特点，并用公式解决第二环节的实例.

设计意图　在探究问题的过程中体现了从特殊到一般的认识，而本环节探求公式成立的不同条件，又实现了从一般到特殊的认识，同时体现了知识的完备性．公式的形式特点体现了数学美，应用公式体现了简洁美.

(四) 第四阶段　课堂训练，简单应用

1. 这一环节解决的主要问题

通过练习，熟悉公式结构，记忆并简单应用公式.

2. 具体教学安排

例 1　求点 $P_0(-1, 2)$到下列直线的距离：

① $3x = 2$;　　② $2x + y = 10$;　③ $y = -x + 1$;　④ $y-1 = \frac{1}{2}(x+1)$.

例 1 变式　若点 $P_0(m, 2)$到直线 $y = -x + 1$ 的距离为 $\sqrt{2}$，求实数 m 的值.

设计意图　例题来源于课本，紧扣教材，又进行了适当的补充. 例 1 一方面强调特殊问题特殊解决，另一方面强化学生对公式的记忆和应用. “代入公式计算前，首先应将直线方程化为一般式，以便确定系数 A，B 的值”是学生在应用公式中，容易忽略的环节. 将这一薄弱环节设置在例题中，使学生在“错误体验”中加深记忆，以期达到强化训练的目的. 变式使学生加强对参数的印象.

例 2　已知点 $A(1, 3)$, $B(3, 1)$, $C(-1, 0)$, 求$\triangle ABC$的面积.

设计意图　例 2 求三角形的面积是点到直线距离的直接应用，又回归推导公式的思路二，达到有机统一. 同时充分发挥学生的主观能动性，挖掘其他解法，如几何割补法，使直观的几何图形与代数关系紧密联系起来. 同时也让学生感受了利用代数方法解决几何问题后，再回归到几何本身的重要性. 当然在具体教学时，可能会由于第二环节学生思维特别活跃，时间不够，那么本题留作课后解决.

(五) 第五阶段　学生体会，教师点评

1. 这一环节解决的主要问题和达到的目的

通过师生共同小结，巩固所学知识，提炼解决问题的方法及其中蕴涵的数学思想方法，培养学生归纳概括能力.

2. 具体教学安排

本节课小结主要由学生谈体会，在本节课中学到了什么，体验到了什么，完成知识小结. 而通过学习知识所体验到的数学思想方法，由学生总结和相互补充，教师适当点评，加以经验总结，进一步促进师生交流.

设计意图　通过学生小结，当场检验课堂的效率，锻炼学生的表达能力和归纳概括能力，使学生本节所学的知识系统化、条理化，进一步巩固知识，明确方法.

(六) 第六阶段　课外作业，巩固提高

(1) 课本习题 3.3 的 A 组：9, 10, B 组：2, 4;

(2) 继续探究点到直线距离公式的推导思路;

(3) 思考题：求平行直线 $2x-3y+5=0$ 与 $2x-3y-6=0$ 之间的距离.

设计意图　作业 1 是课本习题，检查学生所学知识掌握的程度. 作业 2 是课堂的延伸，拓展学生思维. 除了课堂上想到的方法还可以继续思考，如优化思路 1: 函数思想甚至向量法等. 作业 3 为下节课作好准备.

五、板书设计

课题：点到直线的距离	(一) 公式推导过程
	1. 实例：
点到直线的距离公式	2. 问题：如何求 $P(x_0, y_0)$ 点到直线 $Ax + By + C = 0$ 的距离?
◆运用公式的注意点	思路一：利用定义
	思路二：利用直角三角形(等面积法)
	思路三：利用直角三角形(边角关系)
	(二) 典型例题
◆课堂小结	例 1　　例 2
	思考

六、教学评价分析

(1) 评价学习过程：通过问题引入,以尝试、提问、练习等方式，在探究过程中，层层深入，充分挖掘思维的深度和广度，关注整个过程和全体学生，提高学习积极性.

(2) 评价情感教育：通过对学生的语言行为给予肯定的评价，和对暴露问题的及时矫正，培养学生的习惯并陶冶情操.

以上是对这节课的设想，恳请各位专家和老师批评、指正. 谢谢!

闪光之点

(1) 本说课案例教学设计目标明确、结构周密，教学有一个充分调动学生的积极性，让学生参与实践—探索发现—总结归纳的探索认知过程，强调学生在体验中习得知识.

(2) “及时评价这种方法思路自然，是一种基本的解决办法，呈现解题流程，并让学生动手操作. (设计意图：思路一是推导公式的基本办法，但是合理不合情，计算太复杂. 让学生实践体会，也为今后圆锥曲线的学习作准备，即如何优化解题. 同时较多的同学在有限的时间里并不能得到准确的答案，使学生经历了挫折教育. 学生会发现这种解法的缺陷，于是愿意探求其他更优的解法.）”此处教师注意强调动手计算以体验计算过程的烦琐，这是非常必要的.

(3)“思路三：利用直角三角形(边角关系)”，在思路一二的基础上引导学生探求其他解法，紧扣教材而又高于教材.

(4)“提出提问：① 上述结论是在条件 $AB\neq 0$ 成立时得出的，对 $A=0$ 或 $B=0$ 成立吗？② 点 P 在直线 l 上成立吗？③ 公式结构特点是什么？用公式时直线方程是什么形式？”此处教师注意到从认识过程的特点，即从一般到特殊的认识途径加以引导.

(5)“例 1 变式：若点 $P_0(m,2)$到直线 $y=-x+1$ 的距离为 $\sqrt{2}$，求实数 m 的值.”例题来源于课本，紧扣教材，又进行了适当的补充.

完善之处

(1)“继续引导学生探求其他解法，逐步提问，层层深入：① 不求点 Q 的坐标行吗？(行.) ② 线段 PQ 的长度如何求?(引导学生想到构造三角形) ③ 如何构造？(学生讨论)当然由于学生程度的不同，可以构造得到多种直角三角形，从而产生不同的解决办法. 让学生分析比较，整理出两种常规的思路. 思路二：用等面积法；思路三：用边角关系.”——这一环节显得唐突生硬. 思路的引导应该是以考虑问题的视角不同或以探索问题的思想方法不同而切入的！

(2) 此处思路的探究本质上是一个“局部思想与整体化思想”的问题. 局部思想：求线段 PQ 的长度—需知点 P、点 Q 的坐标—求点 Q 的坐标. 整体化思想：求线段 PQ 的长度—注意到线段 PQ 与直线 l 的位置关系—可否利用线段 PQ 与直线 l 的垂直关系直接求线段 PQ 的长度？—构造合适的三角形并使线段 PQ 为高. 此“局部思想与整体化思想”是值得在教学中挖掘并强调的.

(3) 该说课教案文本考虑问题周密，从学生的情感体验过程、知识点的探索过程到思想方法的学习过程，事无巨细，面面俱到. 可是，全是重点，则无重点可言！该文作为说课文本是好的范例，可是实际说课中应该有所侧重，在某一线索某一思想方法层面突出重点.

(广州大学数学科学学院　卢建川　提供并点评)

案例 34　几何概型(第一课时)

说课稿写真

一、说教材

(一) 说课题

本节课是人教版普通高中课程标准试验教科书数学(必修 3)第三章第三节几何概型(第一课时)，主要学习几何概型的定义、计算公式及其简单应用.

(二) 说教材的地位和作用

几何概型是安排在古典概型之后的第二类概率模型，是对古典概型的进一步拓展，是等可能事件概念从有限向无限的延伸，是为更广泛地满足新课程随机模拟的需要而新增的内容.通过学习几何概型在解决实际问题中的作用，进一步体会随机数学思想并为学习选修 2-3 中随机变量及其分布列等做准备.

(三) 说教材的重点、难点与关键

作为几何概型第一课时，其教学重点是：初步体会几何概型的意义，理解几何概型的概念和计算公式的简单应用，注意几何概型与古典概型的区别与联系；

教学难点：准确把握几何概型的实质，建构适当的几何概型模型解决简单的实际问题；

教学关键：等可能性的判断及对几何概型中基本事件的构成分析.

二、说教学目标

1. 知识与技能

使学生理解几何概型的概念，掌握几何概型的概率计算公式与方法.

2. 过程与方法

(1) 从有限个等可能结果推广到无限个等可能结果，通过转盘游戏问题，引入几何概型定义和几何概型中概率计算公式，感受数学的拓广过程;

(2) 通过具体实例理解几何概型的概念，掌握基本事件等可能性的判断方法及运用几何概型解决实际问题的基本步骤，逐步学会依据具体问题的实际背景分析并解决问题，让学生领会类比转化、数形结合与数学建模等数学思想方法，培养学生发现、分析与解决问题的能力.

3. 情感态度价值观

让学生体验用随机数学观念理性理解世界，增强学生数学思维情趣，培养学生直觉观察、探索发现、科学论证、合作探究等良好的数学思维品质，认识几何概型在实际生活中的应用，从中体验成功的喜悦和数学的实用性，形成学习数学的积极态度.

三、说教学方法

本节课是一节贴近现实的数学概念课.因此，教法策略与学法指导上应注意：

(一) 教法策略

结合本节课的特点，主要采用引导发现和归纳概括相结合的教学方法，通过提出、分析与解决问题等教学过程，观察对比、概括归纳几何概型的概念及其概率公式，再通过具体实际问题的提出和解决，来激发学生的学习兴趣，调动学生的主体能动性，让每一个学生充分地参与到学习活动中来；同时，采用实物学具教具、计算机多媒体等教学手段，增大教学容量和直观性.

(二) 学法指导

以学生活动为主，引导学生在动手操作、实践探索、合作交流的基础上，充分调动学生学习的积极性和主动性；对于概念，学会几何概型与古典概型的比较；立足基础知识和基本技能，掌握好典型例题；注意数形结合思想的运用，把抽象的问题转化为熟悉的几何概型.

四、说教学过程

教学环节	教　学　内　容	教师活动	学生活动	设计意图
(一) 问题引领，以旧带新 (约 1 分钟)	在概率论发展的早期，人们就已经注意到只考虑那种仅有有限个等可能结果的随机试验是不够的，还必须考虑有无限多个试验结果的情况．例如：	(1) 教师引导学生思考理解 问题；	(1) 学生听讲 思考：试验中基本事件个数是否有限、每个出现的可能	(1) 增强数学学习的趣味性，激发学生的学习兴趣；

	(1) 一个人到单位的时间可能是 8:00 至 9:00 之间的任何一个时刻; (2) 往一个方格中投一个石子，石子可能落在方格中的任何一点. 这些试验可能出现的结果都是无限多个. 此时，试验就不再满足古典概型的要求:试验中所有可能出现的基本事件只有有限个，每个基本事件出现的可能性相等. 下面通过几个例子来说明相应概率的求法. (说明：在现实问题情境中复习古典概型，并发现其不足，从而导出引入几何概型的必要性、迫切性与现实性.)	(2) 教师板书课题.	性是否相等; (2) 学生交流回答.	(2) 在思考问题的过程中感受基本事件的无限性，发现其与古典概型的不同. (3) 自然引入本节课课题——几何概型.
(二) 创设情境，引出新知 (约 2 分钟)	**引例**　如图 34.1 所示，有两个转盘.甲乙两人玩转盘游戏，规定当指针指向 B 区域时，甲获胜，否则乙获胜. 在两种情况下分别求甲获胜的概率是多少? 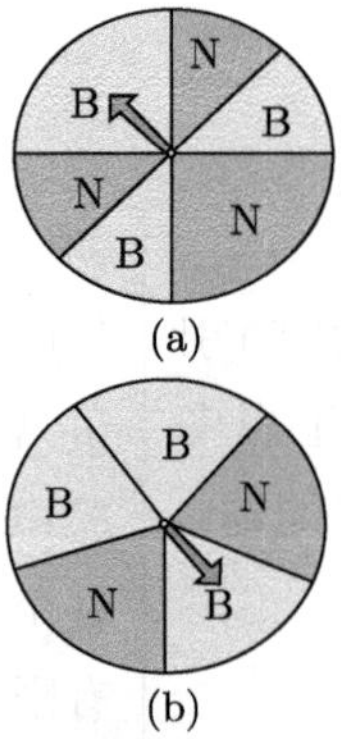 图 34.1	(1) 教师放幻灯片：一面是均匀 6 等份，另一面是不均匀 6 等份; (2) 提出系列问题;	(1) 学生思考回答，并猜测概率; (2) 答案可能不统一，但 大部分会得出正确答案;	(1) 问题 2 设计具有一定的开放性，有利于培养学生的发散思维; (2) 通过思辨与动手实验，经历从直观到抽象、从特殊到一般、从感性到理性的认知过程，为导出几何概型作准备;

<table>
<tr>
<td></td>
<td>

问题 1　转盘游戏试验中的基本事件是什么？是否符合用古典概型的特点？

游戏中，指针指向 B 区域时有无限多个结果，且指向整个转盘上哪一点都是等可能的.

问题 2　你会求在两种情况下甲获胜的概率吗？用什么方法？

根据日常生活经验，由直觉可知图 34.1：(a) 中甲获胜的概率为 $\frac{1}{2}$；(b) 中甲获胜的概率为 $\frac{3}{5}$.

当然，运用随机模拟方法也能近似求出甲获胜的概率：分组试验，全班汇总，完成表 34.1 即可.

表 34.1

<table>
<tr><th></th><th>试验次数(n)</th><th>指针指向 B 区域次数</th><th>指针指向 B 区域频率</th></tr>
<tr><td>转盘 1
转盘 2</td><td></td><td></td><td></td></tr>
</table>

问题 3　甲获胜的概率由什么决定？与区域的位置有关吗？与图形的大小有关吗？事实上，甲获胜的概率与扇形 B 区域所占整个转盘的比例大小有关(B 区域所辖的圆弧的长度、圆心角、面积)，与

</td>
<td>(3) 教师将准备好的多套转盘分发给学生试验；

(4) 师生共同分析归纳结论.</td>
<td>(3) 按小组进行试验，每小组两种情况各做20次试验；

(4) 师生共同分析归纳结论.</td>
<td>(3) 用随机模拟方法近似求甲获胜的概率既复习概率的统计定义，又为本节第 2 课时计算机随机模拟与几何概型综合运用作铺垫；

(4) 提出圆弧长度、圆心角、面积等适当变量假设，揭示几何概型本质.</td>
</tr>
</table>

	区域的位置、图形的大小无关. 所以， P(“甲获胜”) $=\dfrac{\text{B区域的圆弧长度}}{\text{转盘的周长}}$ $=\dfrac{\text{B区域的扇形圆心角}}{\text{转盘的周角}}$ $=\dfrac{\text{B区域的扇形面积}}{\text{转盘的面积}}.$ 设转盘的半径为 1，则图 34.1(a)中， $P(\text{“甲获胜”})=\dfrac{\frac{1}{2}\times 2\pi}{2\pi}$ $=\dfrac{\frac{1}{2}\times 360^\circ}{360^\circ}=\dfrac{\frac{1}{2}\pi}{\pi}=\dfrac{1}{2},$ 图 34.1(b)中， $P(\text{“甲获胜”})=\dfrac{\frac{3}{5}\times 2\pi}{2\pi}$ $=\dfrac{\frac{3}{5}\times 360^\circ}{360^\circ}=\dfrac{\frac{3}{5}\pi}{\pi}=\dfrac{3}{5}.$			
(三) 形成定义，构建模型. (约 2 分钟)	像引例转盘游戏(图 34.1)试验用到的概率模型，称为几何概率模型. 1. 定义 一般地，如果每个事件发生的概率只与构成该事件区域的长度(面积或体积)成比例，则称这样的概率模型为几何概率模型(geometric models of probability)，简称几何概型.	(1) 教师引导学生分析归纳结论；	(1) 学生合作、讨论分析这两个游戏，归纳几何概型定义与概率计算公式；	(1) 在概念的形成环节中设计的引例均与长度及面积有关，让学生感受不同背景下的几何概型；

	2. 计算公式 在几何概型中，事件 A 的概率的计算公式如下： $P(A)=$ 构造事件A的区域长度(面积或体积)/试验的全部结果所构成的区域长度(面积或体积). **公式推导：** 根据几何概型的定义，事件 A 的概率只与构成事件 A 的区域长度(面积或体积)成比例，设 $P(A)=\lambda$[构成事件 A 的区域长度(面积或体积)]. (34.1) 为确定常数λ，取 $A=$ 试验的全部结果所构成的区域长度(面积或体积)，则 A 是必然事件，从而 $P(A)=1$，所以 $\lambda=1$/试验的全部结果所构成的区域长度(面积或体积). 代入(34.1)即得计算公式. 计算公式提供了确定几何概型中事件 A 的概率的方法. 3. 解题基本步骤 古典概型与几何概型都要求基本事件发生是等可能的，但古典概型要求基本事件为有限个、几何概型则要求基本事件是无限多个. 一般地，用几何概型解题的基本步骤是：	(2) 教师推导公式; (3) 师生共同归纳总结几何概型与古典概型的特点，把握运用几何概型解题的基本方法与步骤.	(2) 学生听讲思考.	(2) 学会把实际问题抽象成数学模型，是形成和掌握概念的前提，也是培养学生观察分析的重要一步; (3) 紧扣几何概型的定义是公式推导的关键，可促使学生认知结构的不断完善.

	(1) 适当选择观察角度，把问题转化为几何概型求解； (2) 把基本事件转化为与之对应的区域Ω; (3) 把随机事件 A 转化为与之对应的区域 A; (4) 利用几何概型概率公式计算.			
(四) 牛刀小试，理解本质 (约 2 分钟)	**体验 1** (课本练习题 2) 如图 34.2 所示，假设你在每个图形上随机撒一粒黄豆，分别计算它落到阴影部分的概率. 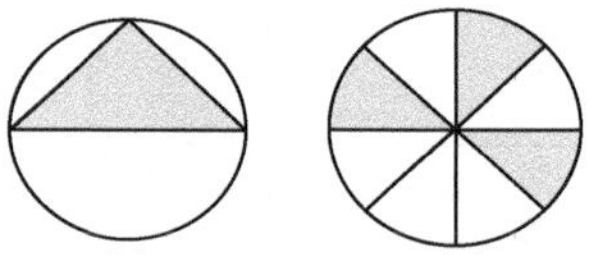 (a)　(b) 图 34.2 **问题 4** 分析黄豆的分布特点，该试验属于哪类试验？ **问题 5** 试验对应的几何区域是什么？落到阴影部分的几何区域又是什么？ **解** 圆的半径为 1，则图 34.2(a)、(b)中黄豆落到阴影部分的概率分别是： $\frac{\text{阴影三角形的面积}}{\text{圆的面积}}=\frac{\frac{1}{2}\times 2\times 1}{\pi}=\frac{1}{\pi}$,	(1) 教师引导学生运用几何概型原理分析解决简单的应用问题，关键是使学生意识到图 34.2(a)应用面积来解，(b)可用圆弧长、圆心角、面积求解，图 34.3 则用体积处理，感受不同情境下概率的计算方法; (2) 变式训练为下一课时作铺垫.	学生独立进行课堂练习，必要时可以讨论，理解巩固新知.	体验练习设计目的是让学生在解题中明确几何概型常用的长度、面积、体积等度量或测度，以理解概念、把握公式、掌握方法，真正吃透几何概型的本质.

$$\frac{\text{阴影部分的圆弧长度}}{\text{圆周长}}=\frac{\text{阴影部分的扇形圆心角}}{\text{圆周角}}=\frac{\text{阴影部分的扇形面积}}{\text{圆的面积}}=\frac{3}{8}.$$

体验 2　(课本练习题 1) 如图 34.3 所示，有一杯 1 升的水，其中含有 1 个细菌，用一个小杯从这杯水中取出 0.1 升，求小杯水中含有这个细菌的概率.

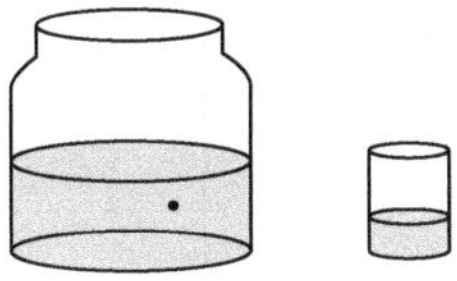

图 34.3

分析　细菌在这升水中的分布可以看成是随机的，取得 0.1 升水可作为事件的区域，1 升的水可视为试验的所有结果构成的区域，可用体积比求解.

解　取出 0.1 升中“含有这个细菌”这一事件记为 A，则

$$P(A)=\frac{\text{取出水的体积}}{\text{杯中所有水的体积}}=\frac{0.1}{1}=0.1.$$

变式　若从这杯水中取出 0.1 升水里含有这个细菌的

	概率是 0.01，你知道这杯水的水量是几升？			
(五) 剖析例题，初步运用 (约 6 分钟)	**例 1**　某人午觉醒来，发现表停了，他打开收音机，想听电台整点报时，求他等待的时间不多于 10 分钟的概率.  **分析**　因为电台每隔 1 小时(整点)报时一次，他在 0~60 之间任何一个时刻打开收音机是等可能的，且 0~60 之间有无穷个时刻，所以他在哪个时间段打开收音机的概率只与该时间段的长度有关，而与该时间段的位置无关，这符合几何概型的条件，可以通过几何概型的求概率公式得到事件发生的概率. **解**　设某人打开收音机的一切可能时刻为 $\Omega=[0, 60]$，$A=${等待的时间不多于 10 分钟}，事件 A 恰好是打开收音机的时刻位于[50，60]时间段内，如图 34.4 所示. 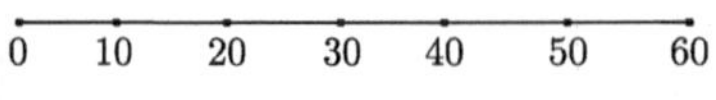 图 34.4	(1) 教师用计算机多媒体放映幻灯片给出问题，关键是引导学生找到事件 A 恰好是打开收音机的时刻位于[50，60]时间段内； (2) 对学生中出现的不同解法给予表扬和点评，强调任何解法都必须满足基本事件等可能性这个前提；	(1) 学生思考、独立解答，必要时进行交流讨论； (2) 再次体验用随机模拟求概率近似值的方法，又为本节第 2 课时作铺垫；	(1) 例 1 的设置一是贴近学生实际、入手比较容易，二是规范学生运用几何概型解决实际问题的基本思路，要分析清楚用什么样的几何度量比来求满足条件的概率； (2) 让学生经历把实际问题抽象为几何概型的建模过程，体会随机事件可用不同的几何区域表示，加深对几何概型的认识；

	因此，由几何概型的求概率公式得 $P(A)=\dfrac{60-50}{60}=\dfrac{1}{6}$, 即“等待报时的时间不超过10分钟”的概率为1/6. **解题回顾**　还能用其他方法解题吗？启发学生思考、作答其原理： **思考 1**　某人在整点报时1小时内任何一个时刻打开收音机看成是一个圆周上的点，每个点被取到的机会都是等可能的；事件 $A=\{$等待的时间不多于10分钟$\}$则是该圆一个6等份圆弧上的点.于是，可用前述的圆弧长、圆心角、面积来解答. **思考 2**　可设计圆盘等，通过随机模拟的方法得到随机事件 A 发生的概率的近似值. **解题启示**　(1) 在本例中，打开收音机的时刻 X 是随机的，可以是0~60之间的任何一刻，并且是等可能的.我们称 X 是服从[0, 60]上的均匀分布，X 为[0, 60]上的均匀随机数.由此可知，几何概型的一个特点是在一个区域内均匀分布. (2) 对于一个随机试验，我们将每个基本事件理解为			

	从某个特定的几何区域内随机地取一点，该区域中每个点被取到的机会都一样;而一个事件的发生则理解为恰好取到上述区域内的某个指定区域(可以是线段、平面图形、立体图形等)的点，这就把随机事件与几何区域建立了联系.	(3) 教师点评;	(3) 学生讨论、回答;	(3) 让学生澄清误解，厘请模糊观念，正本清源;
	(3) 特别地，如引例转盘游戏中 B 区域缩小为一个点或 B 区域扩大为整个转盘扣除一个点，则甲获胜的概率分别是多少?由几何概型的求概率公式易知，前者是0(单点的长度、面积、体积是0)、后者是1.可见，在几何概型中，概率为0的事件不一定是不可能事件，概率为1的事件未必是必然事件. **例 2**　假设你家订了一份报纸，送报人可能在早上6:30~7:30之间把报纸送到你家，你父亲离开家去工作的时间在早上7:00~8:00之间，问你父亲在离开家前能得到报纸(称为事件 A)的概率是多少? **分析**　类比例1可知，报纸到达的时间6:30~7:30可用一表示时间的线段表示，而父亲离开家的时间7:00~8:00同样可用一时间线段表	(4) 教师引导学生理解题意，画出图形，并分析讲解，难点是把时间分别用 x, y 两坐标表示，构成平面的点 $P(x,y)$，从而把时间这个一维长度问题转化为平面图形的二维面积问题，这样就把会面问题转化为面积型的几何概型问题.	(4) 学生讨论、交流，作出图形，并解决问题.	(4) 将例2纳入第一课时主要考虑到会面问题是经典的几何概型问题，会使本节几何概型教学更完整，实现例1、例2的有效衔接，科学“断课”; (5) 对于复杂的实际问题，解题的关键是建立几何概型模型，把问题转化为几何概型求解;

	示，且两线段相交构成的阴影部分即为目标事件 A，故以坐标系来建立区域. 　　**解**　如图 34.5 所示，以报纸送达时间为横轴(x)、以父亲离家去工作的时间为纵(y)轴，建立平面直角坐标系，则每个基本事件即为方形区域内任何一点 $P(x,\ y)$. 由题意知，随机试验落在方形区域内任何一点是等可能的，所以符合几何概型的条件. 根据题意，只要点落到阴影部分，就表示父亲在离开家前能得到报纸，即事件 A 发生，所以 $P(A)=\dfrac{60^2-\dfrac{30^2}{2}}{60^2}=87.5\%.$ 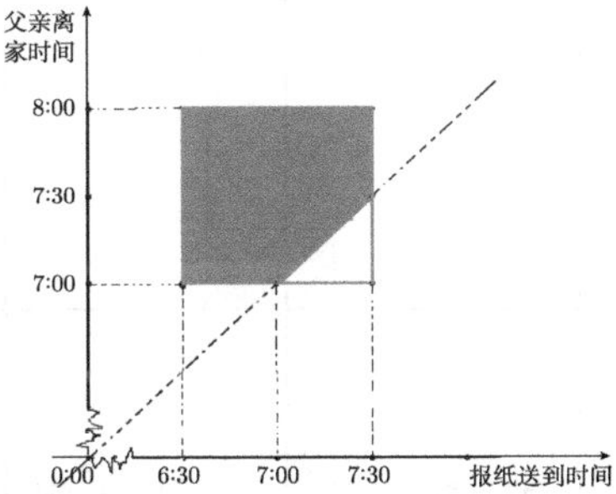 图 34.5 　　**交流与实践**　(1) 如果你已经学习了用二元一次不等式(组)表示平面区域，请用之解答本例. 　　**另解**　记图 34.5 中直线			(6) 提供另解基于数学必修课程的选择性，以适应有些学校先上数学必修 5 后学必修 3 的缘故.

	$x=6.5$，$x=7.5$，$y=7$，$y=8$围成的一个正方形区域为 G. 设报纸在 $x(6.5\leqslant x\leqslant 7.5)$ 时被送达，父亲在 $y(7\leqslant y\leqslant 8)$ 时开始离家去工作，则每个基本事件即为方形区域 G 内任何一点 $P(x, y)$，试验的所有可能结果与 G 中的所有点一一对应，依题符合几何概型的条件. 事件 A 发生当且仅当 $y\geqslant x$，记图 34.5 中的阴影区域为 g，故 g 就表示父亲在离开家前能得到报纸. 容易求得 g 的面积是 $\frac{7}{8}$，G 的面积是 1，从而 $P(A)=\frac{7}{8}$. (2) 你能设计一种随机模拟的方法，近似计算上面事件 A 发生的概率吗？启发学生课后运用手工方法或用计算器、计算机的方法进行模拟，动手实践.			
(六) 深化小结，课后思考 (约 2 分钟)	1. 小结 (1) 知识与技能. 理解几何概型的定义 、特点及其概率求解公式. (2) 过程与方法. 把握类比转化、数形结合与数学建模等数学思想方法，及运用几何概型解决实际问题的基本步骤.	(1) 教师讲解点化，并作适当补充归纳；	(1) 学生阅读课本，回顾内容，内化知识；	(1) 利用教材梳理知识，培养归纳总结能力，提高数学素养；

	(3) 情感与价值. 认识几何概型在实际生活中的应用, 同时在解决问题的过程中体验与同伴合作的乐趣. 2. 课后思考 (1) 必做作业: 教材 137 页习题 3.3 A 组: 1, 2, 3. (2) 选做作业: ① 教材 137 页习题 3.3 B 组; ② 变式: 甲、乙两艘轮船都要停靠同一泊位, 假定它们可能在一昼夜的任意时刻到达.设两船停靠泊位的时间分别为 1 小时和 2 小时, 求有一艘轮船停靠泊位时必须等待一段时间的概率.	(2)教师提供多彩的学习平台.	(2) 必做作业课后独立完成, 选做作业合作完成.	(2) 弹性作业使不同层次学生都有所获, 同时为下一节作准备.

闪光之点

(1) 因地制宜, 准确“断课”. 几何概型的教材设计分 2 课时, 第 1 课时为几何概型的概念与计算, 第 2 课时则是随机模拟方法, 而教材例 2 的问题(1)属于前者, 因而把其划入第 1 课时既体现数学知识结构的系统性又符合学生的数学认知规律.如何根据学生具体实际、教材容量与课标要求, 合理划分一节课(1 课时)的教学内容即准确“断课”, 是开展数学教学的起点, 也是成功进行说课必须解决的首要问题.

(2) 通过一题多解与一题多变理解几何概型的本质. 无论是引例、例 1、例 2 与练习, 始终如一贯彻的是数学变式教学理念, 着眼于培养学生的创造性思维.

(3) 紧扣几何概型概念, 推导其概率求解公式, 展现数学知识的发生发展过程, 提倡数学理解, 避免背题型套公式. 现行课标与教材并无要求推导几何概型的概率求解公式, 仅运用合情推理由实例归纳导出而已, 这很容易演化成机械记忆并套用公式等不良现象.其实, 数学教学仅有合情推理是不够的, 必须依托严谨的数学论证, 正如本说课教学设计那样，只要紧扣定义、运用常见的待定系数法就能完成的简单数学证明，超纲之嫌不攻自破，何乐而不为！

完善之处

(1) 课题的典型性与代表性. 几何概型是高中数学新课程的新增内容，是我国中学数学教育史上的第一次，无论是教师的教学积累还是学生的学习经历都在探索中，如何处理这些新增内容，就成为当前数学教学亟待解决的现实课题.选择几何概型作为说课内容，具有较好的典型性与代表性，对开展数学新增内容的教学具有现实的针对性.

(2) 尊重课本，难能可贵. 目前，我国中小学数学教学建立在一纲(标)多本的体制下，“用教材而不是教教材”观念深入人心，以所用的现行教材为主线，科学合理地整合各种教材等教学资源优势，有效推进数学课程与教学改革、提高数学教学效率，成为数学教育改革的主流.然而，本说课教学设计却充分依托课本、尊重课本，尤为难能可贵.

(广州大学数学科学学院　廖运章　提供并点评)

第四篇

教学录像

“东芝杯·中国师范大学师范专业理科大学生教学技能创新实践大赛”是由中国教育部国际交流司与师范司，以及东芝公司、日本大使馆共同举办的一项赛事，参加的学校一共有 12 所：北京师范大学、华东师范大学、东北师范大学、华中师范大学、陕西师范大学、华南师范大学、西北师范大学、天津师范大学、南京师范大学、山东师范大学、浙江师范大学、西南大学. 比赛分别按数学、物理、化学三个学科独立进行. 预赛由各个参赛学校组织进行.

首届比赛的决赛于 2008 年 11 月 29~30 日在北京师范大学举行,共设置模拟授课(说课 5 分钟，讲课 15 分钟)、教案评比、即席演讲(现场抽题，准备 3 分钟，演讲 5 分钟)三项比赛. 结果，华南师范大学的林佳佳夺得冠军(三项均列第一)，北京师范大学的郗鹏获亚军，南京师范大学的朱嘉隽获季军.

第二届比赛的决赛于 2009 年 11 月 13~15 日在上海华东师范大学举行. 经过紧张的数学模拟授课、教案评比、即席演讲三项决赛，最终，华南师范大学的黄泽君夺得冠军，南京师范大学的向坤获亚军，陕西师范大学的金涛获季军.

每一届比赛的三名获奖选手除了每人获得一台高级笔记本电脑的奖励之外，还获得免费赴日进行短期访学的机会.

第一届东芝杯模拟授课比赛冠军录像

课题：平方差公式

授课教师：林佳佳

所属院校：华南师范大学

录像一

第二届东芝杯模拟授课比赛冠军录像

课题：走进数学建模世界

授课教师：黄泽君

所属院校：华南师范大学

录像二